解蔽与重构：
多维视界下的荀子思想研究

Covering and Reconstruction: The Study on
Hsun Tzu's Thoughts in the View of Multiple Perspectives

杨艾璐 著

中国社会科学出版社

图书在版编目（CIP）数据

解蔽与重构：多维视界下的荀子思想研究／杨艾璐著．—北京：中国社会科学
出版社，2015.12

（中国社会科学博士后文库）

ISBN 978 – 7 – 5161 – 7014 – 4

Ⅰ.①解…　Ⅱ.①杨…　Ⅲ.①荀况（前313～前238）—思想评论　Ⅳ.①B222.65

中国版本图书馆 CIP 数据核字（2015）第 262470 号

出 版 人	赵剑英	
责任编辑	孙　萍	
责任校对	闫　萃	
责任印制	王　超	

出　　版	中国社会科学出版社	
社　　址	北京鼓楼西大街甲 158 号	
邮　　编	100720	
网　　址	http://www.csspw.cn	
发 行 部	010 – 84083685	
门 市 部	010 – 84029450	
经　　销	新华书店及其他书店	

印刷装订	北京君升印刷有限公司	
版　　次	2015 年 12 月第 1 版	
印　　次	2015 年 12 月第 1 次印刷	

开　　本	710 × 1000　1/16	
印　　张	21.75	
字　　数	368 千字	
定　　价	79.00 元	

第四批《中国社会科学博士后文库》编委会及编辑部成员名单

（一）编委会

主　任： 张　江

副主任： 马　援　张冠梓　俞家栋　夏文峰

秘书长： 张国春　邱春雷　刘连军

成　员（按姓氏笔画排序）：

卜宪群　方　勇　王　巍　王利明　王国刚　王建朗　邓纯东
史　丹　刘　伟　刘丹青　孙壮志　朱光磊　吴白乙　吴振武
张车伟　张世贤　张宇燕　张伯里　张星星　张顺洪　李　平
李　林　李　薇　李永全　李汉林　李向阳　李国强　杨　光
杨　忠　陆建德　陈众议　陈泽宪　陈春声　卓新平　房　宁
罗卫东　郑秉文　赵天晓　赵剑英　高培勇　曹卫东　曹宏举
黄　平　朝戈金　谢地坤　谢红星　谢寿光　谢维和　裴长洪
潘家华　冀祥德　魏后凯

（二）编辑部（按姓氏笔画排序）：

主　任： 张国春（兼）

副主任： 刘丹华　曲建君　李晓琳　陈　颖　薛万里

成　员（按姓氏笔画排序）：

王　芳　王　琪　刘　杰　孙大伟　宋　娜　苑淑娅　姚冬梅
郝　丽　梅　枚　章　瑾

序　言

2015年是我国实施博士后制度30周年，也是我国哲学社会科学领域实施博士后制度的第23个年头。

30年来，在党中央国务院的正确领导下，我国博士后事业在探索中不断开拓前进，取得了非常显著的工作成绩。博士后制度的实施，培养出了一大批精力充沛、思维活跃、问题意识敏锐、学术功底扎实的高层次人才。目前，博士后群体已成为国家创新型人才中的一支骨干力量，为经济社会发展和科学技术进步作出了独特贡献。在哲学社会科学领域实施博士后制度，已成为培养各学科领域高端后备人才的重要途径，对于加强哲学社会科学人才队伍建设、繁荣发展哲学社会科学事业发挥了重要作用。20多年来，一批又一批博士后成为我国哲学社会科学研究和教学单位的骨干人才和领军人物。

中国社会科学院作为党中央直接领导的国家哲学社会科学研究机构，在社会科学博士后工作方面承担着特殊责任，理应走在全国前列。为充分展示我国哲学社会科学领域博士后工作成果，推动中国博士后事业进一步繁荣发展，中国社会科学院和全国博士后管理委员会在2012年推出了《中国社会科学博士后文库》（以下简称《文库》），迄今已出版四批共151部博士后优秀著作。为支持《文库》的出版，中国社会科学院已累计投入资金820余万元，人力资源和社会保障部与中国博士后科学基金会累计投入160万元。实践证明，《文库》已成为集中、系统、全面反映我国哲学社会科学博士后优秀成果的高端学术平台，为调动哲学社会科学博士后的积极性和创造力、扩大哲学社会科学博士后的学术影响力和社会影响力发挥了重要作用。中国社会科学院和全国博士后管理委员会将共同努力，继续编辑出版好《文库》，进一步提高《文库》的学术水准和社会效益，使之成为学术出版界的知名品牌。

哲学社会科学是人类知识体系中不可或缺的重要组成部分，是人们认识世界、改造世界的重要工具，是推动历史发展和社会进步的重要力量。建设中国特色社会主义的伟大事业，离不开以马克思主义为指导的哲学社会科学的繁荣发展。而哲学社会科学的繁荣发展关键在人，在人才，在一批又一批具有深厚知识基础和较强创新能力的高层次人才。广大哲学社会科学博士后要充分认识到自身所肩负的责任和使命，通过自己扎扎实实的创造性工作，努力成为国家创新型人才中名副其实的一支骨干力量。为此，必须做到：

第一，始终坚持正确的政治方向和学术导向。马克思主义是科学的世界观和方法论，是当代中国的主流意识形态，是我们立党立国的根本指导思想，也是我国哲学社会科学的灵魂所在。哲学社会科学博士后要自觉担负起巩固和发展马克思主义指导地位的神圣使命，把马克思主义的立场、观点、方法贯穿到具体的研究工作中，用发展着的马克思主义指导哲学社会科学。要认真学习马克思主义基本原理、中国特色社会主义理论体系和习近平总书记系列重要讲话精神，在思想上、政治上、行动上与党中央保持高度一致。在涉及党的基本理论、基本路线和重大原则、重要方针政策问题上，要立场坚定、观点鲜明、态度坚决，积极传播正面声音，正确引领社会思潮。

第二，始终坚持站在党和人民立场上做学问。为什么人的问题，是马克思主义唯物史观的核心问题，是哲学社会科学研究的根本性、方向性、原则性问题。解决哲学社会科学为什么人的问题，说到底就是要解决哲学社会科学工作者为什么人从事学术研究的问题。哲学社会科学博士后要牢固树立人民至上的价值观、人民是真正英雄的历史观，始终把人民的根本利益放在首位，把拿出让党和人民满意的科研成果放在首位，坚持为人民做学问，做实学问、做好学问、做真学问，为人民拿笔杆子，为人民鼓与呼，为人民谋利益，切实发挥好党和人民事业的思想库作用。这是我国哲学社会科学工作者，包括广大哲学社会科学博士后的神圣职责，也是实现哲学社会科学价值的必然途径。

第三，始终坚持以党和国家关注的重大理论和现实问题为科研主攻方向。哲学社会科学只有在对时代问题、重大理论和现实问题的深入分析和探索中才能不断向前发展。哲学社会科学博士后要根据时代和实践发展要求，运用马克思主义这个望远镜和显微镜，增强辩证思维、创新思维能力，善于发现问题、分析问题，积极推动解决问题。要深入研究党和国家面临的一系列亟待回答和解决的重大理论和现实问题，经济社会发展中的全局性、前瞻性、战略性问题，干部群众普遍关注的热点、焦点、难点问题，以高质量的科学研究成果，更好地为党和国家的决策服务，为全面建成小康社会服务，为实现"两个一百年"奋斗目标和中华民族伟大复兴中国梦服务。

第四，始终坚持弘扬理论联系实际的优良学风。实践是理论研究的不竭源泉，是检验真理和价值的唯一标准。离开了实践，理论研究就成为无源之水、无本之木。哲学社会科学研究只有同经济社会发展的要求、丰富多彩的生活和人民群众的实践紧密结合起来，才能具有强大的生命力，才能实现自身的社会价值。哲学社会科学博士后要大力弘扬理论联系实际的优良学风，立足当代、立足国情，深入基层、深入群众，坚持从人民群众的生产和生活中，从人民群众建设中国特色社会主义的伟大实践中，汲取智慧和营养，把是否符合、是否有利于人民群众根本利益作为衡量和检验哲学社会科学研究工作的第一标准。要经常用人民群众这面镜子照照自己，匡正自己的人生追求和价值选择，校验自己的责任态度，衡量自己的职业精神。

第五，始终坚持推动理论体系和话语体系创新。党的十八届五中全会明确提出不断推进理论创新、制度创新、科技创新、文化创新等各方面创新的艰巨任务。必须充分认识到，推进理论创新、文化创新，哲学社会科学责无旁贷；推进制度创新、科技创新等各方面的创新，同样需要哲学社会科学提供有效的智力支撑。哲学社会科学博士后要努力推动学科体系、学术观点、科研方法创新，为构建中国特色、中国风格、中国气派的哲学社会科学创新体系作出贡献。要积极投身到党和国家创新洪流中去，深入开展探索性创新研究，不断向未知领域进军，勇攀学术高峰。要大力推进学术话语体系创新，力求厚积薄发、深入浅出、语言朴实、文风清新，力戒言之无物、故作高深、食洋不化、食古不化，不断增强我国学术话语体系的说服力、感染力、影响力。

"长风破浪会有时，直挂云帆济沧海。"当前，世界正处于前所未有的激烈变动之中，我国即将进入全面建成小康社会的决胜阶段。这既为哲学社会科学的繁荣发展提供了广阔空间，也为哲学社会科学界提供了大有作为的重要舞台。衷心希望广大哲学社会科学博士后能够自觉把自己的研究工作与党和人民的事业紧密联系在一起，把个人的前途命运与党和国家的前途命运紧密联系在一起，与时代共奋进、与国家共荣辱、与人民共呼吸，努力成为忠诚服务于党和人民事业、值得党和人民信赖的学问家。

是为序。

张江

中国社会科学院副院长

中国社会科学院博士后管理委员会主任

2015 年 12 月 1 日

序　一

　　杨艾璐的《解蔽与重构——多维视界下的荀子思想研究》有幸被遴选进《中国社会科学博士后文库》，即将由中国社会科学出版社印行，付梓之前，作者向我索序，盛情而难却，只好勉力而为之，简略谈谈我对此书的一些粗浅看法，权当序。

　　应该说，对于杨艾璐这部专著的成书过程，我是颇为了解的。2010年夏季，她从辽宁大学文学院毕业并获得博士学位，我参加了她的论文答辩，忝列答辩委员会主席。当时，我即认为她的这篇学位论文在导师许志刚教授的悉心指导下，撰写得相当有学术新见、有文哲功力。论文视野宽阔，思路明晰，具有很好的学术开拓精神和创新意识，所体现的研治传统文哲之学的学术训练功夫也较为坚实，如果再认真打磨、精心结撰，将会成为荀子思想研究方面的一部力作。现在即将出版的这部《解蔽与重构——多维视界下的荀子思想研究》专著，正是杨艾璐毕业之后在大学任教，以及在中国社会科学院外国文学研究所博士后流动站从事研究工作期间，在原博士学位论文基础之上，修改、扩展而成的，其中有一些章节甚至重新写过，在保持原有优长之同时，更加着意求精，因此已是面貌焕然一新。这一工作，杨艾璐整整持续了五年，其间所经历的种种学术上的艰难跋涉和孜孜追求，恐怕只有她自己才能道得仔细了，体现出的治学追求和学术毅力，确实值得点赞。

　　荀子是中国思想史上的一个节点性人物，他的思想学说是因应当时社会现实的产物，同时扮演了终结者与开启者两重角色，从而成为中国思想历程中的一个重要的、不可或缺的环节。作为战国时期的一位重要思想家，荀子勇于直面当时天下无道、动乱纷争的现实，提出了自己的一套关于社会治理整合的思想理念，甚至亲自予以实践。荀子为了因应战国时期诸侯割据争霸的社会局面，敢于冲出在当时命运已经不再亨通的周文化和孔孟思想的樊篱，为儒家思想学说注入了一些积极进取、具有一定的可操作性的内容，体现出强烈的道义感和责任感，而这正是一个思想家应该具有的反思性、批评性、实践性品格。但是，荀子的思想学说，由于杂糅王霸、道术不纯而在后世的儒家学说中享配的地位并不是多么高，尽管这并没有妨害后世治理天下者对他的思想学说之袭用。荀子思想研究在中国现代学术研究中几成显学，政治思想史、哲学史、文学史、文论史、美学史等研究领域都从不同的层面、不同的角度，对荀子思想学说进行梳理诠解，以及建构性阐述，成果众多，名作间有，大家辈出，不遑枚举。但是，经典思想文本之所以为经典思想文本，思想大家之所以为思想大家，正在于其经典文本内在具有丰富的思想张力，经典思想大家与不同时代的不同的阐释者之间总是可以建构起各种不同的对话关系，而《荀子》正是这样的一部经典思想文本，荀子正是这样的一位经典思想大家。我想，正因为是如此，杨艾璐才勇于以荀子思想研究为自己的博士学位论文选题。而且，通过选择一个思想史上的大家做为研究对象，所遇上的学术挑战，所得到的系统的学术训练，是那些平庸、偏冷的题目所无法比拟的，所得到的收获则可以在一辈子的治学生涯中受益无尽。

　　杨艾璐的这部荀子思想研究的专著，在学术用思方面，做得相当精到与规矩。全书共由一个"绪论"和八章组成。在"绪论"中，对于当代"荀学"研究状况进行了学术史层面的梳理和评析，并且对荀子思想现代阐释中的若干重点问题，以及自己的研究路径和方法做了比较详细的介绍与说明。其后，在所谓"解蔽与重构"这一用思方式的导引下，厘分为八章，对荀子思想中诸如人性、生命、教化、明道、礼乐、文质、诗赋、义利、审美、价值等重要的论域次第展开讨论，并且注重深入分析荀子思想学说之缘起、本质、主体、表现、核心、意义、理论、实践、内涵、外延、批判、重建等方面的内质与特性，而对于荀子思想言说之历史发生、理论基点、伦理秩序、审美追求、引诗分析、文艺实践、学术思辨、文化对话等进行的研判，也用力甚勤，从而通过不同的思想维度，对荀子的人性论、教化论、善道论、礼论、乐论、文论、质论、诗论、赋论、义利价值论、伦理政道论等问题，做出了颇具学理深度的阐发，在自己所选定的理论界域内，较好地完成了对荀子及其思想体系的文化解析与学理重构。通览全书，我以为，作者对荀子思想体系建构之逻辑思理框架的阐释是清晰的，对于自己在荀子思想研究方面之思考和见解的表述是充分的，对于荀子思想学说中的一系列关键词和重要节点的剖析是深入的，因此读来可以给人许多启发。

杨艾璐的主要学术背景是中国古代文学和文艺学，因此该著对于荀子的文艺思想和文学实践活动所做研究相当充分、深入。但是，又不仅仅于此，而是对荀子思想学说做了全方位的阐述，书中所讨论到的荀子关于人性与生命、教化与明道、隆礼与重乐、崇文与尚质、诗意与和谐等方面的思想学说，都是思想史研究中的重大论域，如果单单从文艺思想之一隅，或者仅仅从哲学、政治学研究的路数，而不是相互打通、相互联系，是无法真正有效地进入荀子思想学说的意义世界的，也无法对荀子思想学说做出整体审视和把握的。因此，我认为，该著在有意识地克服以往荀子研究中的文史哲相互割裂、各自为阵、互不通声气的弊端方面，也可以提供一定的示范作用。

此书是杨艾璐研究传统思想方面的第一部学术著作，由于学术积累还不够特别厚重，以及学术写作经验也不够丰富等方面的缘故，虽然作为起步之作，起点不低，但是难免会存在着这样那样的不足和缺陷，这是毋庸讳言的。因此，我希望作者不要因有了这本著作的出版，便与荀子就此别过，而是在今后的研究中继续与荀子对话，在"荀学"研究方面进一步深耕细作，力争以更加优异的学术成果将荀子思想研究推向一个新的境地。

党圣元

2015 年 12 月于京西北农禅居陋室

序 二

　　荀子是战国后期的大儒。他先后游说于赵、齐、秦、楚，在齐稷下学宫时间较久。稷下各个学派阐扬己见，著书立说，思想交流极为活跃，而荀子在这里"最为老师"，三为祭酒。他处身学术争辩的中心，积极地参与思想论争，对黄老道家、阴阳、名、法等学派的思想观点提出批评，高张儒家的基本主张。

　　荀子还对儒家思想发展和门派分化进行梳理。他批评子张氏之"贱儒"，子夏氏之"贱儒"，子游氏之"贱儒"，谈锋所及还有陋儒、腐儒。他批评子思、孟子："略法先王而不知其统，犹然而材剧志大，闻见杂博。""甚僻违而无类，幽隐而无说，闭约而无解。"认为子思、孟子只传播了儒家学说的皮毛，而失其精髓。

　　《荀子》一书将儒分为俗儒、雅儒、大儒，只有大儒能够辅佐贤明君主安定臣民，赢得诸侯信赖、服从，使所统治之国强盛。荀子称颂的大儒是周公、孔子，而他自己则以当代大儒自居。他以强烈的自信和高自称诩向世人宣告，向大国诸侯宣告，只有他的思想学说才是正统儒家嫡传，只有采纳他的学说，才能走向王霸之路，称雄当世，功垂千古。

　　荀子继承并强化儒家有关礼乐的思想主张，强化礼法规约。他竭力论证社会动乱到人性症结的关系链条，从而主张性恶论。在他看来，人的本性天生有几大弱点：其一是贪得无厌，由此导致争夺；其二是憎恶仇恨，由此导致残杀迫害；其三是追求声色的满足，由此导致淫乱。在他看来，社会的动荡、争夺，都是狂热追求土地、财富、女人而造成的，而导致狂热行动的根基在于情和欲，最终的动因则在于人们恶劣的天性。他要彻底改造人们恶劣的天性，通过主观的修身，外在的教学、规约等诱导的、强制的方式，灌输他理想中的礼、乐、法等思想，用以改造、重塑人们的性情，去掉人们天生的恶的真性情，代之以重塑后的彬彬然君子的性情，他称之为性之伪，即伪性情。

荀子是战国后期儒家最重要的传人和大师。他培养了两个最突出的学生李斯和韩非。他们"从荀卿学帝王之术"（《史记·李斯列传》），一个帮助封建王朝建设专制政体和严酷的制度，一个为帝王提供驾驭臣僚的法、术、势秘诀，而荀子的思想观点则在封建的主流文化中延伸。

《荀子》思想的核心是礼，由此产生对人性，对政治、法制的主张，他对学习、修身的论述，也产生他对王道、霸道，对法先王、法后王的论述。在《荀子》的思想体系中，诗、乐、舞乃至各门各类的艺术，都承载着他重塑人们性情的功能。荀卿的文艺思想，对乐，对诗书，对文质、真伪的认识都是在这一基点上展开的。

研究《荀子》思想，认识主流文化对文学艺术的规约，认识经学的文学观对文人性情、创作的规约，以及这些理论主张同作家性情的关系，同作家的生活感受、艺术创作的关系，都有助于揭示古代文学和古代文学思想的历史形态，揭示其发展进程与内在理路。

杨艾璐君于2007年从我游学，研读先秦两汉文学典籍与文学思想，进而确定《荀子》研究为其博士论文选题，精研文本，条分缕析，至今已历八载，其间甘苦，非经学术涅槃者很难领会。

古代文学研究要有坚实广博的专业知识积累，又要有发人所未发，见人所未见的思辨能力。我的导师杨公骥先生提倡博学，认为这是治学和研究所必须的积累，更提倡有识，告诫青年才俊要处理好学与识的关系。先生常说，"学贵识，贵在由学到的东西（如古代的作家作品）中得出认识（识见）来。如博学而无真识卓见，就会变成'活书橱'，'两足书架子'。""同样读万卷书，有的将之作为精神生产的原料，依靠自己的精神生产能力（认识能力）从事再生产，结果生产出新的精神财富。有的则将之作为谋生的商品，依靠死背硬记囤积起来，结果，'死人统治活人'，成为精神上的负担。这结果之不同，就在于哲学的认识能力之有无。"

杨艾璐君努力在积累先秦文学的必要的知识，又注重理论探讨，在西方文论和中国古代文论领域博观约取，不做空泛的移植和词语套用，汲取前人的智慧、方法和理论精髓，以此利器解析《荀子》之牛。她致力于文本精读，从荀子论辩的历史语境，到文本内蕴和荀子的思想体系，进而到荀子的核心观点和理论命题，再进而深入荀子功利文学观的特质与内涵，多维阐释，层层剖析。既体现出今人对性命、对文学的理性思考，又要还原历史的真实的荀子，艾璐之作有所取焉。

许志刚

2015 年 8 月 19 日

摘　要

　　"解蔽与重构"这一课题，着重探讨了多维视界下的荀子思想，相关研究在对荀子思想进行多层次、多侧面、多角度综合分析的同时，也建构了人性、生命、教化、明道、礼乐、文质、诗赋、义利、审美、价值、对话等具体的研究范畴与理论的观照视域。全书将荀子思想之历史发生、理论基点、伦理秩序、审美追求、引诗分析、文艺实践、学术思辨、文化对话作为研析理路，从荀子思想之缘起、本质、主体、表现、核心、意义、理论、实践、内涵、外延、批判、重建等不同维度阐发人性论、教化论、礼论、乐论、文论、质论、诗论、赋论、义利价值论、伦理政道论等相关问题，完善理论界域的分析，并实现对荀子及其思想体系的文化解析与学理重构。

　　"解蔽"与"重构"作为荀子思想研究的思辨维度，一方面诠释了荀子思想体系建构的逻辑思理框架，另一方面也展现了笔者对荀子思想研究的思考与创见。在相关研究中，荀子的学术思想体系可以梳理为紧密关联的四个层面。第一，是批判儒家裂变趋势、整合儒家文化的层面——儒家思想的离析与分野削弱了其在社会环境中的地位与影响，荀子极力维护儒学"圣道"，在对儒家各派之异端予以批评的同时也建构起适应时代之需的崭新"儒学"。第二，是理论建构的基础层面——荀子以"礼""乐""教化"等为核心观照视域的思想体系建构是其形成博大精深思想之理论渊源所在，荀子关注社会现实之"蔽"、关注人性存生之"恶"，并将此作为其理论预设的逻辑前提提出，在指向其学术研究理论基点的同时也为其理论价值系的建构夯实基础。第三，是学术思想的专属层面——这一层面对荀子思想及其理论体系基本构建形成了较为集中的研究，荀子的理论主张、价值观念、人生理想、核心精神之向度、论证阐释之自觉等皆作为构成要件，从不同维度诠释了荀子学术思想的理论本质。第四，是文艺思想的实践层面——荀子著述中大量引《诗》、论"诗"现象的出现以及《荀子·赋》篇的文艺文本实践，其作为荀子文艺思想的实践建构了一个不自觉的表现层面，并与荀子思想体系的理论自觉层面形成了互补互证的关系，在荀子思想的整体构建中发挥重要作用。

本书对"多维视界下的荀子思想"及其相关问题的研究从绪论部分开启，系统梳理荀子的研究状况，分析研究的进展及所留下的课题，明确本书研究的创新点、突破点与学术宗旨；全书的研究主体呈现为八章，共形成五个主题研究部分。第一部分主要在第一章中呈现，分析阐释以"人性"与"生命"为论域，阐发荀子思想发生的历史背景，侧重展示历史发生的必要条件及外部特征，从思想史的源头延展出体系性的思考。第二部分主要在第二章、第三章和第四章中呈现，分别以"教化"与"明道"、"隆礼"与"重乐"、"崇文"与"尚质"为论域，阐发荀子学术思想的理论基点、伦理秩序、审美追求等问题，这部分的研究旨在明确荀子学术思想的核心指向，以儒家伦理文化的核心"礼"来导化规约人性，建构向善之道并形成"心"·"言"·"道"之间的逻辑勾连，通过"文""质"之辩以及"真""伪"的关联确证"美善合一"的问题，从而建构起"贵贱有等、长幼有序"的"差序格局"。第三部分主要在第五章和第六章中呈现，分别以"诗意"与"和谐"、"赋谜"与"文本"为论域，阐发荀子引诗、论诗及荀子诗学、诗论的系统研究，分析《荀子·

赋》篇的文学意义与艺术价值，通过独特的文艺实践与文学思想
之关系的考辨，建构起荀子学术思想的完整观照体系。第四部分
主要在第七章中呈现，分析研究以"争鸣"与"差异"为阐释
域，以荀子思想为中心、以其思想的历史地位及与前后相继的思
想家的比较为观照维度，形成时代的差异性和文化的争鸣性等相
关思考，并作为荀子思想的补充，完善荀学的思想体系建构；具
体的分析以荀子、孟子的比较为第一层次，荀子、墨子的比较为
第二层次，荀子、韩非子的比较为第三层次，荀子、庄子的比较
为第四层次，荀子与经学传统的比较为第五层次，诠释先秦学术
思想世界的同时也完善了荀子自身的思想价值建构。第五部分主
要在第八章中呈现，分析研究以"解蔽"和"重构"为阐释域，
在文化诗学的高度上以现代到传统的回溯方式阐发荀子学术思想
的整体建构问题，文化对话的发生与延展、政道伦理及价值域的
重建等成为本章论述的核心；在行文与研究路径的探寻中本书亦
以此章收束全文，在历史与文化的高度上完善多维视界下荀子思
想与观念的整体性研究，以"解蔽"而实现"重构"，从而形成
荀子的学术思想体系的文化解析与重新建构。

关键词：荀子　解蔽　重构　文化思想　礼乐

Abstract

The subject, *Covering and Reconstruction*, argues the problems of origin, essence, noumena, representation, core, meaning, theories, practice, connotation, and extension about Hsun Tzu's thoughts based on methods of comparative argumentation, hermeneutical argumentation and historic aesthetics comment argumentation, taking a kind of comprehensive study on all above problems with multi-levels, angles, and perspectives. The essential fields are composed of historical occurrence, theoretical starting points, ethical orders, aesthetic pursuit, analysesof quoting *Poems*, practicing aesthetic ideals, academic thinking, and cultural paradigm. The scopes of the study include humanity, life, education, goodness, "Li" and "Yue", "Wen" and "Zhi", poetics, Fu's metaphors, justice-benefit, dialogue, aesthetic, and value. Based on the above scopes, the author explores Hsun Tzu's theories on humanity, education, moral principles, "Li", "Yue", "Wen", "Zhi", poems, "Fu", metaphors, values of justice-benefit, and ethic politics, trying to give a panorama of literary thoughts of Hsun Tzu from the view of culture, to explain the transcendental consciousness from the overhead view of comparative poetics, and to contemplate Hsun Tzu's thoughts from all sides, and leading to a systematically study.

Covering and reconstruction as speculative dimensionality on the study of Hsun Tzu's thoughts show that author tries to construct a perfect internal logic of Hsun Tzu's thought system, to highlight the framework of Hsun Tzu's ideology, and to show his individual thinking and innovation. The author believes that Hsun

Tzu's ideology framework is composed of four closely - linking levels. The first level is to criticize the Confucian fission tendency and to integrate the Confucian culture. The distinction of Confucian thought weakens its position and influence in society. Hsun Tzu tries to maintain the Confucian "Holy Road" thought with criticizing the heresy of the Confucian schools so as to construct a new "Confucianism" which well meets the requirements of the times. The second level is the basic level of theoretical structure. The construction of Hsun Tzu's ideology system symbolized by "Li" and "Ren" is the reason why he can form the theoretical origins of his profound ideology. Hsun Tzu pays close attention to society, concerns the reality of human nature, and uses these as the precondition of his theory, which lays the foundation for the whole construction ideology system. The third level is the exclusive level of academic thoughts that it embodies Hsun Tzu's theoretical doctrines, values, worldly ideals, essential spirit. The practice level of literary thought is fourth level of this article. *The Book of Hsun Tzu* quotes and comments *Poems*, as well as inculdes an article of *Tu*. The all above shows the his literary spirit and also explains the aesthetic nature of literature and art. Hsun Tzu's literary practice has also played an important role in Hsun Tzu's thoughts.

As the beginning of this book, the prolegomenon gives a start of the study on Hsun Tzu's thoughts with multiple views. This part is about the actuality of Hsun Tzu's study and the new progress and main aim of this book, making clear its innovation, breakthrough points and academic purpose. The main body of this book includes eights chapters, forming five subjects. The first chapter explains the first subject, arguing the origin of of Hsun Tzu's thoughts on the field of "the thinking of human nature" and "the dimension of life". The second subject includes the second, third, and fourth chapter, indicating the theoretical dimensions of Hsun Tzu's thoughts within the scope of the role of enlightenment and benevolent humanity of which cultural meanings construct the logic of "Xin", language, and Tao, explaining the cultural orders of Hsun Tzu's thoughts in the area of the "Li" and "Yue", discussing the core orientation of "Li" and "Yue", indicating the cultural meanings of "Li" as the core of Confucian aesthetic, and discussing the aesthetics and pursuit of Hsun Tzu's thoughts in the region of outside decoration and inside pristine beauty, revealing the logic relation between "Nature" and "artificiality" by distinguishing "Wen" and "Zhi". The third subject includes the fifth and sixth chapters, putting forward the system of Hsun Tzu's poetics on the field of poem and poetic essay in the area of poetic scenes and aesthetic "He", elucidating literary meanings and aesthetic values of *Hsun Tzu: Fu* around the key words of Fu's metaphors and texts, constructing the unified system of Hsun Tzu's academic thoughts. The chapter seven explains the forth subject with the views of contending and otherness. The author compares Hsun Tzu's thoughts with the other ideologists who lives in the Pre-Qin Period, giving a thinking of diversity of backgrounds and cultural contending. This part compares the thoughts of Mencius, Chuang Tzu, Mocius, and Han Fei tzu with that of Hsun Tzu, explaining the views of human nature, "Li Yue", "Wen Zhi", Tao's thoughts, and economic ethics thought. The chapter eight explains the fifth subject, discussing the problems of constructing Hsun Tzu's thoughts around the key words of "Jie Bi" and reconstruction. As the ending chapter, the study method of this part is cultural poetics, completing the cultural interpretation of Hsun Tzu's thoughts on the way form "Jie Bi" to reconstruction.

Key Words: Hsun Tzu; Covering; Reconstruction; Cultural Thoughts; Li-Yue

目　录

Catalogue

绪　　论

　　荀子是著名的思想家、哲学家、文学家，作为儒家学派传承者，他的学说涵盖着当时社会生活的诸多方面，其思想体系亦彰显出思辨性、功利性、建构性、超越性的美学特征。荀子在中国文化学术史上占有重要的地位，故荀子其人以及荀子的思想都是极具研究价值的文化现象。荀子具有长于论辩的实践意识和勇于创新的理性精神，而他的个性气质、生存境遇、信仰心态、价值观念、社会理想、关注视域、思想体系、核心精神等方面都体现出独异之性征，这是对荀子思想的发生与建构进行梳理研究的内在依据，也是笔者对其思想体系进行审美观照的出发点。

第一节　荀子研究综述

　　学术界对荀子的研究经历了一个相当长的历史发展过程，研究状况纷繁复杂，研究景观亦是多元杂陈。从研究的内容来看，主要表现为围绕荀子个人、文本著作及其学术思想所展开的研究这三个方面，其中既包含个案研究和整体研究，又包含直观性研究和相关性研究。从研究的历史来看，战国至秦汉，关于荀子研究的著作广为流传。西汉末年刘向对当时流传于世的各种荀子著作加以搜集、整理，编定为三十二篇之数，是《荀子》成书之始；而经历了唐宋的研究低谷之后，清中期荀子的研究呈现了复兴之势，1891 年王先谦刊刻了《荀子集解》，康有为发表了《长兴学记》；而到新中国成立后侯外庐先生主编的《中国思想通史》问世，可以说荀学研究的崭新时代已经开启。从研究具体涉猎的对象来看，荀子、《荀子》、荀子思想是三个既有联系又有区别的研究范畴，《荀子》一书是联系三者的纽带，而对这些范畴所进行研究都成为建构荀学的有力基础。从研究主要涉猎的范围来看，研究主要集中在经学类、哲学类、文献类、传记类、义理类这五个方面，而对荀子哲学思想的研究与校本注释的研究成为荀子研究的主流。从研究的效果和意义来看，学术界已经取得了一定的研究实绩，特别是近年来一些主题论坛和国际学术研讨会的召开为荀学的研究方法与理路注入了新的元素；但从一定层面上看，相关研究在形成大量丰富成果的同时也存在着一些不足。

一　国内外的荀子研究状况

在荀子研究的整体视野中，国内的荀子研究已经取得了一定数量的研究成果。笔者对这些研究成果进行关涉学术思想的宏观统摄并加以归类，其形成规模的研究主要表现在三个方面：其一是以文本与校释注译为核心的考证性研究，其二是以荀子生平与学术评价为核心的传记性研究，其三是以荀子学术思想为核心所展开的分析性研究。值得指出的是，针对荀子思想进行的研究没有形成较为集中的研究规模和学术体例，缺乏明晰的学术指向，也相对缺少对问题的集中关注及研究成果，学界对荀子思想的研究发生在新时期文艺理论的建构实际中，本书将对这一问题的梳理和阐释置于第三个方面——荀子学术思想的分析性研究中进行论述。

其一，以文本与校释注译为核心的研究主要包括文献类与经学类两大部分。学术界对于《荀子》的文本和篇目的考证在两汉时期就已经开始了。《汉书·艺文志》对这一问题都有过集中的论述，《汉书·艺文志·诸子略》指出"荀子著述三十三篇"，而《汉书·艺文志·诗赋略》也指出"荀子赋十篇"。对于这个问题，《隋书·经籍志》《旧唐书·经籍志》《唐书·艺文志》《宋史·艺文志》《唐仲友序》《困学纪闻》《四库全书总目·子部·儒家类》，钱曾的《读书敏求记》，谢墉的《荀子笺释录》，郝懿行的《荀子补注与王引之伯申侍郎论孙卿书》，王念孙的《读书杂志校荀子后叙》《荀子佚文》，黎庶昌的《古逸业书叙目》等著述皆有触及，这些著作都以审慎的学术态度对《荀子》其书的存世篇目做了集中的考证，这里就不再一一详述。校释类的研究，则是以唐代杨倞的《荀子注》为基础展开的。据统计，自唐至明，《荀子》的校注，包括明人的节本、评点本总共不过七种，清代的研究有二十五种之多。清代荀学整理的成就不仅表现在专门著作数量的增加，更为重要的是表现在著述质量的提高方面。此外，在版本考订、文字校勘、词义训释等方面也都取得了相当可观的成果。自刘向校书后，《荀子》在较长的一段时间内没有得到系统的整理，故脱、讹、窜、衍现象十分严重。经过一些清代学者的努力，王先谦最后集其大成，刊刻《荀子集解》，才使得《荀子》成为广泛流传的范本。而自清中期荀学复兴之后，对荀子研究的文献类著作主要是围绕《荀子》的整理展开的，代表人物是刘师培。1936 年印行的刘师培的《荀子斠补》《荀子补释》《荀子词例举要》，他主要延续乾嘉学人的治学方法，用书证式考据方法整理《荀子》。他用毛左之说与荀书互证写成《荀子补释》，仿照《经传释词》和《古书疑义举例》发表《荀子词例举要》，还借用西学论著的解析方法来论述荀子的思想，例如《周末学术史序》一书就结合心理学探讨了荀子的性恶论，结合逻辑学肯定了荀子在"名学"上的贡献。此外，还有熊公哲的《荀卿学案》，陶师承的《荀子研究》，陈登原的《荀子哲学》，杨筠如的《荀子研究》，刘子静的《荀子哲学纲要》，梁启雄的《荀子柬释》，钟泰的《荀注订补》，于省吾的《双剑〈荀子〉新证》，叶玉麟的《白话译解〈荀子〉》等，也包括一些在学术刊物上发表的重要论文。另外，20 世纪前期有关思想家的著作与新时期对版本源流的考辨以及对校诂注释的研究等，其数量之丰硕、涉猎之广泛皆成为荀学研究的有力佐证。笔者将其收集到书后参考文献中以供参见，这里就不再详赘。而学界对于经学类的关注则主要集中在荀子传经问题的考证与研究上，并取得了一定的成果，但始终没有摆脱以孔孟为价值参照系的经学研究传统。研究中形成了这样一系列认识，由于荀子对儒学经典的传授居功甚伟，故学界普遍认为汉代儒学、"礼学"皆出自荀学，"诗经学"乃至于"春秋学"都与荀学有关。清儒汪中指出"荀卿之学，出于孔氏，而尤有功于诸经"及其对荀子"传经"所做的详细考证，其研究亦为经学史研究的学者所基本认同。而司马迁的《史记》，班固的《汉书》以及陆德明的《经典释文》等典籍都对这一问题有详细的考证，当代学者徐复观也曾高度评价荀子在经学史上的地位。此外也有郭志坤的《荀学论稿》，杨太辛的《论荀子的学术批评》，董治安的《先秦文献与先秦文学》，袁长江的《孔子、孟子、荀子说〈诗〉之比较》，赵伯雄的《〈荀子〉引〈诗〉考论》以及郝明朝的《〈荀子〉引〈诗〉说》等著作文章，都系统论及了荀子的"引诗"问题，亦成为对荀子经学研究的证据。

其二，是以荀子生平与学术评价为核心的传记性研究。这一视域内值得关注又比较有代表性的是汪中的《荀卿子通论》和胡元仪的《荀卿别传》这两部作品，这两篇作品都以严谨的学术态度和审慎的学理思辨对荀子其人的生存境遇以及学术思想的主要风貌进行了概括性的论述。汪中在《荀卿子通论》中对荀子之学有所定论而胡元仪在《荀卿别传》中也提出："佚而治，约而详，不烦而功，治之至也。"可以说，这些论著在生平事迹以及文本流变的考证之上，也兼及论述了荀子学术思想之特征，将问题的研究引向深入的同时也建构了荀子研究的整体观照意识。相关研究在不同层面表达了对荀子功利文艺观建构的原始关注，也实现了荀子对先秦诸子学术思想超越的历史猜想，虽然这里没有形成一种成体系的论述，但却开启了后世文学对荀子思想的研究理路。此外，上海书店影印出版了《民国丛书》，台湾文海出版社出版了大型的《中国近代史资料丛刊》，北京图书馆也出版了《20世纪思想学术家评传系列丛书》，一些著名出版社还推出了20世纪著名思想家的选集、全集、名著导读，加之日记、回忆录、年谱等传记资料和重新翻印的一些著名的学术报刊，都为我们进行荀学研究提供了极大的帮助。在新时期的研究中，朱砚夫的《荀子》（中华书局1982年版）以及孔繁的《荀子评传》（南京大学出版社1997年版）比较有代表性。

其三，是以荀子学术思想为核心所展开的分析性研究。本书对荀子的研究涉及历史、文化、哲学、文学、艺术、伦理、经济、政治、军事等诸多方面，也期待通过对这些问题的梳理能够更多关注与荀子文艺思想研究相关的成果，这也是本书研究的一个创新点。荀子学术思想的研究在20世纪以后形成了较为集中的规模，主要包括著作和论文两个部分。改革开放以来出版的荀学研究著作对文艺思想类的研究关注较少，研究的重心偏向于荀子思想学说自身的特征，而对荀学研究的历史不够重视。1991年郭志坤《荀学论稿》由上海三联书店出版，分析了近代以前荀学研究的历程。1996年惠吉星《荀学与中国文化》由贵州人民出版社出版，2000年马积高《荀学源流》由上海古籍出版社出版，触及了学界对荀子的研究问题。进入20世纪以后，荀学的研究进入一个新的境界。如赵宗正的《孔孟荀比较研究》（山东大学出版社1989年版），韩德民的《荀子与儒家的社会理想》（齐鲁书社2001年版），主要是从历史的角度阐释了荀子的社会理想以及荀子在儒家思想体系中的地位。王颖的《荀子伦理思想研究》

（黑龙江人民出版社 2006 年版），则是具体从社会伦理的角度侧重对荀子人性思想的挖掘；陈飞龙的《荀子礼学之研究》（台湾文史哲出版社 1979 年版）、高春花的《荀子礼学思想及其现代价值》（人民出版社 2004 年版）以及陆建华的《荀子礼学之研究》（安徽大学出版社 2004 年版），则是针对荀子特有的礼学观为研究对象，挖掘其中的思想内涵和现代意义，但上述著作均较少涉及荀子的文艺美学思想。对荀子文艺思想进行研究的著作主要表现在对荀子"乐论"美学思想的关注上，比较有代表性的有杨绮如的《荀子研究》（商务印书馆 1931 年版），蔡仁厚的《荀子与朱子心性论之比较》（新加坡东亚哲学所 1987 年版），吴文璋的《荀子的音乐哲学》（台北文津出版社 1994 年版），吴文璋的《荀子"乐论"之研究》（台湾宏大出版社 1992 年版）。其中吴文璋的《荀子"乐论"之研究》侧重从考据学的角度论述了荀子建立乐论的原因、乐论的思想渊源，并将其与先秦诸子的论乐思想进行了比较研究，开启了荀子文艺思想的关涉研究。笔者在本书的写作过程中集中关注了李泽厚的"美学四书"——《美学论集》《美的历程》《华夏美学》《美学四讲》，张少康的《中国文学理论批评史》，以及王运熙、顾易生合著的《中国文学批评通史》。张少康的《中国文学理论批评史》中以"荀子对儒家文学思想的继承与发展"为理论观照视域，集中阐释了"天行有常"的自然观对荀子的影响，指出道德修养和艺术创造的完美境界必须通过学习和实践，阐发了荀子的明道、言志、抒情相结合的文学观，建构了音乐对人心的影响以及文艺与政治的密切关系，等等。在此基础上，《中国文学理论批评史》得出了"中和"成为儒家传统美学思想的核心结论。而对王运熙与顾易生合著的《中国文学批评通史》，笔者重点关注该书的先秦两汉部分，其在儒家思想的第三节集中论述了"荀子"的文艺思想；作者以"性恶与文学"切入《荀子》文本的研究，通过荀子与孟子的比较建构荀子的人性观；然后提出明道、征圣、宗经的先声；接着以荀子的乐论、礼论和诗论为视域探寻具体的文学建构方式；最后，以"辩说"和"正名"为论域阐释荀子文本的语意逻辑意义，从而建构起"名"的实践方式。《中国文学理论批评史》在论述中表现出的创新性，在前期研究《荀子》的著述中较为鲜见，在研究方法与学理思路上也为后世文学对荀子的研究提供了许多可资借鉴的典范；但其在研究中对所涉及的问题没有完成更为细致深入的开掘，也没有形成学术论证的体系与理论架构的思辨路径，这也从另一个角度说明了对荀子以及荀子文艺思想的研究还远远不够，还存在着更为广阔的空间。可以说，结合文学批评史对文本展开综合性的研究，可以打开历史与文本之间的界限，也能够实现历史观照、文化阐释与文本本身的融合。而在对这一类别的研究成果进行整体梳理的过程中，相关的研究论文也进入了笔者的观照视野。截至21世纪初的十年间，以荀子的文艺思想为核心论域的论文（包括期刊和硕士学位论文）共有8篇，其中期刊类5篇，硕士学位论文3篇。比较有代表性的是王铭的《荀子文艺思想简论》（《邢台学院学报》2008年第4期），汪军的《论荀子的文艺思想》（《内蒙古民族大学学报》2007年第4期），王安庭的《论荀子文艺思想》（《西北大学学报》2006年第3期），甫之的《论荀子的文艺思想》（《辽宁大学学报》1987年第2期）以及郭志坤的《荀子的文艺思想》（《湖南师范大学学报》1987年第3期）。而博士学位论文以荀子为研究对象的共有21篇，其中与本书的论题相近的有张琳的《荀学三论》（复旦大学2003年），袁世杰的《礼学重构中的荀子性恶论文艺观》（苏州大学2003年），丁小丽的《孔孟荀"名分"思想研究》（北京师范大学2002年），曲爱香的《孔孟荀的天人观及其生态伦理》（浙江大学2006年），王小平的《荀子文学思想及影响研究》（华中科技大学2005年），丁小卒的《荀子化性论的逻辑构造及其人学美学意义》（北京师范大学2003年），张奇伟的《荀子礼学思想研究》（北京师范大学2000年），乔安水的《荀子礼论研究》（华东师范大学2004年），付晓青的《荀子"乐论"美学思想研究》（山东大学2008年），王楷的《荀子伦理思想研究》（北京大学2008年）共10篇。其中张琳的《荀学三论》对荀子的性恶论、礼学思想和天人关系三个方面进行的论释和研究较有代表性，而《荀子"乐论"美学思想研究》一文对"乐论"美学思想展开了集中阐发，在体现了文艺美学的研究价值的同时也建构了荀子文艺思想研究的开创性意义。

而对荀子的研究，在国外也开展起来，其与国内研究形成辉映之势，也是我们在研究中应该予以关注的。国外对荀子的研究主要侧重于注释译介研究、哲学思想研究以及人性论研究这三个方面。如德国著名汉学家、《荀子》德文全译注（1967）本的作者柯斯妥（Hermannxster，1904—1978）发表过一本以辨明字义和中西比较的方式专论荀子思想的小书《论荀卿哲学》（1979），柯斯妥认为中国人的世界观是一种跟近代西方人很不一样的中国式的"宇宙一体论"，认为荀子是此种想法的代表者之一。美国学者 T. C. KIine 与艾文贺共同编著的《〈荀子〉中的德、性与道德》（2000）一书是研究荀子的论文集，该书搜集了域外英文解读荀子并进行相关研究的主要论著，其中有论文 57 篇，相关专著 18 本；也收录了柯雄文、倪德卫、艾文贺等西方荀子研究领域的代表人物的文章。柯雄文主要从伦理学的角度出发，运用西方分析哲学的思维方法研究荀子及儒家思想，不仅有大量论述荀子思想的文章，还有《伦理推理》（1985）集中阐释荀子道德哲学的专著，将荀子作为一个道德哲学家进行专门研究。而艾文贺的研究是其中具有代表性的，他以自己的西方哲学训练为基础，倾向于对儒学做客观的分析研究，集中阐释了荀子的礼学，并提出荀子的性恶论比孟子的性善论更有道理。除此之外，日韩等国家的荀子研究也取得了一定的成就。以日本为代表，日本从获生"祖徕时代"起就十分推崇荀子，认为荀子是祖徕学的"祖型"。以井上哲次郎为代表的相当一部分日本学者认为："祖徕在道德上的见解多渊源于荀子。与仁斋的孟子尊崇相反，祖徕贱孟而扬荀。"① 今中宽司则总结道："总之，就以往的研究看，《荀子》学说乃祖徕学之祖型，已成定论。"② 从祖徕学派直到现在的日本学者更为关注荀子思想的研究。以佐藤将之为代表，他先后发表了很多关于荀子研究的论文，内容关涉荀子的政治、伦理等思想，也涉及乐论美学思想的研究。另外，进入笔者研究视野的还有日本久保爱增注的《荀子补遗》1 卷，此书为日本饲彦博撰，为日本文政八年（1825）至文政十年（1827）平安书肆水玉堂刊。而韩国儒学的发展历史自古就受到中国儒学传统的影响，在韩国学界对于荀子的研究也呈现出一种阶段性特征。因篇幅所限，加之其研究层面目前还只局限于对荀子思想从整体上的探讨，亦未形成详细深入的论述，本书对此问题就不再赘述了。

二　研究成果分析

学界对荀子的研究建构了一种普适的文化学意义，也形成了积极的影响，笔者以为主要表现为四点。第一，20 世纪以来的荀子研究呈现出趋势化、规模化的特征。出现了一批荀学研究的论著，同期著名的思想家也在

---

① 井上哲次郎：《日本古学派之哲学》，东京富山房 1903 年版，第 528 页。
② 今中宽司：《祖徕学之基础研究》，东京吉川弘文馆 1969 年版，第 144 页。

他们的著述中表达了自己对荀学研究的见解，这些都构成了 20 世纪荀学研究的重要组成部分，也为后世荀学的研究提供了更多可资借鉴的依据。第二，可以弥补荀学研究成果的不足，填补荀学研究史上的缺陷与空白，并在研究中为寻找新的荀学生长点找到理论契机。第三，构筑了诸子学说研究的重要组成部分。对荀学的研究在客观上可以促进同期儒学、老学、墨学研究的发展，并构筑起先秦诸子学术思想整体研究的观照体系。对荀子的研究不仅可以促进对儒学研究的深入，而且还可以为同期的道学、墨学、法学研究提供一个参考的坐标，从而丰富思想学术史的研究内容。第四，提供了崭新的研究方法。西学东渐之后，文化的舶来品不断地冲击着原有的价值体系和认知逻辑，故在 20 世纪以后的荀学研究中引入了许多新的研究方法，其中的很多人都对荀子进行了深入独到的研究，如梁启超、章太炎、胡适、郭沫若、杜国庠、侯外庐等，体现了许多不同的治学方法，包括以梁启超、章太炎为代表的传统经学方法，以胡适为代表的实证主义方法以及侯外庐等人所推崇的崭新研究方法等。第五，荀子思想中对于人的肯定和人性的承认，彰显了"人"的社会功能和价值，他提出"人最为天下贵"的观点、群分自适的社会生存理想，而这正是人征服自然、融于社会的理论依据。荀子的思考恰恰与人个性的独立意识相应和，也在一定程度上为现代社会建构理论中"想象的共同体"的发生构筑了文化传统与文化资源的双重基奠。从一定意义上说，这一点实现了荀学研究的现代转向，也为当下荀学理论的研究增添了理性自由的光彩。

从总体上看，对荀子的研究还是存在着一定的不足之处。第一，对荀子研究重校释而轻义理，研究更多地关注《荀子》的文本整理与注释校译，而忽视对荀子学术思想内容的研究，也没有形成体系性的认识。荀学的研究没有完全摆脱经学研究的理论框架，对于文学思想的关注与认识没有形成理论的自觉。第二，偏向于散在的文化现象关注与个别概念的零星分析。主要分析探讨孟荀关系、礼法区别、人性的善恶、天人关系，而缺乏有系统的思想性、体系性研究，研究成果没有形成规模和有价值的探讨。第三，在大量的研究成果中虽然对荀子文艺思想的研究有所进益，但缺乏整体性、全向性、系统性的观照与认识，缺乏对来源于社会生活的荀子文艺思想的观照。研究没有把握住荀子学术思想的内在理路，也没有辨识出荀子文论的核心与关键；大多数研究只是对荀子思想的某一范畴、某一问题进行分析阐释，而忽略了各个论域和范畴之间的关系，也发生了一些将不同论域、范畴的分析考证置于同一主题之下的主观性判断的情况，这一症结也是笔者写作的缘起。第四，只关注荀学思想所呈现出的表象特点的分析与阐释，而不重视荀学思想的根源与核心内蕴的发掘，对荀子学术思想中的核心范畴与主要思想缺乏清晰的认识，没有形成核心观照意识，研究视野受到束缚，理论阐述方面也多停留在表层的探讨中。第五，在荀学研究方法中存在着一定的不足。学者一是利用《荀子》文本中的资料，二是利用荀子生平所遭际的人和事的资料进行考察。而对荀子所处的广阔的社会历史舞台缺少深入的分析研究与宏观的把握，也忽视了历史传承前后相继的关系。

本书期待在对前人研究成果的总结与借鉴的基础上，构筑起荀子学术思想研究的平台与基点，完善荀子研究的现代理路、弥补荀子研究的缺陷，以引起学界对荀子学术思想的重点关注与重新挖掘，这也是本研究的出发点与旨归。

第二节　传统荀学的现代诠释

从相关研究中可以看出，对于荀子以文艺性征为代表的学术思想研究，学界并没有形成体系性、全向性、核心论域阐释的研究成果，因此建构荀子学术思想的论证与观照体系，找到荀子学术思想的核心并阐释其在整个荀学建构中的价值功能与历史影响，成为荀子研究中尚未解决的问题；而对这一问题的关注与阐释正是本研究的出发点与旨归。综观中国社会的传统文化序列，不难发现，中国社会的整体是处于社会本位之规约下的，这也形成了中华民族因袭了几千年的"社会本位"下的思想文化传统，传统文化的价值体系与西方文化的价值体系迥然相异。在社会本位、伦理本位的规约下，中国传统文化彰显出自身的独异性，而功利意识也在社会发展与文化建构的共同流向中逐渐显现出来。荀子彰显"功利"的目的就是形成文化与政道相互关涉的实际，这一点恰恰是对"社会本位"下的文学传统的完满诠释，也在一定程度上形成了传统荀学之现代诠释的历史观照。

一 观念·价值·体系的生成

荀子作为一位博大精深的思想家，其思想理论对哲学、伦理、政治、军事、教育、文化、艺术均有涉猎，而其著述也呈现出多维的性征。从荀子著述的文本表现可以感受到他作为文学家的一种理论潜质与文化积淀，亦足见其对世事的关注所形成的独到观念和理论识见。笔者考察荀子思想之观念、价值、体系的生成路径，意在以此建构对荀子的思想体系的评价，实现对荀子学术思想体系的整体性把握与宏观的审视，全书在突出荀子学术思想体系理论框架的同时也将传统荀学的现代诠释浓缩于此。在具体的分析研究中，荀子的学术思想体系由紧密关联的四个层面构成。

一是批判儒家裂变趋势、整合儒家文化的层面。

孔子之后，儒家思想离析为八派，出现了不同的学说指向，学术思想的分野在一定程度上削弱了儒家思想在整个社会政治文化环境中的地位影响，也使儒学的发展面临新的困境与问题。荀子力图维护儒学之正宗"圣道"，对儒家各派的异端取向予以了尖锐的批评，其在理论的阐释中也以重申周代礼乐文化为核心本位的儒家文化传统为契机，建构起适应时代之需的崭新的"儒学"，而这一点也恰恰成为荀子思想体系形成的内在依据。荀子关注现实的学术批判精神、兼容并包的文化意识，体现了战国百家争鸣走向学术交融的历史趋势，在这一过程中荀子也构筑了其在儒学体系中的核心地位。荀子密切关注现实世界的变化，充满了事功精神：其讲学于齐、仕宦于楚、议兵于赵、议政于燕、论风俗于秦，对当时社会的影响不在孔孟之下；而历史的实际也说明了荀子在坚持儒学基本信念的前提下，还努力争取扩大儒学的文化政道空间。荀子学术思想所体现的务实精神，为儒学适应时代环境、寻求历史发展做出了重要贡献。

二是理论建构的基础层面。

荀子以"礼""仁"等为核心所建构的理论体系是其形成博大精深思想之渊源所在。荀子关注社会、关注现实的人性，并以此为其理论的预设前提。荀子以人性之恶为"礼"的建构缘起，在自己的论述中肯定了"人"的意义与价值，他既提倡"人"的主观努力，也承认"人性"，这对于仍然处于以社会本位、家族本位、伦理本位为文化统治的文化传统制度规约下的荀子来说，无疑是难能可贵的。而荀子在理论建构中的脚步并不止于此，他还具体建构了"教化"的理论，以诗教、乐教、言教、礼教等不同的教化方式来实现教化以"立说明道"的理论向度，在此基础上，荀子还具体建构了"礼"论、"乐"论、"文质"论、"诗"论等，荀子以此完善其思想体系之理论建构的基础层面，从而为其学术思想体系的整体建构夯实基础。

三是文艺思想的专属层面。

这一层面集中体现了荀子文艺思想理论建构之主动与文化阐释之自觉。荀子的整部著作中呈现出思想的文艺性征，既有宏观总论礼义的文化秩序，又有直观具体的《礼论》《乐论》篇章。而荀子长于论辩，常常在论述中显示出论辩的霸气，其理论阐释形态所构筑的完整体系亦有现代著作的文艺气质。在具体的文学表达中，荀子往往表现出用语丰富多彩的文学特征，《荀子》大量引诗的现象也从侧面表现出荀子对《诗经》等文学文本的谙熟与认同。另外，"礼""乐""文""诗""赋"都代表了荀子在其文艺思想的专属层面的建构意识，而从其思想的反传统意义上来看，也呈现出一种文艺精神。荀子虽起于诸儒之间，却能以独异之思建立新说以争儒学之正统，最终奠定了其在儒家思想的传承地位，其文学性的探索与文学思维方式的建构在今天于我们仍然具有理论意义与现实意义。这是一个具有颠覆性意义的"反抗"，这种大胆、自由、革新、求变的精神恰恰是文学艺术追慕的本质，更是文学理想世界中求得"真、善、美"的最有效方式。

四是文艺思想的实践层面。

理论思想的实践层面包括自觉的和不自觉的两个部分，文学家的实践并不一定完全印证其理论阐释的实际。应该说，荀子的文艺实践形成了一个不自觉的文艺表现层面，而这一层面与荀子文艺思想体系的理论自觉层面形成了互补互证的关系。荀子所创作的五首"赋"作是其文学实践的集中表现，这些作品所表现出的审美取向与艺术追求也是考察荀子文艺理论建构的重要组成部分，尽管由于数量和篇幅的局限，"赋"不能展现荀子思想的全貌与文学特质，但以其为代表的荀子文学实践也在荀子思想体系的诠释与构建中发挥了重要的作用。

二 荀子文艺观的核心精神

　　研究荀子的思想、建构荀子的思想观念、价值体系是荀子文艺思想研究的理论基点，而对这一问题的阐释直接指涉到荀子文艺观的核心精神；笔者以此为基础对先秦理性精神与文化实践进一步诠释，建构"功利"的内蕴与文化表征。荀子文艺观的核心精神指向就是对功利的追逐与诠释，而功利性征也构筑了荀子思想的本质层面，故阐发对荀子文艺观核心精神的关注，可以明晰荀子文艺观之"功利"发生的历史缘起，也能够厘清荀子学术思想体系的价值意义。

　　荀学思想的发生综合了历史机缘、政权迁变、时代催促、审美承延、危机意识、人格理想、欲望规训、意义表达等多维要素的共同作用，而探寻荀子功利观发生的文化原因，能够实现对荀子文艺思想之核心精神的审美回溯。第一，荀子功利文艺观的发生呈现为一种历史性。在政权迁变、战事频仍的战国时代，思想家之著述立说必与时代之节奏相契，荀子在其功利价值体系的建构中一改孔子、孟子学说中"迂远而阔于世情"的经院性特征，而表现出注重实效、紧贴君主政道之实际的功利性特征。可以说，荀子功利文艺观的发生是一种历史的需要，也是一种历史机缘。第二，荀子功利文艺观的发生呈现为一种必然性。荀子处于儒家文化的传承序列之中，自然延承了儒家以"礼"为核心的社会建构理想，加之时代的要求与历史的催促，使荀子以复"礼"之"教化"来规约"人性之恶"的实践意识愈加强烈，从这一层面上看，荀子功利文艺观的发生是一种文化的必然。第三，荀子功利文艺观的发生呈现为一种主体性。荀子作为涉猎广泛的思想家，他的身上表现出独有的危机意识与人格理想。他审时度势、关注现实，依据政道建构的现实需要向君主提出自己的王霸之道，也表现了强烈的治世生存的愿望；这是荀子本身所具有的危机意识，也是在礼的社会秩序的建构中表现出的一种人格价值理想。荀子期望以礼来规约性恶，使人性归于善，从而达到人格理想之下礼化秩序，使整个社会进入和谐之美的文化序列。第四，荀子功利文艺观的发生呈现为一种策略性。荀子的功利文艺观是面对困境解决问题的有效策略，荀子以"教化"之化道达成对人性欲望的意义规训与文化表达，功利观的发生成为荀子文艺思想体系的关键策略，而对"规训"意义的引入可以为实现荀子之"礼"化的社会秩序的建构夯实基础，也为其功利策略的有效性进一步正名。

应该说，荀子的文艺观不仅仅形成了功利价值的论证体系，也在审美表达上呈现出个性化的特征，笔者在本课题的研究与撰述中对这一问题进行了细致梳理和集中阐释，并以此回溯荀子文艺观的核心精神，阐发对功利文艺实践的审美观照。荀子的文艺观表现出明显趋向于"功利"的性征，这一问题笔者在本书中建构了完善的诠释体系，这里仅举几个例子。如荀子的"教化"理论具有显在的目的性，即导化人性之恶，建构良好的社会秩序，就将驱恶扬善、达善育美的策略之功利性征显现出来。另如，荀子对于"礼"的建构也有明显的功利性征，荀子以"群分"之理念为基础构筑起"礼"化的差序格局，标举"长幼有序、贵贱有等"的社会生存结构，也表达了其功利的性征与目的。还有，荀子在其文艺观中表现出对尚"文"的追求，对错彩镂金的人工雕饰之美的向往都表现了其文艺观的功利性征。因此，关注荀子文艺观的核心精神，能够真正进入荀子的思想体系，而对于荀子学术思想的文化观照与理论阐释，也可以构筑起一个崭新的荀学研究视域；笔者期待以此为基础从多维的角度解读一个真正的荀子，这一点也是本书进行相关研究的价值与意义所在。

三　伦理本位与文学传统

荀子的学术思想基点是建立以"礼"为核心的差序格局、美善相达的社会秩序，而这一点是与儒家的伦理文化思想相和的，也是与中国两千年因袭的伦理文化历史相和的。可以说，伦理本位是荀学思想体系的一个要点，在今天仍具有现实意义，也是荀学传统在当下能够发生的重要依据。德国哲学家雅斯贝尔斯曾指出，先秦文化和更早的周文化是中国文化的"轴心时代"。从炎、黄、尧、舜、禹等时代所产生的石器时代文化、农耕文化到周代盛行并为世人所广泛推崇的礼乐文化，再到处在中国文化黄金阶梯的先秦时代所产生的以"礼"为核心的秩序文化，都为伦理文化的生成构筑了关键性的要素。从夏、商、周三代来看，其出现的夏礼、殷礼、周礼，证明中国礼制文明有一个继承发展的文化路径；此后，周人的农业文明已经成熟，精神劳动与体力劳动产生了区别，文化成为摆脱生存需要的精神创造，进而构筑起以信念伦理为特征的礼乐文化；而在此基础上，中国伦理思想的黄金时代——周秦时代则使中国伦理文化形成并逐步完善：一方面诸侯国之间的激烈竞争，导致了社会生活的理性化；另一方面，周人以礼乐文化为标志的信念伦理逐步演变为秦人以法律文化为标志的责任伦理，标志着先秦伦理文化的核心旨域的确立。

伦理文化作为中国文化传统的基点经历了两千年的文化积淀并逐步完善，与此同时伦理文化所产生的伦理本位思想也影响了中国文化几千年，其一方面夯实了中国文化传承序列的根底；另一方面也影响并催化了中国文学传统乃至整个文艺传统的形成。其一，作为丰厚的文化积累，中国伦理文化从夏朝算起，到战国时期已近两千年，其间有神话、寓言、诗歌等形式的口耳相传，也有甲骨文、金文、竹简的刻铸记载，形成了丰富的文化积淀的同时也构筑了涉猎广阔的文艺素材。其二，学术争鸣形成了良好的文化生态，春秋战国时期的百家争鸣及当时的政治格局，形成思想开放、竞争的繁荣局面，不同学说、不同思想以及各家各派的理论都可以找到自己的信徒和生存空间，为文学艺术以及大文化的繁荣带来新的契机。其三，激烈的社会冲突与动荡不安的环境推进整个学术视界的发展，激发了主体的创造潜能。在旧制度正在瓦解、新制度尚未确立的情况下，社会呈现纷乱无序的局面，礼崩乐坏，战争持续，没有权威，没有正义，而有良知的学者、思想家都关注社会向何处去的问题，于是各种各样的治国方案纷纷出笼。社会冲突越激烈，对文学家、史学家、思想家的刺激就越大，从而使他们的大脑更兴奋，思维更活跃，越容易把创造的潜能发挥出来。其四，独立的智者阶层形成了天才不断涌现的文化格局。春秋战国时期，由于周王室的衰微，官学逐渐被兴起的"私学"所代替，一批为王室服务的官方学者失去了官方的身份，变成了民间的、自由的文士。他们成了传承文化、创造文化、以智力劳动为业的智者，同时这也是百家争鸣出现的重要条件之一；而活跃的智者阶层又创造了必要的土壤，这一时期涌现了大批思想家。应该说，对于荀子学术思想的研究以及伦理本位的探究、对文学传统与荀学思想关联的考辨，能够进一步厘清荀学思想的沿革与历史，明晰荀学思想在文化谱系的传承中的重要作用，寻找并挖掘荀学思想的现代生长点。回溯历史，先秦世人一方面提倡贵族宗法制基础上的信念伦理，强调祖神、天命信仰与德性精神，弘扬礼乐象征体系，崇尚道德秩序；另一方面又彰显宗法官僚制基础上的责任伦理，强调法术势管理体系，崇尚法律典章。而从诸子百家的文化伦理思想来看，儒家作为周文化的继承者、墨家作为其改革者、道家作为其批判者、法家作为文化奠基者、刑名家作为其同盟者、黄老之学作为其发展者都为文化伦理思想的建构与形成贡献了力量。这一点与荀学思想的理论基点是一致的，其不仅指向伦理本位，从一定意义上说，也彰显了文化传承与文学传统之间的重要关联。

显然，无论过去、现在，还是将来，现实生活中仍然延续着的这种渊源久远、积淀深厚的传统伦理文化的影响，这些文化要素在推进社会政治文明发展、增强现代社会文化辐射力等方面仍然发挥着巨大的作用；而对于儒家伦理传统中的消极化、专制化层面则是需要通过现代解蔽的方式，完成不断净化思想潜网、驱除羁绊与杂质的过程。从这个意义上说，发展文化、文化发展是致力于现代建设的历史任务，也是推进学术前进与发展的必然要求。

第三节　本书研究的理路与思考

本书的选题具有历史意义和现实意义。荀子是一位学理深厚的思想家，司马迁在《史记》中独以孟子荀卿并传，可见当时荀子地位之高。历史上对荀子、《荀子》文本以及荀子学术思想的研究构筑起荀学的研究传统，而荀学的研究荀子的文化精神对现代社会的建构意义与文化价值也逐步显现出来。第一，为传统荀学研究寻找新的生长点。第二，深化“荀学”研究的深度与广度。第三，丰富研究的空间与理论的旨域。第四，完善体系的建构达到阐释的平衡，填补这一领域研究中的褶皱与空白。在“功利性”与“非功利”的争辩中，回到荀子文本研究的自身，从文本出发，立足于文本，并以文本为最终的理论旨归，重点关注荀学思想体系在《荀子》文本中的地位，其突出的实践性品格与社会存生意义，探讨《荀子》思想的美学传承及其文学思想新变的意义，兼及《荀子》如何取传统之长融并时代之承继而汇成自己的理论并产生他巨大的时代与历史的影响，这些都对文艺理论学科的研究以及社会理论形态建构具有重大的意义与启示。而相关的研究成果文化辐射力也十分巨大，既能为当下的文学创作、文学理论建构以及文艺学的历史走向提供一定的理论借鉴，又能为现代文学理论的研究注入博大精深的传统资源，还可以在一定意义上促进现代文学的学科建设，也能够为文艺学的发展做出贡献。

　　学界对荀子的研究形成了传统荀学的价值诠释体系。本书以现代性的审美视域关注荀学研究，通过对荀子及其文本的解读，完成荀学研究的理性建构与文化思考，并从多维视域来彰显相关研究的时代特质与历史文化意义。传统荀学的研究重点在于校释类和义理类，而缺少对荀子文艺思想关注与研究；在涉猎荀子文艺思想的具体研究成果中也只局限于对单独论域和个体范畴的关注，并没有形成对荀子文艺思想的核心观照与内在理路的建构，也没有阐发整体性的认知识见与系统性的论证表述。本书设论的原初意义就是要在现代视域的历史文化转向中实现对荀学研究的理性建构，形成较为全面的文化观照和独特的理论思考，努力尝试进行开拓性的研究，完善荀子学术思想体系中有价值的探讨。在相关研究中，笔者力图寻绎出荀子文艺观的核心精神，并完成对荀子文艺思想的回溯全书八个维度的研究实绩与本书所要阐释的多维视界下的荀子思想在表现荀子的自由精神与荀子的思想旨归上是趋于一致的，而"功利观"作为切入点相较于研究视域在语义表现上与意义阐释上也更为集中；本书将荀子的文艺观作为一个比较集中的观照视域，在全面性、整体性、系统性的研究、论证、阐发荀子学术思想的基础上，创见性地提出将功利文艺观作为荀子思想体系的核心指涉的论断，全书的思考较多地围绕这一创新性的认识展开，而这一点也与荀子的审美理想与政道策略分殊相适。

　　本书以荀子著述之《劝学》《性恶》《礼论》《乐论》等存世的三十二篇为文本基础，以荀子之学术思想体系为研究对象，以荀子文本中所呈现出的思想观念为核心观照视域，阐释荀子文论体系中的人性、生命、教化、明道、礼乐、文质、诗赋等不同的文艺美学范畴，兼及将先秦诸子的文学艺术思想也纳入学术观照的视野中，在文化诗学的高度上进行比较阐释，在前人研究成果的基础上发微探幽，意图对荀子的学术思想研究做更为系统广阔的开掘与总结，在建构荀子思想体系的同时形成对先秦诸子文艺思性中美学元素的超越。从荀子与孟子、孔子、庄子、墨子、韩非子以及经学传统的比较中，以"解蔽"为理论缘起、以"重构"为理论旨归，完善荀学思想的体系框架，展现独特的文化维度与文化镜像。本书依据王先谦点校的《荀子集解》（中华书局1988年版）进行阐释，重点对荀学思想本身进行分析阐释，较少关注具体的关于文本流变的考证与史料真伪的考察。

在具体的阐释中，涉及荀子文艺思想的核心范畴"功利"，从一定意义上说"功利"作为一个关注视域构筑起统摄荀子著述全篇的灵魂，亦足以概括荀子文艺观的旨要，也是荀子文艺思想的理论核心。文艺来源于生活，同时也离不开我们生活的社会、时代、环境以及由此构筑的整个世界。社会生活中"功利性"成为一种不可或缺的元素。功利之于文艺是一种创造性的动力，也从一定层面证明了文艺思想存在的价值与审美欲求，功利之于价值判断与情感显现则更多地表现为一种合目的的目的性。童庆炳指出"文学不带有直接功利目的，但它由于在其话语结构中显示了现实社会关系的丰富与深刻变化，因而间接地也体现出掌握现实社会生活这一功利意图"①。因此以"功利文艺观"回溯文本的研究构筑了崭新的语义范畴。在具体的研究与阐释中，笔者本着"内部研究"与"外部研究"相结合的切实路径，以"入乎其内"的诠释原则阐发荀子思想的深刻性，又以"出乎其外"的策略意识把握荀子思想的系统性和流变性。

本书在荀子学术思想的研究中，将纵向的历史发展研究和横向的平行比较研究相结合，应用比较论证法、阐释论证法以及历史美学批评论证法等具体方法建构荀子学术思想的论证体系，阐发了文化的理论思考，也形成了独特的研究理路。在阐释与论证中，本书力图站在文艺学理论发展的前沿，以"功利"审"美"的整体性眼光审视荀子的文学著述、文艺思想与美学追求。从《荀子》文本的细读入手，从《荀子》文本本身出发，还原荀子的时代背景与历史语境，在对《荀子》文本追本溯源的论证过程中阐释荀子思想的历史发生与文艺表达、学术的生存样态与审美的艺术追求，笔者以多元的视角展示荀子思想的发展脉络与文化语境，以期实现对荀子思想体系之内在理路与理论范畴的全面关注与整体建构。在具体建构中，本书将研究视域分别深入《荀子》著述所阐释的各个方面，对荀子思想的历史发生、理论向度、文化秩序、艺术追求、审美赋格、实践理性、传统维度、时代语境等进行总体观照与把握，综合时代现实与个人际遇、人格素养与诗学渊源、本土资源与横向借鉴、传统精髓与现代承继、生命哲思与审美理想、主体性情与理论个性、审美想象与文本承载、诗赋观念与理论视域等多维因素进行研究。在具体研究中，本书第一是从发生学的意义上深入探讨其思想及学术观念得以形成的内外动因及美学依据，即思

---

① 童庆炳：《文学理论教程》，高等教育出版社2008年版，第274页。

想观念的历史发生问题；第二，以"功利教化"与"明己之道"的主体观照方式，为"人性"之"恶"的社会现实问题开出药方；第三，以思辨的角度，对荀子文本中的"礼"和"乐"的审美内涵与审美外延问题进行梳理与阐析，力图总结和建构出完整统一的实践框架与标准体系；第四，对其思想体系进行具体阐发，以"文""质"之争与真伪之辨来展示荀子文艺观的审美追求与艺术理想；第五，以"诗意"与"和谐"为基点，阐发荀子文艺思想的审美赋格以及荀子"诗论"的实践应用问题，并构筑荀子诗学与荀子诗论的系统研究；第六，集中阐发《荀子·赋》篇的文学意义与艺术价值，诠释荀子功利文艺观建构的理论意义与学术价值；第七，以"差异"与"争极"为论域，以荀子、孟子进行比较阐释人性观为第一层次，以荀子、墨子进行比较阐释礼乐观为第二层次，以荀子、韩非子进行比较阐释文质观为第三层次，以荀子与庄子思想之比较阐发道论文艺观为第四层次，以通过荀子诸子思想比较阐发经济伦理思想为第五层次，诠释先秦学术思想世界同时也通过比较的方式完善了荀子美学思想的建构；最后，在文化诗学的高度上阐发荀子学术思想的建构问题，以"解蔽"而实现"重构"，在历史与文化的高度上完善多维视界下荀子的学术思想与观念的整体研究，收束全篇。

应该说，本书在写作中还存在一定的不足。历史上的荀子，正处在儒学由裂变而走向整合的关键点上，他的思想既有对孔子以及周代礼乐文明的追慕，又有对七十子之学说与儒家八派的批判、扬弃，阐释其思想的内涵与必然，本应更多地比较儒家各派的学说异同，但为学术功力所限，未能做更为深入的探讨。而由于历史、时代的局限和研究资料的相对匮乏，使得笔者在写作之初所设定的研究问题没有全部走向深入；而历史与文本之间的界限也没有完全打开，只能将阐释与解读尽量接近历史上的荀子。另外，国学思潮在当下的繁荣，使传统文化资源中的现代语义力量空前强化，而挖掘荀学在当下文化事业中的建构意义成为崭新的课题；但限于时间和本著作的论题所限，亦没有将这一问题充分展开。笔者期待在今后的研究中倍加努力，将尚未涉猎以及未及深入的研究问题都纳入荀子研究的观照视域、并逐步走向研究的纵深领域，以此完备对荀子的研究模式与论证体系的建构。

第一章 人性与生命：荀子思想的历史发生

本章以"人性"与"生命"为论域，集中阐发荀子学术思想的历史发生问题；具体的分析阐释从情性之说、性恶之论、天人之思、存生之道四个层面展开。在先秦遗文和先秦经籍的训诂学考证中，"性"和"生"的视阈同一，因而在阐释"人性"的语义范畴里自然会迁想到"生命"的存生问题。"人性"与"生命"的价值维度同一、问题旨域趋同，故将生命个体的存在指涉到社会历史的范畴正是荀子之思想体系的源起。荀子学术思想的"发生"问题，既是文学史的历史建构问题，又是理论研究的对象性思维问题；本章研究荀子文艺思想发生的历史基础，荀子学术思维的"入思角度"，建构解决个体与社会矛盾的策略，以此夯实其发生的历史基础。基于这一视阈的文本观照，"人性"问题的提出，并以人之"性"为话题展开对荀子学术思想的论述。在这一层面上，荀子思想的建构也较多地表现了对人、人生、人性的探问，对人的生存问题、价值系的建构问题以及由此产生的整个社会的生存问题的推演与追索，期待通过自身思想体系的建构来解决由人的自然属性向社会属性的教化转向问题，并将其归入儒家和谐稳定的整体社会序列，完善其政道功利价值体系。

第一节 情性之说与素朴之自然

"性者，天之就也"①，"人莫贵乎生"② 的论断，既体现了性、生视域

---

① 王先谦：《荀子集解》，中华书局1988年版，第428页。
② 同上书，第299页。

同一说，又展示了荀子对"人性"问题的思考，也是荀子功利观发生的历史缘起。荀子以此出发关注"人性"以及由此产生的"生命"存在问题，对人之"性"予以承认，但在功利视域下持守自己的人性观，以"无蔽"之"真"完成"性""生""命"的语义架构与价值转换，在一定意义上实现了对传统儒家思想以及同时期的其他学术思想的超越。

一　人之情性的关注

人性论之焦点的核心指向是对"问题"的"发现"，这一"发现"的集中体现是对"人"这个生命的核心要素的关注，以及对由"人"所派生出的"人性"问题的关注。应该说，"人"的存在是客观的，无论表征为自然属性还是社会属性，其存在都要建构符合自身生存逻辑的生命秩序；在这个秩序的建构过程中，"人"所表现出个体的归属和性征，就是"人性"。健康的"人"是"美"的，合理的"人性"也是"美"的。在文艺美学的研究中，对于"人"和"人性"的关注其实质就是对"美"的实体性要素的关注，也是对"和谐"的生命秩序所呈现的"美"的思慕与追求。荀子在其"人性论"中所建构的"人性之天赋""人性之素朴"以及"人性之客观自然存在"等观点，成为荀子"人性论"的旨要。

在这一问题域的研究中，入思角度是政道功利的维度。荀子以人性为基点进行阐发，首先提出"人"之"性"的顺天而用的问题，正是顺天而用，才彰显"性乃天之就"之说的真正要义，故《荀子·性恶》篇指出：

> 凡性者，天之就也，不可学，不可事。……不可学、不可事而在人者谓之性。①

《荀子·正名》篇亦云：

> 性者，天之就也；情者，性之质也；欲者，情之应也。以所欲为可得而求之，情之所必不免也；以为可而道之，知所必出也。故虽为

---

① 王先谦：《荀子集解》，中华书局1988年版，第435页。

守门，欲不可去，性之具也。①

《荀子·礼论》篇又说：

> 故曰：性者，本始材朴也；伪者，文理隆盛也。②

从以上的文本论述可以看出荀子对于"人性"问题的思考与关注。荀子对"人性"的阐释，对"个体"的历史发现，是其文本中的一个较为基础的问题。荀子阐述人之"性"，是"上天"造就的，是"天"赋予人的；所谓顺天而用就是顺性而用，而"性"之为恶，则是顺"恶"而用，也更需"礼"制。而从一定意义上说，"性"是朴素而自然的原始之"真"的体现，是人的生命质地中最本质的元素，是"人"能力和德行的本源；荀子指称"人性之质朴"，是因其未加雕琢并"自然而然"，故其犹存粗陋与缺憾实属已然；而以"礼乐"之规实现"人性"之向"美"的追求，恰恰体现"人性"的构建与后天的功利视域之间的悖谬关系。

回眸历史，荀子生存的时代是一个充满了除旧布新的变动的时期；时代之变，权力之更，政权之迭，文质之新成，成为当时的写照。所谓"历史无定例，天演非一途，故论史事宜乎不可必，不可固也"③，亦为此理。《史记·孟子荀卿列传》中曾对当时的社会状况做了集中的概括："天下方务于合纵连衡，以攻伐为贤，而孟轲乃述唐、虞、三代之德，是以所如者不合。"④ 司马迁之述意旨鲜明，以孟荀思想为例考察时代特征，可以发现二者皆不赞成王道之建全靠攻伐，儒家思想认为国家政道的长治久安非以攻伐为计。而当时的诸侯征战皆以城郭之得失为其政道实绩，面对这一时代之弊，荀子延承儒家思想的传承序列，积极推行自己的社会建构理论，即以导化人性之恶来完善其政道思想体系，使整个社会进入向善育美的和谐序列并建构真正的"王道"。在这一层面上，荀子一方面希望其入世理想得到广泛的认同；另一方面又努力使其思想观念与时代性征相适应，这决定了荀子"人性观"建构要融入新的时代元素。荀子首先从"人性"发

---

① 王先谦：《荀子集解》，中华书局 1988 年版，第 428 页。
② 同上书，第 366 页。
③ 傅斯年：《中国现代学术经典》，河北教育出版社 1996 年版，第 109 页。
④ 司马迁：《史记》，中华书局 1959 年版，第 2343 页。

端明晰自己的观点：承认人性，但不肯定人性；他反对否定人性，也抗拒泯灭人性。荀子在其思想观念中赋予了"人"之个体生命以变革求新的理想，并在此基础上彰显出灿烂的美学光辉，在时代与文明的危机意识之下，实现了个性特征与时代特征的融合。可以说，荀子建构其价值观的原初意义是期望受到对"礼乐治国"而失望的君主的青睐，得到对时代之弊深感绝望之世人的理解与认同，从而形成对先秦诸子"人性观"的超越，开拓崭新的理论视野。

荀子对"人性"问题的阐述，开启了对主体"人"的讨论，也表达了荀子对于人情和人性的关注，其核心旨要就是对社会动力元素"人"的关注；荀子将"人性"的观照纳入其思想体系的构架，是一种文学实践，也是荀子关于文学理念的初期探寻。而荀子对"文"的强化以及功利性的建构也从此出发，并赋予其以时代意识。应该说，荀子在一定程度上肯定了"人"的生命需求和基本欲望。但从处于社会本位之宏大理想规约下的社会整体来看，时代统摄下的社会、环境、政治、道德等诸多因素都对"人"和"人性"的形成发挥着重要的作用；因而荀子的"人性观"既在以社会本位、家族本位、伦理本位为核心的文化制度的规约之下，又在现实的时代之下。时代的矛盾使荀子的研究对象"人"不仅仅是一个单纯的"自由"的个体，而且是"礼乐文明"的"时代"规约下的具有自然属性的人，而荀子也在此基础上建构了一个健康和谐的"人性"伦理秩序：在这一宏观秩序之下，他一方面承认"人"的性欲缺陷；另一方面又为其思想价值域的建构夯实基础，而这也是他"人性观"的出发点与旨归。

二　人之能力的考量

人作为生命的个体生存于社会群体之中，自然有属于生命个体的"生存法则"，就是在"社会共同体"所构筑的危机意识之下，实现个体性征与社会性征的融合。然而，自然本真之性与社会之性之间是有区别的。荀子认为主体的生存以及主体的价值观的形成都不能离开其所生存的社会历史环境，荀子欲"求其法而得其存"之策，适"凡所同一"之"社会"之人，"生而求其存"亦彰"人"之"本性"，而这一点也适合于每一个生存于社会中的"人"，故"人性"表现为一种生存的能力。《荀子·荣辱》篇论述了这一观点：

目辨白黑美恶，耳辨声音清浊，口辨酸咸甘苦，鼻辨芬芳腥臊，骨体肤理辨寒暑疾养，是又人之所常生而有也，是无待而然是者也，是禹、桀之所同也。①

凡人有所一同：饥而欲食，寒而欲暖，劳而欲息，好利而恶害，是人之所生而有也，是无待而然者也，是禹、桀之所同也。②

《荀子·非相》篇也指出：

饥而欲食，寒而欲暖，劳而欲息，好利而恶害，是人之所生而有也，是无待而然者也，是禹、桀之所同也。③

荀子在论述中指出主体"人"的不同器官的不同功能，而且指出这些能力是先天具有的，是谓"无待而然"的产物，因而不论是身份高贵的人还是身份卑微的人，无论是仁慈的君主还是肆虐的暴君，都具备这种能力。虽然这一点并不是荀子"人性观"的目的指向，但却从另一个侧面体现了文艺理论建构中的平易观念。应该说，荀子表达了一种对本质的、天然的、真纯的生命状态的欲求。荀子将"人性"置于功利视域内却没有局限于功利的园囿，而是将"人"褪去功利的外衣审视其本质性征和能力，指出"人"是"生之所以然者"而"天赋等同"，所以不受名利、尊卑、等级等伦理观念的限制；这固然与儒家的审美理想传统有所差异，但却也是"人"之为"人"的价值意义所在。

三　性·情·欲的语义构链

在探讨了人之情、人之性、人之能力的基础上，荀子还提出可以将"能"作为完备"人性"的实践策略。荀子在《荀子·正名》篇中对这一问题做了论述：

---

① 王先谦：《荀子集解》，中华书局1988年版，第63页。
② 同上。
③ 同上书，第78页。

散名之在人者：生之所以然者谓之性。性之和所生，精合感应，不事而自然谓之性。性之好、恶、喜、怒、哀、乐谓之情。情然而心为之择谓之虑。心虑而能为之动谓之伪。虑积焉、能习焉而后成谓之伪。正利而为谓之事。正义而为谓之行。所以知之在人者谓之知。知有所合谓之智。所以能之在人者谓之能。能有所合谓之能。①

荀子以"人性"为核心论域，对"人性"的不同侧面进行阐发，在社会伦理秩序的规约下，建构起自己的"情性观"。健康的"人性"有情感、有欲望、有思考、有通晓各种文化学术的能力，也具备完成文艺实践的能力。而在"人性"的诸多侧面中，荀子对"情"的论述笔墨最多，"性""情"互释之外两者又合为一义，而"情者，性之质也"②的论断也阐释了"性""情"之间的逻辑关系。综观《荀子》全书，以"情性"一词入论的共有十九处，而以"性情"之语达意的也有一处，荀子在文本的基础上展开"情性"本质的论述：

今人之性，饥而欲饱，寒而欲暖，劳而欲休，此人之情性也。③
若夫目好色，耳好听，口好味，心好利，骨体肤理好愉佚，是皆生于人之情性者也。④
夫好利而欲得者，此人之情性也。⑤

荀子的论述指出"情性"与欲望有着密不可分的关系，其中，"人"之"情性"的最集中表现就是对欲望的追逐与实践。在此基础上，荀子还阐发了"情性"之"蔽"的种种表现：

纵情性，安恣睢，禽兽行，不足以合文通治。⑥

① 王先谦：《荀子集解》，中华书局1988年版，第412—413页。
② 同上书，第428页。
③ 同上书，第436页。
④ 同上书，第437—438页。
⑤ 同上书，第438页。
⑥ 同上书，第91页。

忍情性，綦谿利跂，苟以分异人为高，不足以合大众，明大分。①

纵情性而不足问学，则为小人矣。为君子则常安荣矣，为小人则常危辱矣。②

纵性情，安恣睢，而违礼义者为小人。③

志忍私然后能公，行忍情性然后能修，知而好问然后能才，公修而才，可谓小儒矣。④

荀子在论述中表现了"纵逸情性""行忍情性""安恣情性""顺化情性"等观照方式所形成的错误理路，若以此来发展"人"之"性情"就会导致混乱的社会秩序，故荀子提出"情性"之"蔽"的导化方法：

是以为之起礼义，制法度，以矫饰人之情性而正之，以扰化人之情性而导之也。⑤

行法至坚，好修正其所闻以矫饰其情性。⑥

夫子之让乎父，弟之让乎兄，子之代乎父，弟之代乎兄，此二行者，皆反于性而悖于情也。然而孝子之道，礼义之文理也。故顺情性则不辞让矣，辞让则悖于情性矣。⑦

荀子依据社会存在的现实提出了"矫饰情性""扰化情性""悖乎情性"等策略，以"教化"之方来解决现实存在的社会问题，又综合了社会历史环境等一系列"生存"的关键要素，形成完整的"社会情性观"。荀子认为在"人情人性"的生成过程中，社会环境的作用至关重要，而"情境"之说，也在荀子的著述中有所显现，《荀子·荣辱》篇有云：

尧、禹者，非生而具者也，夫起于变故，成乎修修之为，待尽而

---

① 王先谦：《荀子集解》，中华书局1988年版，第91页。
② 同上书，第144页。
③ 同上书，第435页。
④ 同上书，第145页。
⑤ 同上书，第435页。
⑥ 同上书，第130页。
⑦ 同上书，第437页。

后备者也。人之生固小人，无师无法则唯利之见耳。人之生固小人，又以遇乱世，得乱俗，是以小重小也，以乱得乱也。①

所谓"时势境成仁"，是社会环境之作用；"乱世生小人"，也是社会环境的作用。"无师无法"乃"以小重小"；"尊师重法善修行"则可德配"尧禹"。社会本位的规约、伦理制度的压迫使"人"陷入欲望的两难选择：是存"情"而悖"礼"，还是寻"礼"而抑"情"？荀子说"礼义辞让，皆反于性而悖于情也"，"而孝子之道"则为"礼义之文理"，其以"功利之心而行自由之路"，并提出"情性者，所以理然不取舍也"②。荀子期望以"通乎大道"的高瞻远瞩，来"辨万物之情性"而成为"大圣"，这也是荀子不断践行其政道观的真正目的。

第二节　性恶之论与欲望之功利

对"人性"特点的关注是一个明晰现象进而产生判断的过程。"人性"之"恶"，人"情"之"不美"，是荀子"性恶论"的缘起，也是荀子学术思想的理论原点。荀子在确立"人性"之"恶"这一论点的基础上，还进一步分析了"人性"之"恶"的根源、"人性"之"恶"的集中表现以及"人性"论域的价值归属。在荀子的思想世界中，其期待建构一个"礼"化的和谐社会，以此导化"人性"之"恶"，并为差等有序的社会建设搭建完整而稳定的平台。

一　从"人之性恶"到"情甚不美"

荀子在文本著述中，对"人性"问题进行了较为集中的关注，其对"人"的生命逻辑与性征进行考察，在此基础上提出"人性恶"的主张，这在中国的文学史上和思想史上是史无前例的。在儒家伦理思想体系的建

---

① 王先谦：《荀子集解》，中华书局1988年版，第63页。
② 同上书，第541页。

构中，孔子的"差材论"，孟子的"性善论"，已经占据了重要的核心地位，形成了根深蒂固的文化族群观念；而在此基础上，荀子提出的"性恶"论，是一个大胆的设想，其对"当时盈满天下的孟子之言"是一个具有颠覆性意义的"反抗"，这种大胆、革新、求变的精神恰恰是对文艺"真、善、美"本质的诠释。荀子"援法入儒"以成儒家之新，又将自己的"性恶"观建构在孟子的"性善"观之上，以"善者为伪"的价值评判来诠释其"人性为恶"的存在之实。而对于"人性为恶"之观点，荀子并没有生硬的提出，而是做了层层深入的论述和推断：由"人"的存在联想到"人"所生发的情性欲望，而"欲望"之"恶"的自然显现也迫使主体选择用"给人之欲"的方式来中和"欲望"，故"欲望"的源头与"人性"之实然皆为"性恶"。荀子在《荀子·性恶》篇中集中表达了这个观点：

> 人之性恶，其善者伪也。今人之性，生而有好利焉，顺是，故争夺生而辞让亡焉；生而有疾恶焉，顺是，故残贼生而忠信亡焉；生而有耳目之欲，有好声色焉，顺是，故淫乱生而礼义文理亡焉。……用此观之，然则人之性恶明矣，其善者伪也。……凡人之欲为善者，为性恶也。夫薄愿厚，恶愿美，狭愿广，贫愿富，贱愿贵，苟无之中者，必求于外。故富而不愿财，贵而不愿势，苟有之中者，必不及于外。用此观之，人之欲为善者，为性恶也。……今人之性，固无礼义，故强学而求有之也；性不知礼义，故思虑而求知之也。然则生而已，则人无礼义，不知礼义。人无礼义则乱，不知礼义则悖。然则生而已，则悖乱在己。用此观之，人之性恶明矣，其善者伪也。①

上文中，荀子的论述从多个侧面论证了"人性恶"的观点：荀子首先从"人性善"的命题出发，阐释"人性"所表现出来的"善"的品性其实是一种"伪装"，在"性恶"之真的层面上所形成的"性情"则是人性之社会建构中的自然产物，其并不是"今人之性"的"本真"表现；其"生而好利""生而疾恶""生而有耳目之欲""固无礼义""不知礼义"等观点指出"人性"之"恶"才是"人性"的未经"伪合"的原始表征。

① 王先谦：《荀子集解》，中华书局1988年版，第434—439页。

而对于人的欲望，可以说，无论是"无之中者，必求于外"，还是"有之中者，必不及于外"，也都从不同角度诠释了"人性"之"恶"，而荀子也在论述中多次以"用此观之，人之性恶明矣，其善者伪也"为自己的论证作结。

从这个角度上来看，作为一个具有自然本性的生命个体的"人"，更具有社会人伦秩序中的生存欲望。所谓"人性"问题，在另一个层面上说也是"人情"问题，因为在社会视域中"性"关乎"情"，"情"又回应表现"性"，所以"情""性"相通，"性""情"相达，二者的审美意旨趋于一致。而"人情不美"其实也是对人性之"恶"的一种表达。荀子在《荀子·性恶》篇中有这样一段记述：

> 尧问于舜曰："人情何如？"舜对曰："人情甚不美，又何问焉！妻子具而孝衰于亲，嗜欲得而信衰于友，爵禄盈而忠衰于君。人之情乎！人之情乎！甚不美，又何问焉！唯贤者为不然。"①

引文以尧舜两人的对话引出了"人情甚不美"的观点，以"孝衰于亲，信衰于友，忠衰于君"的社会表象来论证"人情"不美的表征以及"人情不美"所导致的对欲望、爵位、俸禄、性欲的疯狂追逐进而产生的失信、不孝、无忠的结果，并在此基础上发出了"人之情乎！人之情乎！"的人生感叹。在荀子看来，这种由欲望的满足所导致的人情的忠、信、孝、义之衰，是荀子以"性恶"为明证的人情观的阐述，其核心旨要是为"性恶观"建构其理论支撑，但也为荀子思想的整体建构找到更为直观的现实依据。荀子假托舜之口言说忠、信、孝之背离的具体情境，他将人的忠、信、孝之情感表达归于家庭成员之间的原初情感，即人在家中与在朝堂之中是一致的；荀子应用这种排他的逻辑论证了夫妻之爱对于孝义爵禄的满足、对于忠的背离，进而归结出"人情"之不美的结论，所谓"人之性恶"与"情甚不美"都是"人性"范畴的思考，也是荀子思想在功利视域下所呈现出的理论预设。

---

① 王先谦：《荀子集解》，中华书局 1988 年版，第 444 页。

二 情欲之"患"与礼义之"源"

荀子经过论述而得出"人性之恶"与"情甚不美"的结论之后，对此表现出深深的担忧，如何拯救人性之"恶"？如何使"人情"愈美？如何让欲望趋于合理化？这是荀子所思考的现实问题。在保障合理的社会秩序的前提下，荀子提出以"礼"来节制"欲"的策略，而这同时也是荀子探究情欲之患的原因所在。

在具体的论证中，《荀子》文本紧紧围绕着这一点有序展开。首先，文本指出人性之"恶"，集中的表现就是人不断生成的欲望，并以"性者，天之就也；情者，性之质也；欲者，情之应也"①的理论阐释发端，揭示出性、情、欲三者之间的辩证关系。情感可以作为人性的本质，而欲望又完善着情感的接应、感应、承袭；正是这种情感的判断使欲望直接进入我们生存的社会视野，一方面证实了荀子以"礼乐"规约社会实践的必要性；另一方面也为"患"起于情欲的论断找到原始的逻辑依据。可以说，"人性"之"恶"与"情甚不美"所导引的是一种"情欲之患"。在具体的思考中，荀子一直为人性之"恶"以及"情甚不美"所引发的情欲之患而深感忧虑，也试图以自己的努力和实践为情欲之"忧患"找到解决的策略，以期实现"人性"生存的出路，而"礼乐"思想在这个层面跃入文艺的观照视野。荀子期待以"礼"规范欲望的"美""善"归属，以"养人之欲，给人之求"的方法使人的欲望趋于"合理"。同时，又进一步指出对于人之"性""情"不能一味顺从，如果不加治理就会导致"争夺""犯分乱理"的"归于暴"的混乱局面，所以必须加以治理，以"师法之化""礼义之道"来感化人心、感动人性，使"人"之化性而归于"善"，从而进入"文理中和""辞让有序"的社会局面。

其次，文本对人之欲望的性征做了分析和梳理。荀子指出人的欲望有种种表现："夫薄愿厚，恶愿美，狭愿广，贫愿富，贱愿贵"②；可以说人的欲望表现在人生的方方面面，而"欲望"作为荀子功利观产生的源头，与"性恶"之失形成互证，是"贪婪"的表征，也是以"礼"规约"人

① 王先谦：《荀子集解》，中华书局1988年版，第428页。
② 同上书，第439页。

性"之存生状态的依据。在此之上，荀子进一步论证了"欲望"的绵长性、多元性与复杂性。人的欲望没有止境，会不断生成新的欲望、更大的欲望，而"欲望"本身也包含诸多深层的欲求。欲望在"人性"生存的视野中占据了太多的分量，也使生存的路径失去了方向，故荀子之"礼乐"规约的文艺实践势在必行。荀子对"情欲"所催生的文化根源的深层次追索，在表象层面上是阐述礼乐文明的起源问题，而在实质层面上则是对人性的情欲问题给予客观公正的文化观照。荀子承认"欲望"存在的合理性和客观性，又期望建构有效的策略解决现实存在的问题。在以儒家伦理思想为核心的传统视域下，荀子对情欲的承认和正面的关注形成了其对自身观念体系的突破和超越，也为其思想体系的建构注入了更为积极的元素。从上述层面来看，荀子之"患"就是其所解读的一种"客观现实"；而面对"情欲之患"的审美归属，面对"人祆"之存的种种弊端，荀子以"有法可依""有策可行"之举找到了解决问题的良方。这个具有前瞻性意义的带有大文化思维的策略性思考，为荀子确立其学术地位奠定了坚实的基础。

第三节　天人之思与生命之体认

"人"的"存在"是一种具体的、原初的、在世的活动方式。"人"在世界中的存在活动是具有直观意识和形式体验的交往活动，其"人性"之生存与历史之存在都指向了共同的"生命维度"。"人性"与"生命"所构筑的是一个永恒的话题，二者也是相互关联、不可分割的阐释域，论及"人性"永远要在语义范畴里涉及"生命"的存生问题。应该说，荀子在其思想体系中所表现出的对"人性"的承认更多地呈现为对"生命"的关注，他对生命意义的追问与生命价值的肯定，对原始生命强力的建构和生命意识的觉醒，都是对"存生"这个普泛的美学范畴的关注。

一　"天道观"的内蕴

"天"作为自然界的代表，它的存在是客观的，而"人"作为社会进步的动力元素，其生存在"天人"视域中呈现为一种主观。第一，荀子阐发了"天行有常"的观念。荀子坚信"人"的生命由人自己来掌控把握，将对生命根底的探寻熔铸于追求"自由"的愿望。荀子批评庄子"蔽于天而不知人"[①]，意在揭示以庄子为代表的道家思想对于自然观念的顺化，因而忽视了人的能力和对于环境的改变和影响；另一方面荀子又对传统的儒家思想阉割人的天性的伦理观进行积极的抗辩。在此基础上，荀子阐释了"认人而知天"的思想，并提出"制天命而用之"的观点。荀子认为，自然界等外在环境元素对于社会主体"人"的影响是十分明显的，而人的主观能力的发挥却往往可以打破这种壁垒，从而形成自己的价值尺度。在"天""人"相关的价值讨论中，荀子思想体系的核心视域"功利"成为二者发生关联的契机。《荀子·天论》篇集中阐释了荀子的天道观，并提出了"天行有常"的观念：

> 天行有常，不为尧存，不为桀亡。应之以治则吉，应之以乱则凶。强本而节用，则天不能贫；养备而动时，则天不能病；修道而不贰，则天不能祸。故水旱不能使之饥，寒暑不能使之疾，祆怪不能使之凶。本荒而用侈，则天不能使之富；养略而动罕，则天不能使之全；倍道而妄行，则天不能使之吉。故水旱未至而饥，寒暑未薄而疾，祆怪未至而凶。受时与治世同，而殃祸与治世异，不可以怨天，其道然也。故明于天人之分，则可谓至人矣。[②]

此处重点阐释了"天行有常"的自然规律，指出这种规律的存在是一种客观的必然，而这种必然不会因为英雄的出现而存在，也不会因为时代的更迭而消弭，所以"人"要重视本质、节约用度，充备养料、行动适时，修明道德、专心一志，来实现"应天以治"，从而达到"水旱不能使之饥，寒暑不能使之疾，祆怪不能使之凶"的效果，同时这也从另一个角度即社会主体的角度证明了"天之行"不受外界环境的影响与改变的客观实在。

第二，荀子在"天行有常"的自然规律基础上进行了天人之辨的考证，集中对"天"与"人"之间微妙复杂而又密不可分的关系进行了阐

---

① 王先谦：《荀子集解》，中华书局1988年版，第393页。
② 同上书，第306页。

释，并以"天"之"常道"而引征论述"人"之"常道（体）"，进而以相同的视域来完成文化观照的主体转移。荀子指出：

> 天不为人之恶寒也辍冬，地不为人之恶辽远也辍广，君子不为小人之匈匈也辍行。天有常道矣，地有常数矣，君子有常体矣。君子道其常，而小人计其功。诗曰："礼义之不愆，何恤人之言兮！"此之谓也。①

荀子在论述中将主体"人"的主观能动性做了全景式的分析阐释，他以天地自然的性状来说明以"君子"为代表的"人"的生存样态，以"道"为常态，以"礼义"为不愆，展示的是"君子"的生命个性，同时也建构了"天""人"之间相化相通的关系。

第三，荀子在天人关系的文化序列中对"人"的特有性征予以了肯定。他大胆提出了人要"制天命而用之"的观点，诠释"人"之于"天"的主观建构作用。人作为社会中的元素，在求得自身的生存与发展的社会历史进程中必须控制自然、利用自然，甚至驾驭自然，人也可以发挥自身的优势、彰显人性中能动而光辉的一面，找到个性的归属与自由的尺度。并且人要结成社会群体，在群体中明确个体的定位，进而建构起一个有分有序的和谐整体。应该说，人的认识是自由的，表达认知的方式与范围也是自由的，而与这种自由相适应的是人要不断地行动和选择，而这种选择恰恰是对"善"和"美"的追求，是一种独特的审美体悟：

> 大天而思之，孰与物畜而制之？从天而颂之，孰与制天命而用之？望时而待之，孰与应时而使之？因物而多之，孰与骋能而化之？思物而物之，孰与理物而勿失之也？愿于物之所以生，孰与有物之所以成？故错人而思天，则失万物之情。②

笔者认为，这一段在荀子的整个文论体系中占有重要的地位。荀子之论述以反诘的语气展开，其将功利观置于广阔的社会、历史、自然之中，

---

① 王先谦：《荀子集解》，中华书局1988年版，第311—312页。
② 同上书，第317页。

建构了相对完整的文化体系。荀子在论述中不仅关注人情和人性，还对人自由发挥主观的能动作用给予积极的肯定，荀子所提出的"人定胜天"的光辉思想，将"人"作为一个核心的观照视域呈现出来，是文学史上的一次创见，也是对"人"的个性自由的诠释与审美体悟的认同。

二 "制天命而用之"与主体教化的功能转向

荀子认为天地等自然要素是形成"人"之本体以及社会"生存"的基本元素。"人"作为生命个体始终处于变化之中，而在荀子的生命视野里，"人"在伦理序列中已经不是原初的人，是经过教化而变得"理想"的人；而生存主体的转变在很大程度上影响着周围的环境，这也是教化能够影响整个社会风气并形成"礼"化之制的意义所在。在功利视域下，对生命的关注与生命价值的追索也是荀子人性论的重要命题，荀子在论述中表现出对"生命"以及"生命"的原初力量的关注。荀子对物质的先在形式的阐释，表现了其对于以自然界为代表的广阔的原生的生命语义的观照。而荀子的文艺观点，也传达了其对生命问题与生命观念的独特体悟。荀子指出天地等自然要素是形成"人"以及"生存"的基本元素，而"分"成为"生存"的核心要义。荀子对"水""火""草""木"等自然元素的考证表现了其对普泛的生命意义的关注，同时也传达出他审慎的生命意识。荀子在水火、草木、禽兽之上，标举"人"之"最为天下贵"的观点，从而建构起"人"之高贵的生命语意。这种高贵以"气""生""知""义"诠释人与动植物生命构成的差异，将人与其他的有形或无形生命体的差异核心指向"群"，"群"之行又在于"分"，故荀子以建构"人"之社会生存的"群分"理念完善其"生命"的存生建构。在荀子看来，人类力量的发生在于"群"，而"群"之存在又在于"分"，即社会秩序中尊卑等级的区分，荀子还认为由等级之区分衍生的"义"乃是天经地义的生存前提；故荀子之论，意旨并不在于"群"，而恰恰在于"分""义"之辨，这也是笔者在引文的建构中不同于王先谦之点校、故设"分""义"之间一"、"标注的原因所在。荀子曾批评庄子"蔽于天而不知人"①，荀子认为在社会生存中当然应该重视"天"，但还要做到"知人"，并且能

---

① 王先谦：《荀子集解》，中华书局1988年版，第393页。

够"认人而知天"。笔者以为荀子的论述主要从两个层面展开：

第一，荀子在思想体系中所传达的"制天命而用之"的观念，表现了改造自然的勇气和力量。荀子认为，在这个过程中最重要的方式就是"知人"，对于人性的掌控与把握可以更有效地发挥主体元素的意义与价值，而崭新的艺术思维的介入与关注对象的转移，都为传统艺术思维方式的拓展带来新的契机：理论空间更为广阔，学术视野也更为舒展和平易。荀子的思想是与当时主流文化所推崇的教化传统中的"天命束缚"观念相互佐证的，并在一定意义上形成了对"天命观"的超越，对于社会观念以及文艺理论的发展无疑具有指导意义。荀子在天人关系的阐述中，提出"至人"的范畴，以此诠释"知人"的文化实践：

> 故水旱未至而饥，寒暑未薄而疾，祆怪未至而凶。受时与治世同，而殃祸与治世异，不可以怨天，其道然也。故明于天人之分，则可谓至人矣。①

荀子所阐释的"至人"，是在"知人"基础上对"人"的承认与肯定，并且荀子又以此为出发点，提出了"认人"而"知天"，从而完成他天人观念的整体架构：

> 圣人清其天君，正其天官，备其天养，顺其天政，养其天情，以全其天功。如是，则知其所为，知其所不为矣；则天地官而万物役矣。其行曲治，其养曲适，其生不伤，夫是之谓知天。②

第二，荀子所阐释的"知天"，其行动的主体依然是"人"。荀子认为，无论是"行"的策略，还是"养"的策略，或是"生"的策略，都是从社会走向对生命主体的关注，同时也是素朴自然观向社会教化功能转向的期待。在论述中，荀子集中阐述了以"教化"为"知天"的途径的观点，面对"人性恶"的缺陷，只有以"教化"之方化之，才能使"人"成为合理而完整的审美主体，以满足"知天"的条件，据此，荀子力图建

---

① 王先谦：《荀子集解》，中华书局1988年版，第308页。
② 同上书，第310页。

构完备的思想体系进而实现人之于自然的改造与重塑，最终完成他"制天命而用之"的文化理想，故荀子提出了具体做法：

> 在天者莫明于日月，在地者莫明于水火，在物者莫明于珠玉，在人者莫明于礼义。故日月不高，则光明不赫；水火不积，则晖润不博；珠玉不睹乎外，则王公不以为宝；礼义不加于国家，则功名不白。故人之命在天，国之命在礼。君人者，隆礼尊贤而王，重法爱民而霸，好利多诈而危，权谋倾覆幽险而亡矣。……乱生其差，治尽其详。故道之所善，中则可从，畸则不可为，匿则大惑。水行者表深，表不明则陷。治民者表道，表不明则乱。礼者，表也。非礼，昏世也；昏世，大乱也。故道无不明，外内异表，隐显有常，民陷乃去。①

荀子认为，"人"要"明于礼义"，只有这样才能掌握命运、"制天而用"，才能完成生命的序列、获得个体的自由；这是"人"成为"至人"的要求，也是国家、群体与社会在不断建构中的主要要求。在合理的人伦秩序下的"人"的"存在"，表现为一种存在的具体方式或实践方式，从而使人的"存在"合理化。可以说，"人的存在是被赋予的使命"。

第四节　存生之道与制世之哲学

"生存论"的核心就是在合理的人伦秩序下形成对"人"的存在的根本认识。如果说，社会的存在是客观的，是不可抗拒和回避的，那么人的生存就是之于"客观"的"主观"，"人"的存在被赋予了意义。而"人"之"被动"意义的"存生"恰恰是以"生命"本身的"生存"意义来实现的，这不能不说是生存视域中一个永恒的矛盾。"人"作为"社会人"，自然要关涉人的生存路径，君主、臣子、民众等社会各阶层之间的生存关系以及社会伦理秩序规约下的人的生存法则，这就是荀子的政道生存观，也是由生存问题衍生出来的经过深入思考的价值理想。荀子期望建构社会

---

① 王先谦：《荀子集解》，中华书局1988年版，第316—319页。

规约下的合理的人伦秩序，在这个秩序下，荀子论及"人性"问题，以及就此衍生的人的"生存"问题，这里包含着对于生命意义的追寻和生命本体性质的考量，以及在广阔的生存视域下对生命美质的建构。应该说，"生存"问题自古以来就是文学的永恒主题。《荀子·强国》篇中阐述："故人莫贵乎生，莫乐乎安"①，所指称的就是这个道理，面对社会人的存在，"生存"问题是最紧迫、最重要、最核心的问题，而生命的价值与意义也在这一系列问题的牵动下得以凸显。荀子以整体性的眼光将"生存"问题置于广阔的社会视域，阐发文化域之下的后生存思考。

一　王者之"政"与养生之道

在生命的关注与价值的考量中，合理的人伦秩序下的"人"是一种"存在"，荀子希望通过自己的思想导化人性，从而使人的"存在"合理化。因此，对生命的关注与生命价值的追索也是荀子人性论的重要命题，在论述中，荀子提出以"人之贵"的观点诠释生命的价值是一个契机，以"任贤举能不论出身"之策略与之为证，表达其对"人"的平等性、社会性的承认，对人的功利价值的认同，这一点在《荀子·王制》一篇中表现得最为集中：

　　请问为政？曰：贤能不待次而举，罢不能不待须而废，元恶不待教而诛，中庸不待政而化。分未定也则有昭缪。虽王公士大夫之子孙也，不能属于礼义，则归之庶人。虽庶人之子孙也，积文学，正身行，能属于礼义，则归之卿相士大夫。故奸言、奸说、奸事、奸能、遁逃反侧之民，职而教之，须而待之，勉之以庆赏，惩之以刑罚，安职则畜，不安职则弃。五疾，上收而养之，材而事之，官施而衣食之，兼覆无遗。才行反时者死无赦。夫是之谓天德，是王者之政也。②

在此基础上，荀子又提出了"养生之道"这一生命的具体存生策略，

___

① 王先谦：《荀子集解》，中华书局1988年版，第299页。
② 同上书，第148页。

以期实现生命秩序与社会伦理的平衡，进一步表达荀子对"生命"的社会功利价值的肯定。在整部《荀子》之中以"养生"为论域进行论述的共有七处，分别呈现在《荀子·修身》《荀子·儒效》《荀子·议兵》《荀子·强国》《荀子·礼论》《荀子·乐论》和《荀子·正名》这七篇中：

扁善之度，以治气养生，则后彭祖；以修身自名，则配尧、禹。①

以从俗为善，以货财为宝，以养生为己至道，是民德也。②

以故顺刃者生，苏刃者死，犇命者贡。微子开封于宋，曹触龙断于军，殷之服民，所以养生之者也，无异周人。③

故人莫贵乎生，莫乐乎安；所以养生安乐者，莫大乎礼义。人知贵生乐安而弃礼义，辟之，是犹欲寿而殇颈也，愚莫大焉。故君人者，爱民而安，好士而荣，两者亡一焉而亡。诗曰："价人维藩，大师维垣。"此之谓也。④

君子既得其养，又好其别。曷谓别？曰：贵贱有等，长幼有差，贫富轻重皆有称者也。故天子大路越席，所以养体也；侧载睪芷，所以养鼻也；前有错衡，所以养目也；和鸾之声，步中武、象，趋中韶、护，所以养耳也；龙旗九斿，所以养信也；寝兕持虎，蛟韅、丝末、弥龙，所以养威也；故大路之马必信至，教顺，然后乘之，所以养安也。孰知夫出死要节之所以养生也！孰知夫出费用之所以养财也！孰知夫恭敬辞让之所以养安也！孰知夫礼义文理之所以养情也！⑤

乱世之征：其服组，其容妇。其俗淫，其志利，其行杂，其声乐险，其文章匿而采，其养生无度，其送死瘠墨，贱礼义而贵勇力，贫则为盗，富则为贼；治世反是也。⑥

故向万物之美而盛忧，兼万物之美而盛害，如此者，其求物也，养生也？粥寿也？故欲养其欲而纵其情，欲养其性而危其形，欲养

① 王先谦：《荀子集解》，中华书局1988年版，第21页。
② 同上书，第129页。
③ 同上书，第278页。
④ 同上书，第299页。
⑤ 同上书，第347页。
⑥ 同上书，第385页。

其乐而攻其心，欲养其名而乱其行，如此者，虽封侯称君，其与夫盗无以异；乘轩戴绂，其与无足无以异。夫是之谓以己为物役矣。①

引文中，荀子"养生之道"之语意指涉多个方面："养其气""养其性""养其情""养其欲"、安于礼义、求物之美，最终达到"养其心"的终极目标，寻求"欲养其乐而攻其心"的内美效果。在具体的实践方式中，又以"养体""养鼻""养目""养耳"等一系列方式为"养安"作铺垫，以期实现以"养生为己至道"的学术理想，完成"万物之美"的价值归属。在荀子的论述中，所谓"养生"其实就是为求"安乐"而形成的一种期待，而"安乐"最完美的诠释就是实现"礼义"规约下的文明社会秩序，荀子将"养生之道"以"礼义"之约做了文化的推演，以辩证式的阐发为其学术思考做出实践的明证。

二　制世之治与生存的迁想

"制"世之"治"集中体现了荀子的政道功利观。

第一，荀子对"治"的发生与缘起有比较系统的论述。《荀子·王制》篇有云：

> 始则终，终则始，若环之无端也，舍是而天下以衰矣。天地者，生之始也；礼义者，治之始也；君子者，礼义之始也；为之，贯之，积重之，致好之者，君子之始也。故天地生君子，君子理天地；君子者，天地之参也，万物之摠也，民之父母也。无君子，则天地不理，礼义无统，上无君师，下无父子，夫是之谓至乱。君臣、父子、兄弟、夫妇，始则终，终则始，与天地同理，与万世同久，夫是之谓大本。②

将"生命"的存在置于一个环形理论之中，没有绝对的开始，也没有

---

① 王先谦：《荀子集解》，中华书局 1988 年版，第 431—432 页。
② 同上书，第 163 页。

绝对的结束。在这个生命的环域中，"君子"是一个重要的节点，以"君子"之生命力可以回溯其功利观发生的理论路径，"君子"依靠"礼"的"积重"与"致好"，而成就"君子"之"礼义"，可见"礼义"是生命秩序中的重要元素，"君子"为"礼义"之始，"礼义"又为"治"之始，"天地"更为"生命"之始。在对生命意识的追本溯源的过程中，荀子明晰了"天地生君子，君子理天地"的辩证关系，从而为"制"世之"治"的生命语义注入了崭新的元素。应该说，荀子的"制"世之"治"是一个关于"礼义"之"治"的具体衍生形式，一方面是广义的"治世"，另一方面也是狭义的"制人"。

第二，荀子也对"制"进行了具体的阐发。荀子以"王者之人""王者之制""王者之论"与"王者之法"为具体论述指向，以期在此基础上建构一个有分有序的、和谐的社会整体，并为生存之道的理性思考奠定基础。荀子的论述在《荀子·王制》一篇中集中展开：

> 王者之人：饰动以礼义，听断以类，明振毫末，举措应变而不穷，夫是之谓有原。是王者之人也。
>
> 王者之制：道不过三代，法不二后王；道过三代谓之荡，法二后王谓之不雅。衣服有制，宫室有度，人徒有数，丧祭械用皆有等宜。声、则非雅声者举废，色、则凡非旧文者举息，械用，则凡非旧器者举毁，夫是之谓复古，是王者之制也。
>
> 王者之论：无德不贵，无能不官，无功不赏，无罪不罚。朝无幸位，民无幸生。尚贤使能，而等位不遗；析愿禁悍，而刑罚不过。百姓晓然皆知夫为善于家，而取赏于朝也；为不善于幽，而蒙刑于显也。夫是之谓定论。是王者之论也。
>
> 王者等赋、政事、财万物，所以养万民也。田野什一，关市几而不征，山林泽梁，以时禁发而不税。相地而衰政。理道之远近而致贡。通流财物粟米，无有滞留，使相归移也，四海之内若一家。故近者不隐其能，远者不疾其劳，无幽闲隐僻之国，莫不趋使而安乐之。夫是之为人师。是王者之法也。①

---

① 王先谦：《荀子集解》，中华书局 1988 年版，第 158—160 页。

可以说，荀子论述的核心思想就是"制"，以礼制、法制、王制，以礼义修饰行为，以详查细思而明晰毫末，以赏罚分明而隆正法度，以等赋政事而给养万民，以四海通流而兴盛财道，最终达到"富国""王霸"的效果。这既是荀子政道功利观的发生，又是其价值域的旨归。在论述中，荀子进一步指出，"制"的"原则"：不同的对象，用不同的方法对待。他提出"以善至者待之以礼，以不善至者待之以刑"的学术观点，以阐发礼制与法制的不同针对对象，面对不同的对象就要应用不同的方式与策略。荀子以"善"与"不善"建构"制"的原则，并阐明了其不同的观照视域，表达了"分"而制之的思想观念。在《荀子·富国》一篇中荀子将"制"人与"治"世的结果做了推演：

> 人之生不能无群，群而无分则争，争则乱，乱则穷矣。故无分者，人之大害也；有分者，天下之本利也；而人君者，所以管分之枢要也。故美之者，是美天下之本也；安之者，是安天下之本也；贵之者，是贵天下之本也。①

第三，荀子在论述中将"制"世之"治"的理想与"生存"问题联系起来，进行了精辟的论述，阐发了深刻的思考：

> 故法不能独立，类不能自行；得其人则存，失其人则亡。法者，治之端也；君子者，法之原也。②

荀子在论述中指出法律不能单独存在，类属也不能够单独构成，必须依靠数量广大的"人"的支撑才能够使之"存在"，否则就只有灭亡。如果说，法制是"治"的开始、"序"的开端的话，那么"君子"之人的群体存在就是法制的直接诱因，这也充分说明了人的生命存在是形成"制"世之"治"的根本前提。而在《荀子·君道》篇中荀子对生存之"道"做了进一步阐述：

---

① 王先谦：《荀子集解》，中华书局1988年版，第197页。
② 同上书，第230页。

道者，何也？曰：君之所道也。君者，何也？曰：能群也。能群也者，何也？曰：善生养人者也，善班治人者也，善显设人者也，善藩饰人者也。①

生存之道的核心是"君之所道"，就是"王者之制"，就是"王制"，而具体的表现则是"养人""治人""设人""饰人"，其伦理指向就是"人"之"能群"的特性。《荀子·君道》篇中其社会主体的生存境遇逐一进行了展示：

请问为人君？曰：以礼分施，均遍而不偏。请问为人臣？曰：以礼侍君，忠顺而不懈。请问为人父？曰：宽惠而有礼。请问为人子？曰：敬爱而致文。请问为人兄？曰：慈爱而见友。请问为人弟？曰：敬诎而不苟。请问为人夫？曰：致功而不流，致临而有辨。请问为人妻？曰：夫有礼则柔从听侍，夫无礼则恐惧而自竦。此道也，偏立而乱，俱立而治，其足以稽矣。请问兼能之奈何？曰：审之礼也。……请问为国？曰闻修身，未尝闻为国也。君者仪也，民者景也，仪正而景正。君者盘也，民者水也，盘圆而水圆。君者盂也，盂方而水方。君射则臣决。楚庄王好细腰，故朝有饿人。故曰：闻修身，未尝闻为国也。②

在论述中，荀子对"人君""人臣""人父""人子""人兄""人弟""人夫"以及"人妻"等不同的社会角色的生存哲学与信奉的生命准则进行阐释，他们之间虽然处于不同的关系序列，包括政治关系、家庭伦理关系、纲纪伦常关系等，但他们又都处于社会生存的整体视域之内，因而荀子从中得出"道"的生存逻辑，即"偏立而乱，俱立而治，其足以稽矣"，从而使生存的核心旨域归宿到"审之礼也"的层面，为生存问题的考量建构起新的理论高度。在阐述中，荀子还以"请问为国"发语，集中论述了"君"与"民"之间相互依傍的存生状态，层层比喻，征引掌故，颇具艺术新意。而在《荀子·臣道》篇中荀子也对生存之道的问题做了呼

---

① 王先谦：《荀子集解》，中华书局1988年版，第237页。
② 同上书，第232—234页。

应式的论述：

> 恭敬，礼也；调和，乐也；谨慎，利也；斗怒，害也。①

荀子指出"恭敬之礼""调和之乐""谨慎之态"是有利的生存策略，而"好勇斗怒"则是非利而于害的生存策略，不符合"礼"的规范，也不利于建构和谐美好的社会秩序，因而弃之不取。这一点荀子在《荀子·致士》篇中进一步论述：

> 川渊者，鱼龙之居也；山林者，鸟兽之居也；国家者，士民之居也。川渊枯则鱼龙去之，山林险则鸟兽去之，国家失政则士民去之。无土则人不安居，无人则土不守，无道法则人不至，无君子则道不举。故土之与人也，道之与法也者，国家之本作也。君子也者，道法之摅要也，不可少顷旷也。得之则治，失之则乱；得之则安，失之则危；得之则存，失之则亡，故有良法而乱者有之矣，有君子而乱者，自古及今，未尝闻也。传曰："治生乎君子，乱生于小人。"此之谓也。②

荀子指出，无论是事物还是"人"都有与之相适的生存环境，而生命存生的境遇也是建构生存之道的必要条件，荀子以"鱼龙之于川渊""鸟兽之于山林""士民之于国家"来进行类比论证进而明晰观点，提出"无土则人不安居，无人则土不守，无道法则人不至，无君子则道不举"的价值论断，彰显由环境因素到人之主体元素再到思维因素的次第性建构。在这个层面上，荀子提出"得之则治，失之则乱；得之则安，失之则危；得之则存，失之则亡"的观点，阐明了"治"与"存"的一致性。又推古及今，指出"治生乎君子，乱生于小人"中"治"的重要性，诠释了"治"在生存观照中存在的必要。所谓"生存之道"，就是社会序列中各种角色的生存样态以及生存主体所采取的生存方式；可以说，荀子一方面保有主体群体的社会属性；另一方面又为建构健康和谐的功利世界而努

---

① 王先谦：《荀子集解》，中华书局1988年版，第256页。
② 同上书，第260—261页。

力。对统治者和君主，他们"隆礼效功"并以此为"上"；对人臣，则是"以礼侍君，忠顺而不懈"；对普通民众，他们"宽惠有礼""爱敬有致"；这些是生存之道，也是"制"世之"治"的欲求。

第二章 教化与明道：荀子思想的理论基点

本章以"教化"与"明道"为论域，集中阐发荀子思想的理论基点及其相关问题；具体的分析阐释从问题意识的理论缘起、教化趋善的理论导向、修身明道的理论旨归三个层面展开。将"教化"纳入荀子思想体系的观照视域，以此解决"性恶"之弊、标举"向善"之"道"，是构筑荀子思想体系阐发理论基点的重要手段。荀子"教化"之论，意在阐明"教化"修补其思想观念中"人性"缺陷的重要性，发挥"学莫便乎近其人"所产生的教化力量；而以"诗礼"之教为核心的教化体系建构则成为荀子学术指向和理论体系形成的原点。在阐述中，荀子以诗教、乐教、言教、礼教来明晰不同的教化方式；从不同角度、不同侧面展现了教化的多重功能；并以"立学""修身"为基点阐发"向善之道"的学术指向，以此为"人性之恶"的缺陷开出解决的药方，以"解蔽"完成"正名"的审美诠释。如果说荀子对人的性情的调适是一种中和之举，那么在此基础上的"教化"理论就是一种强制之策。"教化"与"明道"成为荀子理论视野的主体观照与审美策略，彰明了荀学的历史学术地位，也为荀子思想的理论基点做出了完满的诠释。

第一节 问题意识与美善动因

荀子在对社会人生的考察中表现出清醒的问题意识，他以学术的敏感洞察现实社会中有碍尊卑秩序的各种因素，力图纠正被他视为症结和缺陷的问题，在其"性恶"之理论基点的考量中，提出"教化"之方以解"性恶"之弊，又以论述之实际揭示其社会理想的审美动因，形成儒家

"入世"策略的根本价值指向。可以说，荀子对这一问题的诠释也是其"解蔽"论的最终归宿。

一　"性恶"的理论预设

荀子认为"恶"是"人性"的本质性征，而在儒家以"礼义"为核心的伦理思想的视域下，这一点成为"人性"的缺憾。在对"人性"追本溯源的讨论中，"人性"之"恶"所带来的最本质的问题就是"人"不断增生的欲望。在以欲望为价值域的社会范畴内如果对"人性"的奢求不加节制，或将之置于一个相对自由的向度内任其发展，那么必然会导致社会上大规模争夺的混乱局面。应该说，这种混乱局面是与儒家的"入世"理想所期望的社会秩序相悖的，因而荀子特别希望以"礼义"来规约"人性"、以"教化"来导引"人性"，在此基础上为"性恶"的缺憾做出积极意义的修补。在传统的审美视野里，"人性"之"恶"与"人性"之"善"是意旨背离的，而荀子力图在自己的审美旨域建构中使二者达到审美的统一，从而归于理论指向的一致。在《荀子·性恶》篇荀子提出了"故必将有师法之化，礼义之道，然后出于辞让，合于文理，而归于治"[①]的策略论断，可以说这是荀子具体而详尽地解决这一问题的方案。荀子以不逃避、不伪饰的态度坦诚直面"人性"的不足，并给出问题的明确答案，体现了荀子思想体系严密的逻辑性，与此同时，社会的实效性以及伦理文化的价值性也得以彰显。应该说，荀子提出"性恶"的缺陷是其思想体系价值域生成的契机，其目的是为了抛出一个先在性的问题征引体系以导引出问题的解决方法，其理论预设也能够在一定意义上完善荀子学术思想的存在范式。荀子以此进入核心体系的策略层面的建构指出以"解蔽"为目的的"教化"观也可以成为解决问题的良方。

二　"解蔽"的逻辑指向

在相关问题的论证中，荀子首先诠释了"人性"的直接目的是"解蔽"，而"解蔽"的价值核心就是要导化"性恶"。可以说，由"性恶"

---

① 王先谦：《荀子集解》，中华书局1988年版，第435页。

到"性善"是人性的升华，其途径唯"教化"而已，故荀子提出须行"解蔽"之策，而成"正名"之存。所谓"解蔽得以正名，正名方可存性，存性而成率真，率真指于向善，而向善则以教化使然"盖此意也，此语虽为笔者所提出，但却在一定程度上诠释了荀子思想体系的理论路径，而这一论断也与"美善相一"之儒家伦理思想体系的审美旨归趋于一致。荀子所指出的"解蔽"，其实质就是要去除遮蔽、清理屏障、摒弃谬误、开阔视野、平易观念、明辨是非，由此形成正确的价值判断和审美判断。基于这一认识，在《荀子·解蔽》篇中荀子首先对"蔽"的本质做了集中阐释：

> 凡人之患，蔽于一曲而暗于大理。治则复经，两疑则惑矣。天下无二道，圣人无两心。今诸侯异政，百家异说，则必或是或非，或治或乱。乱国之君，乱家之人，此其诚心莫不求正而以自为也，妒缪于道而人诱其所迨也。私其所积，唯恐闻其恶也；倚其所私，以观异术，唯恐闻其美也。是以与治虽走而是己不辍也，岂不蔽于一曲而失正求也哉！①

荀子的论述以"凡人之患"为问题的切口，将"蔽"的缘起做了细致的梳理与阐发。对于生存于社会中的人来说，其最大的弊端就是偏执于对事物的唯一认识而难以明白真相和真理。而"诸侯异政，百家异说"的社会政治现实，也使"解蔽"在荀子的思想体系中表现得更为重要和迫切，只有"解蔽"才能"实现美"而不"蔽于一曲"，亦方可"隆礼求正"。在此基础上，荀子将"蔽"发生的社会历史表征做了细致的阐释，他指出"欲望""丑恶""始终""远近""厚重""浅薄""古今"等相异、相别的情况都会导致"蔽"，指出"凡万物异则莫不相为蔽"的社会现实，将"蔽"的普遍性与客观性展示出来。荀子指出：

> 故为蔽：欲为蔽，恶为蔽，始为蔽，终为蔽，远为蔽，近为蔽，博为蔽，浅为蔽，古为蔽，今为蔽。凡万物异则莫不相为蔽，此心术之公患也。②

① 王先谦：《荀子集解》，中华书局1988年版，第386—387页。
② 同上书，第387—388页。

荀子给出"心术之公患"的结论，又进一步阐释了"心"在"解蔽"中的核心作用。荀子认为，"蔽"的核心问题在于"心"，为"心智"所"蔽"是"蔽"之实质，而唯有解"心"之"蔽"才是真正的"解蔽"。故《荀子·解蔽》篇有云：

> 心不使焉，则白黑在前而目不见，雷鼓在侧而耳不闻，况于使者乎！德道之人，乱国之君非之上，乱家之人非之下，岂不哀哉！……圣人知心术之患，见蔽塞之祸，故无欲无恶，无始无终，无近无远，无博无浅，无古无今，兼陈万物而中县衡焉。是故众异不得相蔽以乱其伦也。……人何以知道？曰：心。心何以知？曰：虚壹而静。……心者，形之君也，而神明之主也，出令而无所受令。①

第二，在荀子的理论视野中，"解蔽"的最直接目的是"正名"，正所谓"名正则言顺，言顺则气盛，气盛则意显，意显则道明"，此虽为笔者之语，但亦可证问题之实。而"解蔽"亦为"不蔽"，"不蔽"则为"知"，"知"则通达晓"礼"并形成对人的行为的规约，从而实现社会实践中的"礼"。在论述中，荀子以"不蔽之福"与"蔽塞之祸"的对比论证来阐述"解蔽"所引发的两个理论向度的差异。《荀子·解蔽》篇论述了"不蔽之福"的三个具体的史实：

> 文王监于殷纣，故主其心而慎治之，是以能长用吕望，而身不失道，此其所以代殷王而受九牧也。远方莫不致其珍，故目视备色，耳听备声，口食备味，形居备宫，名受备号，生则天下歌，死则四海哭。夫是之谓至盛。诗曰："凤凰秋秋，其翼若干，其声若箫。有凤有凰，乐帝之心。"此不蔽之福也。……鲍叔、宁戚、隰朋仁知且不蔽，故能持管仲，而名利福禄与管仲齐；召公、吕望仁知且不蔽，故能持周公而名利福禄与周公齐。传曰："知贤之为明，辅贤之谓能，勉之强之，其福必长。"此之谓也。此不蔽之福也。……孔子仁知且不蔽，故学乱术足以为先王者也。一家得周道，举而用之，不蔽于成

---

① 王先谦：《荀子集解》，中华书局 1988 年版，第 387—397 页。

积也。故德与周公齐，名与三王并，此不蔽之福也。①

在这三个历史事例中，周文王能够对殷纣的暴行引以为戒，又能够善用姜尚这样的贤人，因而获得不蔽之福；管仲善用鲍叔、宁戚等贤德的臣子，因而也可以获得不蔽之福；而孔子仁知，能不蔽于成积，也可以获得不蔽之福。他们共同的特征是形成了较为一致的社会功利指向，服从于"礼"的序列，表达了"至盛"的社会存生意义。而这一切可以说也是以解"心"之"蔽"为基础来完成的，其中"心"成为"解蔽"的核心与关键。荀子在表现"不蔽"之福泽的同时，也对"蔽"所产生的不利后果进行了阐释：

> 昔人君之蔽者，夏桀、殷纣是也。……桀死于亭山，纣县于赤旆，身不先知，人又莫之谏，此蔽塞之祸也。……昔人臣之蔽者，唐鞅、奚齐是也。
> ……逐贤相而罪孝兄，身为刑戮，然而不知，此蔽塞之祸也。……昔宾孟之蔽者，乱家是也。墨子蔽于用而不知文。宋子蔽于欲而不知得。慎子蔽于法而不知贤。申子蔽于势而不知知。蔽于辞而不知实。庄子蔽于天而不知人。……故以为足而饰之，内以自乱，外以惑人，上以蔽下，下以蔽上，此蔽塞之祸也。②

荀子在论述中观点十分明晰，荀子认为夏桀、殷纣、唐鞅、奚齐、墨子、宋子、慎子、申子、惠子、庄子等人皆为"蔽"所祸，陷入不"知"的境遇。桀是蔽于末喜斯观而不知道关龙逢，而纣王则蔽于妲己的美色而不知信任贤臣，因而他们心智迷惑、行为混乱；而"君主"之"蔽"也导致了群臣失去忠信、百姓怨声载道、贤良的人隐退逃遁，最终君主也会失去自己领属的宗庙之国。而唐鞅、奚齐皆蔽于欲望权势，只谓"道"之"用""欲""法""埶""辞""天"之一隅，"而未之能识""道"之全貌，亦未能体"道者常而尽变"之势。此皆种种，皆由"蔽"所引起。

---

① 王先谦：《荀子集解》，中华书局 1988 年版，第 389—394 页。
② 同上书，第 388—394 页。

第三，以"文学介入观"可以观照荀子"解蔽"问题在学术视野中独特的文化处境。荀子"解蔽"的终极目的，是寻求"真"，是实现对"不蔽"之"真理"的追求；而将"解蔽"置于广阔的社会视域，则表现为对"人"的真实存在的认同、对教化观产生的积极影响的认同以及荀子对建构自身价值域的自我认同。正是"人"在时间维度中对自我的积极超越，使荀学思想的建构表现为主观体验的客观化；而主体在这一过程中所形成的审美判断，必然是一种去除"遮蔽"状态的"真知"状态，因此，"解蔽"之策势在必行，也是实现"上明而下化"的大同世界所必备的。

第二节 "善假于物"的教化方式与
"入世求存"的学术理想

荀子提出教化理论，意在使其成为治世方略中的重要环节，荀子通过"制人""化人"而达到"治世"，从而实现其"入世求存"的学术理想。"教化"一词连用最早现于荀子的论述，可谓在先秦诸子的文艺论证中开一代之先。荀子之"善假于物"①"教使之然"②的观点，意在说明人的知识、才能并非先天具备，而是后天"教化"的产物；而"教化"所产生的直接意义就是使"人性"趋于"善"。在此基础上，荀子进一步提出了"学莫便乎近其人"③的观点，并以"礼乐法而不说，诗书故而不切，春秋约而不速"④的教化主张进行论证，表达了其以"教化"为核心、以"人性"为美的诉求。而他以"教化"为核心对审美缘起、对象条件、方式策略以及社会效果等问题的阐发也具有实践意义。

---

① 王先谦：《荀子集解》，中华书局1988年版，第4页。
② 同上书，第2页。
③ 同上书，第14页。
④ 同上书，第16页。

一 教化之多元呈现与审美表达

"教化"是中国政治伦理思想体系中一个十分重要的概念，在后世文学的传承中，"教"的影响也意义深远。荀子所提倡的"教化"具有审美的意义，其目的是使人性趋于善，形成健康合理的社会秩序与在此基础上的人性之美。而不同的教化方式在这里也发挥了共同的积极作用。如果说，儒家思想重在建构入世的"治世"策略，那么荀子之"教化"理论则重在表达"制人"的社会理想，而这些理想又以诗教、乐教、言教、礼教等不同方式表达出来，其表达的序列也呈现出由文本艺术传统向伦理文化实践的转向。荀子在《荀子·乐论》篇中指出："夫声乐之入人也深，其化人也速，故先王谨为之文。"① 其所表达的就是"教化"在社会生活中的重要作用。

(一) 以诗为教

在传统经学的视域中，"以诗为教"成为中华传统文化与传统美学的重要特征。儒家伦理思想也形成了自身的教化传统。孔子曾指出："入其国，其教也可知，其为人也温柔敦厚，诗之教也。"② 孟子也以"颂其诗，读其书，不知其人，可乎？是以论其世也"③，指出"诗教"作为"知人论世"的有效方法以及"诗教"在整个社会秩序建构中的作用。而荀子则在孔子和孟子的基础上建构自己的"诗教"观。他以诗意的观照来笔伐现实，建构"适中合度"的中和之美，从而完成自我精神的诉求与功利的实践。

首先，荀子在论述中提出了"诗教"的重要性。儒家伦理思想的教化体系以"诗教"为传统，荀子在其思想体系中也对"诗"表现了独特的关注。荀子在论述中提出"诗者，中声之所止"④ 的论断意在阐明诗在审美领域里的建构作用。而所谓"言修身必先学诗"的提出，则诠释了"学诗"作为立学修身的重要方式对整个社会形成"上风下化"之社会教化效果的积极作用。在文艺批评的视野中，以"诗"为原则对文艺作品进行批

① 王先谦：《荀子集解》，中华书局 1988 年版，第 380 页。
② 孔颖达：《礼记正义》，十三经注疏本，中华书局 1980 年版，第 1609 页。
③ 焦循：《孟子正义》，中华书局 1987 年版，第 726 页。
④ 王先谦：《荀子集解》，中华书局 1988 年版，第 11 页。

评与阐释是文艺进步的表征，在此基础上，可以构筑其"上以风化下，下以风讽上"的批评价值观和文化评价效果。荀子秉持儒家之教化传统，其"小雅不以汙上，自引面居下，疾今之政，以思往者，其言有文焉，其声有哀焉"① 之论，集中表达了对这一观点的认同。

其次，荀子在论述中阐明了"诗教"的必要性。《荀子·尧问》篇有云：

> 孙卿迫于乱世，遒于严刑，上无贤主，下遇暴秦，礼义不行，教化不成，仁者绌约，天下冥冥，行全刺之，诸侯大倾。当是时也，知者不得虑，能者不得治，贤者不得使，故君上蔽而无睹，贤人距而不受。然则孙卿怀将圣之心，蒙佯狂之色，视天下以愚。②

荀子在论述中指出社会环境的弊端：世事混乱，暴虐横行，缺乏礼义的"和"来规约，也没有英明贤德的君主来领导。基于这种社会的时蔽，荀子提出"教化"的必要性，如果不施行"教化"，那么就会出现"仁者绌约，天下冥冥，行全刺之，诸侯大倾"的混乱局面。只有使"礼义行，教化成"，才能使知者、能者、贤者各得其"适"，从而达到"君上不蔽"，"贤人不距"的效果，这是"解蔽"的目的所在，也赋予了"诗"之"教化"以广泛的社会意义。

最后，荀子的"诗教"观形成了明确的目的指向。荀子认为，其"诗教"观蕴于其诗论体系之中，"诗教"之目的意在以诗意之美而兴"教化"之实，行使"教"的人文精神指标；而诗教的精神内核就在于为人的生存立心立命，并追索生命的真正意义。在儒家的诗教观里，孔子"删述诗经，存作三百"之行亦为"诗教"之宗，因其关乎王化民风，国家治乱，所以推"诗教"为尊，可以"和性情，厚人伦，匡政治，感神明"；还认为"以诗化民，虽用敦厚，能以礼乐节之，使民中道和顺而不至于愚执愚用，则是深达于诗教"③。故"诗以言志"，则"志之所至"；"志之所至"，则"礼""乐"亦至焉；荀子以此阐释"诗教"对于礼乐的明确指

---

① 王先谦：《荀子集解》，中华书局1988年版，第511页。
② 同上书，第553页。
③ 孔颖达：《礼记正义》，十三经注疏本，中华书局1980年版，第1609—1610页。

涉，将"诗言志"提升到审美的层面来观照，故《荀子·儒效》篇有云：

> 圣人也者，道之管也。天下之道管是矣，百王之道一是矣，故诗、书、礼、乐之归是矣。诗言是，其志也；书言是，其事也；礼言是，其行也；乐言是，其和也；春秋言是，其微也。故风之所以为不逐者，取是以节之也；小雅之所以为小雅者，取是而文之也；大雅之所以为大雅者，取是而光之也；颂之所以为至者，取是而通之也。①

可以说，以"诗言志"作为审美的初衷，能够构筑起理论视野中的"诗教"观，形成价值同旨，也为整个社会的发展预立了道德范畴。应该说，荀子将传统的儒家思想融入了现实主义的元素，他以"天人观""性恶论""知行论""王霸论""富国论"等社会现实比照诗域，期待以"诗"来对政治施效，从而匡正社会的宏图，希望留给后世文学在接受与鉴赏的过程中一个适中合度的审美原则。从这个意义上说，"诗教"不仅仅是一种"制人"之策，更是一种化民之道。

（二）以乐为教

在儒家的伦理视域中，"乐"既有文艺功能，又是具体的教化方式。"乐"源于人心，是人情感的发动，具有随意性、偶发性、外感性的特征。而人对于情感的审美体悟，需要"乐"加以引导、规约，否则就会出现混乱的社会局面，这也是荀子"乐教"观的审美缘起。荀子将"教化"指向"乐"这个教化体系中的一个重要的环节，展开在诗教观基础上的文艺实践，并以此传达美、表征美、实践美。荀子之"声乐之入人也深，其化人也速"②的表述成为"乐教"的先声，而"乐"也在社会教化体系中发挥着积极重要的作用。

首先，荀子认为"乐"对于人的教化作用是客观存在的。既然乐与人心交相感应而形成审美体悟，并在这个过程中表现人的种种思想情感，那么"乐"就会对人形成向美的约束力，并规约人的思想行为以及发展方向。《荀子·乐论》篇有云：

---

① 王先谦：《荀子集解》，中华书局 1988 年版，第 133—134 页。
② 同上书，第 380 页。

夫民有好恶之情而无喜怒之应则乱。先王恶其乱也，故修其行，正其乐，而天下顺焉。故齐衰之服，哭泣之声，使人之心悲；带甲婴胄，歌于行伍，使人之心伤；姚冶之容，郑、卫之音，使人之心淫；绅端章甫，舞韶歌武，使人之心庄。①

在论述中，荀子集中阐释了"乐"对于人的情感的导向作用："乐"可以达于人的好恶喜怒，也可以修正行为、治恶平乱；可以表达心中的哀怨与悲切，也可以鼓舞士气、壮大声威；更可以对人心形成或积极或消极的不同影响。荀子虽然承认"乐"具备这种天生的教化作用，但其与传统儒家的乐论指向是一致的，他认为真正成为符合统治阶级利益的治人手段，并非是单纯意义上的"乐"，而是"合乎于礼"的"雅正之声"。在此基础上，荀子又对"乐教"的重要性和必要性进行了论述，《荀子·乐论》篇亦有云：

夫乐者，乐也，人情之所必不免也，故人不能无乐。乐则必发于声音，形于动静，而人之道，声音、动静、性术之变尽是矣。故人不能不乐，乐则不能无形，形而不为道，则不能无乱。先王恶其乱也，故制雅、颂之声以道之，使其声足以乐而不流，使其文足以辨而不諰，使其曲直、繁省、廉肉、节奏足以感动人之善心，使夫邪污之气无由得接焉。②

"乐"是人的情感依托，所以"人不能无乐"，故要在审美的世界里将"乐""塑其形"而"化其乱"，从而达到"感动人之善心，使夫邪污之气无由得接焉"的审美效果。

其次，荀子认为"乐教"是"乐"之功能指向的集中表达。"乐"作为文艺情感的传达者具有多重功能。其一，"乐"可以感发"人"共同的情感追求，从而形成和谐一致的审美意向，在"情动于中而形于外"的审美感召下，产生对生命个体行为的积极影响。而人的情感生活也在此基础上构筑与"乐"的密切关系。其二，"乐"可以实现心灵之间的相互沟通

---

① 王先谦：《荀子集解》，中华书局1988年版，第381页。
② 同上书，第379页。

与默契，不同个体之间存在着审美的差异，也存在着阶级地位、社会等级的差异，但却可以在"乐"的欣赏与感受中形成共同或趋于一致的思想交流。其三，"乐"可以实现整个社会环境与人伦秩序的平衡，"乐"以"感动人之善心"使整个社会风气净化而达于美境。必须指出的是，"乐"的功能中最重要也最具时效性的是"乐"具有道德教化的功能，以"乐"之教而可成德之馨、品之尚、美之中和、道之大同，人们也通过对"乐"的欣赏而达到提高道德修养的目的。在保障社会伦理秩序的基础上，荀子提倡"乐"的文化修养和审美移情功能，使整个社会的发展和谐有序。

最后，"和"成为荀子"乐教"观的审美主旨。荀子在《荀子·乐论》篇中曾说："故乐在宗庙之中，君臣上下同听之，则莫不和敬；闺房之内，父子兄弟同听之，则莫不和亲；乡里族长之中，长幼同听之，则莫不和顺。故乐者，审一以定和者也。"① 表达的就是"和"这个审美主旨。而在此基础上，荀子提出："乐中平则民和而不流，乐肃庄则民齐而不乱"，其实是对"和"的审美功能做了具体的阐发。在荀子看来，在音乐的社会、政治、文化、教育等诸多功能中，音乐的"中和"之美是这些功能的核心，乐以"中正平和"方能融洽，社会、自然与人之间感情逻辑才会变得和顺亲近，而这也正合于先王的"礼乐"之道。而"和"作为荀子礼乐教化思想的核心，其文化实践也包含着一定的政教成分。"乐"之适度、和谐，是一种向善育美的实践。荀子提倡"乐教"不仅看到音乐艺术在形式上的整体性和协调性，也充分意识到其在情感上对和谐个体心灵与社会结构所产生的巨大影响。

（三）以言为教

所谓"言而不称师谓之畔（叛），教而不称师谓之倍（背）"，"言教"是荀子教化策略中一个积极有效的实践方式，只有实行"言教"而方能避免"倍畔之人，明君不内，朝士大夫遇诸涂不与言"② 的不利后果。从一定程度上说，荀子强调"立言"，是为了在当时学派林立的学术环境之中"立学""明道"以"向善"，以言达意、以意向善、以善喻美，从而彰显其学术思想体系在整个社会文化序列中的正统地位与核心力量，以求得当时学术界的广泛认同。在这一层面下，荀子首先阐释了"言"在社会文化

① 王先谦：《荀子集解》，中华书局1988年版，第379页。
② 同上书，第506页。

建构中的作用。

荀子认为，对于"诗之志""书之事""礼之行""乐之和""春秋之微"等的文化建构，"言"都发挥了重要的作用。荀子以"言教"构筑起儒家教化思想体系的语言表达基础，而"言"与"教"逻辑关系构链亦就此形成。

其次，荀子认为"言教"为"教"之先声。《荀子·致士》篇有云：

> 临事接民而以义，变应宽裕而多容，恭敬以先之，政之始也；然后中和察断以辅之，政之隆也；然后进退诛赏之，政之终也。故一年与之始，三年与之终。用其终为始，则政令不行而上下怨疾，乱所以自作也。书曰："义刑义杀，勿庸以即，女惟曰：'未有顺事'。"言先教也。①

《荀子·宥坐》篇亦有云：

> 书曰：义刑义杀，勿庸以即，予维曰未有顺事。言先教也。故先王既陈之以道，上先服之；若不可，尚贤以綦之；若不可，废不能以单之；綦三年而百姓从风矣。②

在论述中，荀子于不同的篇目之中提出了一个合一的论点，即"言先教也"。在对《尚书》之语的引证中，荀子表达了对其观点的肯定与认同，同时指出言先于教的本质。荀子对《诗》《书》之言的信奉，代表了其对儒家正统教化体系内容的因循与尊重，彰显了言语在其整体理论视域的建构中所发挥的教化力量，也构筑了"言教"的先声之势。

最后，荀子在自己的论述中集中阐释了"言教"的必要性。荀子指出"不足于行者，说过；不足于信者，诚言"，阐明了语言教化本身的神奇力量。在突破了"行"与"信"之尺度规约之后，荀子建构了其自身的话语逻辑，《荀子·正名》篇提出：

---

① 王先谦：《荀子集解》，中华书局1988年版，第262页。
② 同上书，第522页。

凡邪说辟言之离正道而擅作者，无不类于三惑者矣。故明君知其分而不与辨也。夫民易一以道而不可与共故，故明君临之以势，道之以道，申之以命，章之以论，禁之以刑。故民之化道也如神，辨说恶用矣哉！①

论述中荀子以"言教"作为达于"大道"的前提，选择"言教"可谓是明君之策，可以利于整个社会结构的发展。正道之言、先圣格言以及明道之言成为真正的驭"道"之策，而对其贯彻施行也可以实现"民之化道也如神，辨说恶用"的社会教化效果。而荀子也在《荀子·尧问》篇再次论述道：

是其所以名声不白，徒与不众，光辉不博也。今之学者，得孙卿之遗言余教，足以为天下法式表仪。所存者神，所过者化。②

论述指出孙卿之言所形成的"言教"的后学力量，也彰显了"孙卿之遗言余教，足以为天下法式表仪"的后学影响。

（四）以礼为教

在中国社会的伦理制度中，"礼"被誉为社会秩序的最高准则。在荀子看来，"教化"的目的就是要达成对人的情感、欲望的改塑，而在这一过程中"礼"发挥了积极的作用。王先谦在《荀子集解·序》中云："荀子论学论治，皆以礼为宗，反复推详，务明其指趣，为千古修道立教所莫能外。"③这里，荀子所崇尚之"礼"是有所附丽的，将礼附着于学、附着于治、附着于化，而"礼"的"附丽"亦可以达到"化欲""驱恶""治世""求存"的方法论效果。

故《荀子·礼论》篇有云：

礼有三本：天地者，生之本也；先祖者，类之本也；君师者，治之本也。无天地恶生？无先祖恶出？无君师恶治？三者偏亡焉，无安

① 王先谦：《荀子集解》，中华书局1988年版，第422页。
② 同上书，第553页。
③ 同上书，第1页。

人。故礼上事天，下事地，尊先祖而隆君师。是礼之三本也。①

在论述中，荀子首先提出"礼之三本"的论断，对生命之本、类属之本和治世之本进行了阐释。所谓"治之本"意为"隆君师"，亦为"隆礼义"，说明了"礼"在社会审美视域中的核心力量与教化意义，以"礼义"之行而成社会的和谐之美是当时社会审美实践的有效方式。

其次，荀子将"礼教"思想渗透到对人的本性与生死之道的思考中。荀子认为生命个体的本性为"恶"，如果没有"礼"的陶冶，那么其本性"恶"就会释放出来，从而危害整个社会的和谐与生命秩序的平衡。在此基础上，荀子将"礼教"指涉到生命的核心"大道"，建构其与生死要义的逻辑关联：

　　礼者，谨于治生死者也。生，人之始也；死，人之终也：终始俱善，人道毕矣。故君子敬始而慎终。终始如一，是君子之道，礼义之文也。②

最后，"别"成为荀子"礼教"观的核心主旨。所谓"乐合同，礼别异"，指称的就是这个道理，"乐"的意旨在于"求同"，"礼"的存身则在于"别异"，重在建构严格的社会等级制度。《荀子·礼论》篇有云：

　　君子既得其养，又好其别。曷谓别？曰：贵贱有等，长幼有差，贫富轻重皆有称者也。故天子大路越席，所以养体也；侧载睾芷，所以养鼻也；前有错衡，所以养目也；和鸾之声，步中武、象，趋中韶、护，所以养耳也；龙旗九斿，所以养信也；寝兕、持虎、蛟韅、丝末、弥龙，所以养威也；故大路之马必信至教顺，然后乘之，所以养安也。孰知夫出死要节之所以养生也！孰知夫出费用之所以养财也！孰知夫恭敬辞让之所以养安也！孰知夫礼义文理之所以养

---

① 王先谦：《荀子集解》，中华书局1988年版，第349页。
② 同上书，第358—359页。

情也！①

　　荀子在论述中集中阐释了"别"的审美要义。其中，而"礼义文理""恭敬辞让""生死要节"等皆以"礼教"为顺、"礼教"为美。另外，荀子在《荀子·正名》篇集中阐释了"异"，"异形离心交喻，异物名实玄纽，贵贱不明，同异不别；如是，则志必有不喻之患，而事必有困废之祸。故知者为之分别制名以指实，上以明贵贱，下以辨同异。贵贱明，同异别，如是则志无不喻之患，事无困废之祸，此所为有名也"②。荀子以此构筑了"异"与"别"二者之间的关系。

二　"制"人之思与"教化"之质

　　荀子的教化论在自我与他者的悖辩中，展现了"制"人之思的审美意义与"教化"策略的审美本质之间的逻辑关联。"制"人之思集中表达了荀子所提出的"教化"理论的关涉对象，而"教化"的实质也是对"人"的导化。在文艺审美的视域中，荀子的思想表征同传统的儒家的政治伦理思想有所差异，即在"制"的强化层面下增加了"化"的成分，代表了更多人性的情怀，"化"的对象是人，而其实质就是化"人之性情"，以"制人"理想下的引申式的思考而阐发了对教化本质的探讨，对研究荀子文艺思想的独特品性具有重要意义。以《荀子》元典为参照，可以发现其中"教"字出现约四十九次，"化"字出现约七十二次，而以"教""化"二字连用的共有八次。在《荀子》文本中围绕"教化"，笔者找到多处论述，而从荀子的这些论述中可以发现，其"教化"思想中"教"的内容直指为儒家奉之为之经典的著作。《荀子·劝学》有云："礼之敬文也，乐之中和也，诗书之博也，春秋之微也，在天地之间者毕矣。"③ 可以说，荀子的论述就是最好的证据。而荀子"教化"理论也成为后世文学"宗经"的先声。而荀子认为"教化"之"化"代表了其思想体系的审美指向，"化性起伪"为"化"的缘起，荀子期待以后天之积极的修补，来弥补先天之

---

① 王先谦：《荀子集解》，中华书局 1988 年版，第 347 页。
② 同上书，第 415 页。
③ 同上书，第 12 页。

"性恶"的缺憾，并为"教化"注入更为积极的因素。所谓"教"，在一定程度上就是"学"的意思；但由于人的先天的情性是不能通过学习的办法使其发生改变的，要改变它只能通过"化"使人性趋于美，所以就要"美教化、移风俗"而达到整个社会的和谐之美。而在这一层面上，"化"的本质性征也发挥了积极的作用，《荀子·天论》篇指出："万物各得其和以生，各得其养以成，不见其事，而见其功，夫是之谓神。皆知其所以成，莫知其无形，夫是之谓天功。唯圣人为不求知天。"① 在此基础上，"神莫大于化道"② 之说亦使"化"的作用臻于极境。

荀子文论中的"教化"思想体系由"教"与"化"之合意构成，上文对"教"之诗、乐、言、礼等各种表现方式进行了集中阐释；而从另一个层面上看，荀子也对"教化"之"化"进行了阐释，彰显其潜移默化的审美规训力量。较之于"教"的单向度、规则性和严肃性，"化"则表现为广义性与多向度，其意旨更具自由性与灵活性，而其审美效果更具文学意蕴与文化情怀。在"化"的过程中传达方式本身变得弱化，而个体因素、主体因素和环境因素扮演着更为重要的角色。《荀子·劝学》篇有云：

> 物类之起，必有所始。荣辱之来，必象其德。肉腐出虫，鱼枯生蠹。怠慢忘身，祸灾乃作。强自取柱，柔自取束。邪秽在身，怨之所构。施薪若一，火就燥也，平地若一，水就湿也。草木畴生，禽兽群焉，物各从其类也。是故质的张而弓矢至焉，林木茂而斧斤至焉，树成荫而众鸟息焉。醯酸而蚋聚焉。故言有招祸也，行有招辱也，君子慎其所立乎！③

首先，荀子在论述中阐释了"怠慢忘身"与"教化"之间的因果关系，并由此引出了"教化"中的"自我"问题。荀子强调生命个体在社会秩序的建构中的主观努力，对"自我"的要求也非常严格。荀子认为，道德的完善在于自我的努力，以自我的内在可能性完成生存意愿的现实可能性是一条主体建构的理论路径，所谓"君子敬其在己者，而不慕其在天

① 王先谦：《荀子集解》，中华书局 1988 年版，第 308—309 页。
② 同上书，第 4 页。
③ 同上书，第 6—7 页。

者"所说的就是这个道理。而主体修养最重要的一点就是必须努力发现并修正自己身上的缺点,以达到向善向美的君子之体;但如果对自我的缺陷与蔽障视而不见,以懈怠散漫的态度来对待,甚或忘记要时时鞭策自己,那么就会产生灾异祸患的社会恶果;因而荀子强调以"教化"来修正自身,为"君子"所慎思立行。

其次,可以看出荀子对"自我"问题的认识与儒家思想的理论指向是一致的。孔子非常重视生命个体的主观努力与德育思想的教化,而孟子文论中也有许多关于自我修养的论述和环境影响的论述,其以"民日迁善而不知为之者,夫君子所过者化,所存者神"① 之观点为证。而荀子的阐释则更为系统深入,认为"教化"可以唤起生命体内在的道德情感,从而形成明确的价值判断与审美指向,而以礼乐陶范之、以诗书引导之,方可使受教者能够"体恭敬而心忠信,术礼义而情爱人"②,从而达到良好的社会教化效果。

最后,将荀子之"教化"思想置于现代文艺理论的研究视域,可以发现"教化"的实践过程正是广义的文学以及文化的传播过程。荀子以"教化"传承礼法与仁义精神,达到"原先王,本仁义,则礼正其经纬蹊径也"③ 的效果;而对于受教个体而言也是极好的一次审美的尝试,以致诚、守仁、行义而达到心灵的美育与洗礼,从而完成个体"君子养心莫善于诚。致诚则无它事矣。惟仁之为守,惟义之为行。诚心守仁则形,形则神,神则能化矣;诚心行义则理,理则明,明则能变矣。变化代兴,谓之天德"④ 的伦理文化期待。而受教个体在这个过程中也是惠泽极深,可以耳聪目慧、体态庄重、志意宽广,才能传达出那种中正平和之美。

在诠释环境的美育力量之余,"教化"一词也完整地概括了儒家道德教育的实质。荀子提出"以心向道",以"心"喻"一","虚壹而守静",阐明了"心"与"道"二者之间的关系。《荀子·解蔽》篇有云:

---

① 焦循:《孟子正义》,中华书局 1987 年版,第 894—895 页。
② 王先谦:《荀子集解》,中华书局 1988 年版,第 28 页。
③ 同上书,第 17 页。
④ 同上书,第 46 页。

何谓衡？曰：道。故心不可以不知道。心不知道，则不可道而可
非道。……人何以知道？曰：心。心何以知？曰：虚壹而静。①

荀子在论述中对"以心向道""以心知道""以心明道"主体观进行
了肯定，并在这一层面上论证了"道"与生命秩序平衡之间的关系。而
"人"对于"道"的追寻在于"心"境的愿望与欲求，"心"作为审美
判断的核心元素，在价值诉求与审美原则的建构中发挥着积极作用，
而荀子在这一问题的研究中吸收道家"虚壹而静"的观点，从而为其
理论注入了主观的人性化元素，这一点与其审美理想的旨归亦"相守
而一"。

三 社会本位规约下的求"全"之术

荀子"教化"观出于中国传统的社会本位思想的规约，因而要彰明其
文艺思想的有利性因素与合理性因素，就必须求得一个"全"字，以成儒
家温柔敦厚的中正之态，和悦之美。这里所指称的"全"，是其学术思想
体系的全身而在，是社会潮流与价值指向的相合相适，也是审美视野本身
一种求同存异的体验。而"全"的目的就是建构其真正的"大道"，故荀
子说"大道者，所以变化遂成万物也"②。而"大道"也是对"一"之范
畴的审美诠释。应该说，荀子提出这一点，其目的是在儒家伦理的视域内
补救孟子所倡导的"性善论"的弊端，在这一层面上，"教化"的性征彰
显出独特的优势，实践这一策略可以为忽视"教化"而导致的不利后果提
供修补的可能。荀子在这一问题上形成了独特的理论观照与审美判断，他
提出如果人性已善，那么"圣王之教"便没有必要；只有在"性恶"这个
缺陷的前提下，人才需要这条以"学"而求"存"的生命路径，在这个过
程中，人的性情受到陶冶、塑造，同时也受到"教化"，从而达到情感理
想的审美旨归。荀子主张"人性"为恶，但同时他又认为"涂之人可以为
禹"，在这种学术体系中貌似无法调和的矛盾，成为荀子学术体系中的逻
辑阐释与衍生的节点，荀子必须找到一个使人性之恶转化为善的中间环

---

① 王先谦：《荀子集解》，中华书局1988年版，第394—395页。
② 同上书，第541页。

节，这个中间环节就是"化性"。这一点，本书第一章的论述中已经涉及，这里就不再详赘。而正是荀子学说中这个看似无法调和的矛盾，使荀子的"教化"思想得以有的放矢，在"性恶"的缺陷和"解蔽"的药方之间，"教化"充当着贯通的桥梁与必要的媒介，可以说以"教"而化"人"之"性恶"，是紧迫的，是合理的，也是必要的，是使"人性"由恶向善的一条有效的实施路径。

荀子认为"人性"本"恶"，因而他在自己的论述中极力强调了"教化"的紧迫性，《荀子·性恶》篇有云：

> 古者圣王以人之性恶，以为偏险而不正，悖乱而不治，是以为之起礼义、制法度，以矫饰人之情性而正之，以扰化人之情性而导之也。始皆出于治，合于道也。①

荀子非常明确地指出"人必待教化而后善"的学术论断。"教化"是荀子为"人性"导人入善的方法，而人是具有向善的能力的，教化是社会实践的具象化呈现在此基础上，荀子进一步论证了"教化"的可行性，其与社会主流文化的相适性亦呈现出积极合理的因素。

《荀子·王制》篇有云：

> 论礼乐，正身行，广教化，美风俗，兼覆而调一之，辟公之事也。全道德，致隆高，綦文理，一天下，振毫末，使天下莫不顺比从服，天王之事也。②

《荀子·臣道》篇有云：

> 上则能尊君，下则能爱民，政令教化，刑下如影，应卒遇变，齐给如响，推类接誉，以待无方，曲成制象，是圣臣者也。③

---

① 王先谦：《荀子集解》，中华书局1988年版，第435页。
② 同上书，第170—171页。
③ 同上书，第248页。

《荀子·议兵》篇亦有云：

> 故招近募选，隆势诈，尚功利，是渐之也；礼义教化，是齐之也。①

此处仅举上述三例，亦足以参见荀子之于教化观的可行性与合理性，对其"求全本位"的存生理想也是一个很好的诠释。在此基础上，"教化"本身的必要性与有效性得以彰显。社会习俗环境对个人的塑造是积极的甚至是决定性的，但又是化人于无迹的，其基藏于个人的生活现实中，亦可以涵养人的心灵情感、个性气质、价值态度，也涵化了人的本性，此所谓"注错习俗，所以化性也；并一而不二，所以成积也。习俗移志，安久移质"②，足见教化之效果与价值。可以说，荀子道德理论的本质正是教化，以强调教化的内在必要性为前提，以阐述教化的可能性为其主要内容，以促进教化的达成为其旨归，从而建立起了具有完整而强化的逻辑力量的教化理论。

第三节 "心"·"言"·"道"

心、道、言作为三个周延的独立范畴旨域，代表着不同的审美区间与价值属性，"心"是一个思考性的层面，"言"是一个表述性的层面，而"道"是一个标的性、归宿性的层面，看似没有交集的三个不同的向域，却形成了共同的价值指向，可以说，三者之间是相互关联的。在心、道、言的逻辑关系中，"道"成为核心，因而在对"道"的追索过程中，荀子提出要"以心知道"，更要"以言明道"。可以说，以"善"释"道"是君子内美升华到言语教化的独特实践，荀子对"向善之道"的追求，形成了心、道、言之间的逻辑语义构链，也为"言""道"关系的深入研究找到新的价值依托与理论延伸的契机。

---

① 王先谦：《荀子集解》，中华书局1988年版，第275页。
② 同上书，第144页。

一 从"修身"到"见善自存"的内美升华

荀子关注社会现实，关注"礼"对人所产生的规约与教化力量，更关注这种"教化"的方式对身为君子者所产生的影响，而这一影响直接的表征就是对君子修身问题的追问。

首先，荀子在强调君子修正自身的过程中，阐明了修身为"善"的审美理想。《荀子·修身》篇有云：

> 见善，修然必以自存也；见不善，愀然必以自省也。善在身，介然必以自好也；不善在身，菑然必以自恶也。故非我而当者，吾师也；是我而当者，吾友也；谄谀我者，吾贼也。故君子隆师而亲友，以致恶其贼。好善无厌，受谏而能诫，虽欲无进，得乎哉！……扁善之度，以治气养生则后彭祖，以修身自名则配尧、禹。宜于时通，利以处穷，礼信是也。……以善先人者谓之教，以善和人者谓之顺；以不善先人者谓之谄，以不善和人者谓之谀。[1]

在论述中，荀子多次提到了"善"的问题，也对"善"做了积极的肯定。荀子认为"修然后以自存"的最有效途径就是"见善"，而能够做到使"善在身"，从而做到"以善先人"和"以善和人"，就能够达成"扁善之度"的审美极致。

其次，荀子认为"修身"是君子的生命要略。君子以礼义规约而受到审美的教化，从而达到品行端正、修身以自存的效果。可以说，这种修身之存是合于社会秩序的生存、存在，也是融合个体要素与生命要素并达成和谐社会秩序的合力，更是追求真、善、美的一条必由之路。荀子认为在认知层面上，主体的内在修养能够形成对事物的体悟，修身有不同的方面，而不同个体的修身范式也存在差异，但其审美的核心旨域是同一的。《荀子·不苟》篇有云：

> 君子宽而不僈，廉而不刿，辩而不争，察而不激，寡立而不胜，

---

[1] 王先谦：《荀子集解》，中华书局1988年版，第21—24页。

坚强而不暴，柔从而不流，恭敬谨慎而容，夫是之谓至文。诗曰："温温恭人，惟德之基。"此之谓也。君子崇人之德，扬人之美，非谄谀也；正义直指，举人之过，非毁疵也；言己之光美，拟于舜禹，参于天地，非夸诞也；与时屈伸，柔从若蒲苇，非慑怯也；刚强猛毅，靡所不信，非骄暴也。以义变应，知当曲直故也。诗曰："左之左之，君子宜之；右之右之，君子有之。"此言君子以义屈信变应故也。①

从荀子的论述中不难看出，君子修身就要做到至文、至德、至礼、至义、至忠、至信、至和，要能够严于律己、宽以待人、至真诚信、彬彬有礼，以成为"体恭敬而心忠信，术礼义而情爱人；横行天下，虽困四夷，人莫不贵"② 的真君子。而在这一审美视域中，君子"屈伸与时"的生存逻辑带有广阔的文学、文化意义，荀子的论述视角已经不仅仅局限于从政治的层面探寻直线式的生命思维，而是将思考的重点置于广阔的社会视域中，建构起和谐溢美的生存秩序。这一点与中国传统美学中温柔含蓄之美有异曲同工之妙。

再次，荀子认为君子修身的过程中，"心"这个独特的意象发挥了重要的作用，《荀子·修身》篇有云：

　　治气养心之术：血气刚强，则柔之以调和；知虑渐深，则一之以易良……则合之以礼乐，通之以思索。凡治气养心之术，莫径由礼，莫要得师，莫神一好。夫是之谓治气养心之术也。③

　　身劳而心安，为之；利少而义多，为之；事乱君而通，不如事穷君而顺焉。④

　　君子养心莫善于诚，致诚则无它事矣，惟仁之为守，惟义之为行。诚心守仁则形，形则神，神则能变矣。⑤

---

① 王先谦：《荀子集解》，中华书局 1988 年版，第 40—42 页。
② 同上书，第 28 页。
③ 同上书，第 25 页。
④ 同上书，第 27 页。
⑤ 同上书，第 46 页。

这里仅举《荀子·修身》一篇之例，但荀子之意即已彰显，无论是"治气养心之术"以成生命之体，还是"身劳心安"而至"养心以诚善"，都说明"心至"在君子修身过程中不可或缺的作用。正所谓"修身"以"修心"，而"修心"方能"达善至道"，可以说"心"在社会礼法高度深化的"道"的建构中发挥着核心的力量。

最后，荀子在强调君子修正自身的过程中，也表达了追求内美的艺术旨归。

荀子以君子的修为策略为媒介追求"人"之美，将审美的指向通达于人的内心世界，形成人心的律动与内在的美化，这与中国传统思想文化中的审美逻辑的脉络指向是一致的。传统的审美视野往往关乎内，而疏于外；尚内敛，而绝外释；重视素朴自然的含蓄之美，而轻看缛彩雕饰的夸耀之象；崇尚自然而然、潜移默化的循序渐进之态，而反对急转直变，突兀变化的斩钉截铁之势；因而对"美"的追求就成为君子的正身之范，也成为整个社会的学术之范。

二 从"言教"到"君子必辩"的策略哲学

荀子彰显"言教"的必要性与策略性，意在"明己之学""立己之道"，这一点也成为荀子生存哲学的现实策略。在这个过程中，主体"君子"是最具动力性的元素，而"君子必辩"也是"君子"生存的有力保障。

在论述中，荀子首先阐释了辩说的必要性，即"君子必辩"，并指出其为君子以身践行的审美标志。《荀子·非相》篇有云：

> 君子必辩。凡人莫不好言其所善，而君子为甚焉。是以小人辩言险而君子辩言仁也。言而非仁之中也，则其言不若其默也，其辩不若其呐也；言而仁之中也，则好言者上矣，不好言者下也。故仁言大矣。起于上所以道于下，政令是也；起于下所以忠于上，谋救是也。故君子之行仁也无厌。志好之，行安之，乐言之，故言君子必辩。①

---

① 王先谦：《荀子集解》，中华书局 1988 年版，第 87—88 页。

荀子集中阐释了"君子必辩"的观点，他以"君子之言"与"小人之言"作比，提出君子辩言为仁的审美论断；接着以"仁言"为核心阐述"言"的种种表现，最终上升到"道"的境界，所以君子实行仁义而不厌倦，"好言""乐言"而"行于言"。

可以说，荀子提出"君子必辩"并不是单一的论辩体系，而是与其整个学术思想体系互相印证、融会贯通的。《荀子·正名》篇有云：

> 今圣王没，天下乱，奸言起，君子无势以临之，无刑以禁之，故辨说也。①

《荀子·解蔽》篇有云：

> 孔子仁知且不蔽，故学乱术足以为先王者也。一家得周道，举而用之，不蔽于成积也。②

《荀子·劝学》篇亦云：

> 方其人之习君子之说，则尊以遍矣，周于世矣。③

上述几处论述虽然出现于《荀子》文本的不同篇目之中，但却说明了一个共同的问题。荀子将辩说的必要性与解蔽的策略性以及"习君子之说"的学习实践紧紧联系在一起，而文本中的论述亦可以相互参证。应该说，荀子提出"君子必辩"，是带有学术史的承接意义与创新意识的。《汉书·艺文志》将辩说列于名家，孔子门下亦将语言的学习设为教学的要科，这都已经表明了当时的社会文化界对言语教学的重视。而荀子所处的时代较之孔孟之时亦有所发展，各种学派学说已成林立之势，荀子意在建构自己的显学地位而成儒家之新，力图站在同时期的其他学说之上并对其他学说进行总结性的批判，期待以自己的学说而傲立论坛，所以他必须将

---

① 王先谦：《荀子集解》，中华书局 1988 年版，第 422 页。
② 同上书，第 393 页。
③ 同上书，第 14 页。

辩说作为自己艺术争鸣的武器，完成自己的学术理想。而荀子打出"君子必辩"的旗号则意在指认辩说成为每一个学者的重要理论修养。从这一层面上考虑，荀子提出"君子必辩"，不仅仅是求存，更是求立，荀子提出"言辩"并悉心求证，在不同篇章中建构共同的语境，体现了荀子学术思维的谨严与周密。

三　从"立己之学"到"明己之道"的功利目标

荀子从"立己之学"的学术期待的发生到"明己之道"的功利目标的审美建构，是一个循序渐进的过程，笔者对这一问题的分析从三个层面展开：

其一，荀子强调"立己之学"意在彰明自己的学术理论，使其能为当时儒学之正宗，时代之显学，这是荀子明道观的体现，荀子在其间也渗透着思想观念与政治道德实践相结合的审美意愿。在荀子的学术理想中，他希望完备自己的学术理论，并在学术之林中牢牢地站稳脚跟，他更希望继承儒家的衣钵入世求存，使自己的文化思想策略为统治者所用而成就真正的"王道"，从而实现建构社会、改造社会、美育社会的功利价值。由此可见，荀子更为注重学术思想的实用性，他扬其显学的策略实为成儒家之性、思理之和、化育之美。

其二，荀子指称"正其旨、明其道"，《荀子·非十二子》篇阐明了明道的先声：

> 若夫总方略，齐言行，壹统类，而群天下之英杰而告之以大古，教之以至顺，奥窔之间，簟席之上，敛然圣王之文章具焉，佛然平世之俗起焉，六说者不能入也，十二子者不能亲也，无置锥之地，而王公不能与之争名，在一大夫之位则一君不能独畜，一国不能独容，成名况乎诸侯，莫不愿以为臣，是圣人之不得势者也，仲尼、子弓是也。一天下，财万物，长养人民，兼利天下，通达之属莫不从服，六说者立息，十二子者迁化，则圣人之得势者，舜、禹是也。①

①　王先谦：《荀子集解》，中华书局1988年版，第95—97页。

在论述中，荀子"以言明道"的思想充分显现。荀子分别列举六种学说以及十二个代表人物，对他们进行逐一评述。荀子的学术视角带有鲜明的批判意识，以"兼服天下之心"，统一思想，效法"仲尼、子弓之义"，而"务息十二子之说"，对以嚚、魏年、陈仲、史鳅等为代表的名、墨、道、法各家思想进行了逐一的批判，荀子希望能够通过自己的努力使"六说者立息，十二子者迁化"，从而达到"一天下，财万物，长养人民，兼利天下，通达之属莫不从服"的美好境界。荀子在建构其学术思想体系的过程中表现出兼收并蓄的融合优势，从而形成了对先秦诸子学术思想的超越。

　　其三，荀子提出"以心向道"，阐明了"心"与"道"二者之间的关系。《荀子·解蔽》篇有云："何谓衡？曰：道。故心不可以不知道。心不知道，则不可道而可非道。……人何以知道？曰：心。心何以知？曰：虚壹而静。"[①] 荀子在论述中对"以心向道""以心知道""以心明道"等主体观进行了肯定，并在这一层面上论证了"道"与生命秩序平衡之间的关系。而"人"对于"道"的追寻在于"心"境的愿望与欲求，"心"作为审美判断的核心依据，在价值诉求与审美原则的建构中发挥着积极的作用。而本书的阐述则是通过受教主体对"乐"的选择、取舍和"乐"自身强大的社会政治功用来建构"道"，从而为礼乐等感化人心的先天教化方式披上政教的功用外衣。

---

① 王先谦：《荀子集解》，中华书局1988年版，第394—395页。

第三章　隆礼与重乐：荀子思想的伦理秩序

　　本章以"隆礼"与"重乐"为论域，集中阐发荀子思想的伦理文化秩序问题；具体的分析阐释从化形于外之"礼"、感心于内之"乐"、"差序格局"的建构三个层面展开。可以说，"礼"和"乐"不仅是荀子建构良好社会秩序的理想，更代表了一种伦理的规约与文化的准则，其诠释了荀子在文化想象中追求的最高标准与终极目标，也构筑了荀子思想的内质。"礼"和"乐"展现了荀子思想的不同层面，也阐释了"礼"和"乐"之间密不可分的关系。荀子将"礼"置于其思想的核心，诠释了"礼"在社会建构中的重要作用；而"乐者，乐也"，一方面传达了"人不能无乐"的审美需要，另一方面说明了"乐"给予审美主体怡情养性的审美愉悦；在此基础上，建构起"贵贱有等""长幼有差""贫富轻重皆有所属"的社会格局与生命秩序，也将"礼"的伦理规约作用发挥到极致。荀子对"礼"和"乐"之核心要义的诠释以及对"礼""乐"之功利内蕴与审美外延的梳理阐析，彰显了其"礼体而乐用""礼化于外""乐感于内"的文化理想，也从伦理秩序的建构层面完善了其实践框架与标准体系。

第一节　"礼"论与化形于外

　　荀子作为先秦儒学的传承者，其学术思想对先秦儒学的发展具有承前启后的意义，对后世经学的传承与发展也发挥着巨大的作用。荀子的"礼"学思想体系建构以人性论为基础，将人性之"善"与"恶"作为道德的价值判断与价值体系建构的审美前提。荀子期待以"礼"的规约，对人性之"恶"加以节制，从而使人性趋于"善"而合于整个和谐的社会秩序的建构。这种合于"礼义"的圣王之制是"礼"的根本目的，也是荀子"礼"论建构的内在依据与表现方式。荀子以此作为其天道观的审美指涉与礼学思想的形而上学根据，从"礼"之审美缘起、"礼"之多维内蕴、"礼"之理论基础、"礼"之文化性征、"礼"之价值功能这五个方面诠释"礼"之化行于外的特质。荀子将"礼"置于其思想体系的核心地位，将"礼"与先王之道结合，使之成为社会秩序建构的根本原则，而"礼"之修身齐家治国平天下的价值功能也由此展开。

一　"礼"之审美缘起

"礼"是荀子思想的核心要略，也是"贵贱有等，长幼有序"的社会秩序结构。可以说，"礼"可以达治世辩说之极致，言修身正名之举要，求天道王霸之根本。"礼"是君子修正身心达于个体生命需要的文化策略，是维护社会稳定、建构社会政道理路的普遍秩序，也是"本末相顺，终始相应"① 的根本法则。荀子将"礼"置于其思想体系的核心地位，关注"礼"之审美缘起，阐释"礼"之发生的本体意义。荀子"礼"论体系的建构以人性恶为缘起，《荀子·性恶》篇有云：

> 今人之性恶，必将待师法然后正，得礼义然后治，今人无师法，则偏险而不正；无礼义，则悖乱而不治，古者圣王以人性恶，以为偏险而不正，悖乱而不治，是以为之起礼义，制法度，以矫饰人之情性而正之，以扰化人之情性而导之也，始皆出于治，合于道者也。②

荀子以人性和欲望为缘起，阐释人性之恶必以"师法以化"的实际，并将情、欲之患纳入"礼"的审美观照序列中。故《荀子·礼论》论述道：

> 礼起于何也？曰：人生而有欲，欲而不得，则不能无求，求而无度量分界，则不能不争，争则乱，乱则穷。先王恶其乱也，故制礼义

---

① 王先谦：《荀子集解》，中华书局1988年版，第497页。
② 同上书，第435页。

以分之，以养人之欲，给人之求，使欲心不穷乎物，物必不屈于欲，两者相持而长，是礼之所起也。①

荀子承接"性恶"论阐释了"礼"的审美缘起。"礼"产生于生命个体对物质和欲望的需求，而这种欲望和要求又是人性实然之存在，而不以"礼"治就会产生混乱争夺，而"乱"直接指涉到等级意识和尊卑观念的社会实际，进而使整个社会陷入穷困窘迫的无序境遇。荀子希望以"礼"制"乱"，对"人性恶"加以规范和节制，故荀子提出"欲制乱与争，则必制人之欲"，而"以此为本"方可使欲与物之间的矛盾达到一种平衡。而这一点在《荀子·王制》篇章中也可以找到呼应式的论述：

先王恶其乱也，故制礼义以分之，使有贫富贵贱之等，足以相兼临者，是养天下之本也。……天地者，生之始也；礼义者，治之始也；君子者，礼义之始也；为之，贯之，积重之，致好之者，君子之始也。故天地生君子，君子理天地；君子者，天地之参也，万物之总也，民之父母也。无君子，则天地不理，礼义无统，上无君师，下无父子，夫是之谓至乱。君臣、父子、兄弟、夫妇，始则终，终则始，与天地同理，与万世同久，夫是之谓大本。②

荀子在论述中意旨鲜明，他再一次申明了"先王恶其乱也，故制礼义以分之"的政道决策，从而达到以"礼"来养修天下之本的目的。荀子认为，"礼义"是治世的开端，它同天地等自然要素一样与人的生命旨要仅仅维系在一起，也是达到天地相参、万物一统之和谐序列的有效手段，荀子在"礼"的建构之初就熔铸了"君臣、父子、兄弟、夫妇"之"扶携同理""万世同久"的和谐理想，而这一点也是荀子完成"礼"之建构的文化契机。

二 "礼"之多维内蕴

荀子对"礼"的阐释较为集中。在《荀子》全书的三十二篇中明确提

---

① 王先谦：《荀子集解》，中华书局1988年版，第346页。
② 同上书，第152页。

到"礼"的论述有三百四十五处，以"礼者"为论域对"礼"的定义性论述就有二十五处之多，充分说明了荀子对"礼"的高度重视，也证明了"礼"在荀子整个学说体系中的核心地位。荀子之于"礼"的核心观照，以政道、伦理文化之不同维度阐释"礼"的导向作用与核心要义，将传统之"礼"熔铸了更为广阔的文化指涉，从而构筑"礼"之多维内蕴。

（一）政道之维与"礼""法"之规

荀子认为"礼"是治人之根本，是治国之根本，也是治世之根本。以"礼"为治是安定天下的重要途径，所谓"礼者，政之挽也；为政不以礼，政不行矣"①，或云："礼者，治辨之极也，强固之本也，威行之道也，功名之总也，王公由之所以得天下也，不由所以陨社稷也。"② 皆此意也。可以说，在荀子政道功利观的建构中，"礼"发挥着重要的作用。荀子之"礼"的政道之维的核心要义就是为"礼"的建构加入"法"的成分。《荀子·劝学》有云：

> 礼者，法之大兮，类之纲纪也。故学至乎礼而止矣。③

《荀子·王霸》亦云：

> 礼者，法之枢要也。④

荀子由"礼"向"礼法"并举的功利转向，进一步强化了"礼"的性属功能，也诠释了"礼"之意蕴本身所蕴含的崭新的政道契机。因此，在"法"的强大功能之下，"礼"本身的功能得以扩大化。荀子增加了"礼"的强化成分，赋予了"礼"以绝对而神圣的使命，并构筑起"礼"意旨宽泛的社会功能。故《荀子·君道》篇有云：

> 至道大形，隆礼至法则国有常，尚贤使能则民知方。⑤

---

① 王先谦：《荀子集解》，中华书局1988年版，第492页。
② 同上书，第281页。
③ 同上书，第12页。
④ 同上书，第221页。
⑤ 同上书，第238页。

《荀子·大略》篇亦云：

> 君人者，隆礼尊贤而王，重法爱民而霸，好利多诈而危。①

应该说，荀子"礼"论在隆"礼"重"法"的社会建构中，产生了积极的社会建构效果。而荀子所关注的"礼法"关系包含着三个层面：在理论层面上是"礼中有法"，在儒家的社会理想中是"礼尊法卑"，而在社会政治生活中则是"礼法共用"。"礼法"在这里成为一种具有强制意义的规范，而"规"也进一步完成了其自身社会作用的建构。在荀子的整部著作中，透射出明确的"礼""法"并举思想。可以说，荀子是在儒家思想的承继序列中创造性地提出了"礼法"的范畴，也试图建构"礼法"观念所产生的文化意义。其一，荀子的"礼法"观念具有历史的变革意义。荀子以儒家"礼治"思想为核心，融百家之长，纳法入礼，适应社会需求提出了"礼法并用、王霸兼治"的政治主张，从而完成了以"王道"为理想的政治模式建构。荀子的"礼"由于有了"法"的辅助而同时具备了道德属性和法律属性，冲破了原始的伦理观念的束缚，形成了"礼法"对"道德"的突破。其二，荀子的"礼法"观念具有强制的规范意义。"礼"是对没有发生的错误进行善化的规约，是防患于未然；而"法"是对已经发生的错误进行规范的治理，是惩戒于已然。荀子之"礼"包含了"法"的规范功能，故荀子在注重"礼"的道德教化功能的基础上建构了"礼法"的共同作用："礼"之"德治"在于人的自我内心，"礼"之"法治"作用于社会建构依存的理念框架。而在《周礼·秋官司寇第五》中也有"司寇"的记载，"司寇"扮演着最早的执法者角色并行使职能，可以成为这一论点的直接证据。其三，荀子的"礼法"观念具有社会的建构意义。荀子"礼"论的建构伴生着"礼法"制度的建构，在道德伦理和刑罚律令上设置了一整套完整的制度，涉及物与欲、政治与经济、伦理与道德等多角度多层次的关系；荀子以此形成完整的社会制度体系，并建构起以"礼"为核心、以"法"为制度的规范体系与社会模式。在此基础上，荀子也完善了"礼"的政道之维的建构。

① 王先谦：《荀子集解》，中华书局1988年版，第485页。

（二）伦理之维与"养""别"之论

在儒家伦理思想的传承中，"礼"形成了宗经的传统，而"伦理之约"本身就是对"礼"的诠释。"礼"作为一种实践理想，对人的社会实践活动与群体生存关系做出了规定。在伦理的维度上，荀子以"养""别"为核心论域阐发"礼"的功利内蕴。故《荀子·礼论》篇有云：

> 故礼者，养也。刍豢稻粱，五味调香，所以养口也；椒兰芬苾，所以养鼻也；雕琢刻镂，黼黻文章，所以养目也；钟鼓管磬，琴瑟竽笙，所以养耳也；疏房檖貌，越席床第几筵，所以养体也。

荀子在论述中首先抛出"礼者，养也"的观点，"养"是一种供给制度，可以"养人之欲，给人之求"，荀子以"养口""养鼻""养目""养耳""养体"之具体策略完成"养信""养威""养安""养生""养财""养情"之审美建构，以"养"导化情性，使欲望得到满足，而致人心向善、使人之蔽向理想的方面转化。在此基础上，荀子进一步指出"供给"并不是无条件、无限定的，而要符合"别"的要求，"别"即差别，应符合"礼"的身份地位差别、等级制度与尊卑观念，从而实现贵贱有区别、长幼有差异、贫富轻重之人亦各得其适的存生样态。荀子以"养""别"之论完善"礼"的社会秩序建构，构筑"礼"化秩序下的差序格局，进而形成伦理的约束和价值的理想。荀子从治国安邦的主体群体本位出发，着重强调"礼"的现实作用与功利价值。而"礼"产生于人类的生存需要，以"礼"来"合群定分"，合理的社会秩序才能建构起来；而"礼"作为分配的标准，其直接目的就在于调养人的欲望、满足人的需求。荀子之"礼"是对先秦人道思想的承继与发展，同时也实现了外在天命与内在心性对于"礼"所建构的社会秩序的审美超越。钱穆《国学概论》指出："然荀卿论礼，既言'养'，又言'别'。"① 司马迁在《史记·礼书》中也独对"礼者养也"之论加以援引。可见"养""别"在荀子"礼"论体系中的核心地位。

荀子之于"礼"的建构是制约人性的最高法则，也是日常生活的行为规范；"礼"是一种对人性的规约与要求，故荀子指出"程者，物之准也，

---

① 钱穆：《国学概论》，商务印书馆1997年版，第56页。

礼者，节之准也；程以立数，礼以定伦；德以叙位，能以授官"①。"礼者，所以正身也，师者，所以正礼也。"②"礼"对整个社会提出了要求，故荀子说"礼者，贵贱有等；长幼有差，贫富轻重皆有称者也"③。以此完成对和谐的社会秩序与完美的生命秩序的建构，将"礼"的伦理规约作用发挥到极致。可以说，"礼"不仅仅是指以统治阶级所形成的伦理观念为核心的制度和礼仪，荀子之"礼"还包孕着传统意识，也满注着价值理想，无论是立足于个人本位、求取个人利益的功利主义价值观，还是立足于集体本位、求取共同利益的群体主义价值观，都复归到"礼"的序列之中，而荀子"礼"论的伦理之维也由此建构起来。

（三）文化之维与"美""善"之达

在美善合一的儒家文化视域中，"礼"能够实现"善"与"美"的结合。无论是主体的内在修身、个体人格的道德修为，还是审美的外在文饰、社会秩序的格局建构，都要符合"礼"的规约，达于"向善育美"的文化意旨。荀子之"礼"，一方面联系着"法"；另一方面联系着"乐"；对"法"的援引，对"仁"的诠释，对"诚信""忠义"的文化实践，以及对社会生活中冠、婚、丧、祭等诸多礼制规范的展现，对礼节、礼数、礼貌等文化生活元素的广义社会文化指涉，都代表了荀子对时代所做出的回应，也表达了其塑造符合"礼"之要求的社会成员的功利欲求。在文化的维度上，荀子之"礼"使人性、人情向"善"和"美"的方向转化，形成美好的节操，展现天地相参、万物一统的和谐之美，表现对理性之价值趋同的历史转向与审美观望。从这个层面上看，荀子"礼"论的文化之维以三个向度展开。

第一，荀子之"礼"表达了对"人"的关注。"故绳者，直之至；衡者，平之至；规矩者，方圆之至；礼者，人道之极也。"④"礼者，谨于治生死者也。生，人之始也；死，人之终也。终始俱善，人道毕矣。"⑤皆以此意。荀子关注"人"、重视"人"，将君子作为"礼"的建构主体、传播主体与实践主体，传达着对"人"的理性观照与文化审视。

---

① 王先谦：《荀子集解》，中华书局1988年版，第262页。
② 同上书，第33页。
③ 同上书，第176页。
④ 同上书，第356页。
⑤ 同上书，第358页。

第二，荀子以"仁""义""信"诠释"礼"的文化内蕴。荀子指出："故用国者，义立而王，信立而霸，权谋立而亡。"荀子在"礼"的宏观指涉下，又明确了忠义、诚信、仁爱等品德的重要性，为"礼"的社会实践与人伦实践做了进一步诠释。其一，"与命与仁"成就了儒家文化精神的现代想象，"仁"作为文化精神的核心诠释了"礼"的文化践行准则。伦理的规约在"礼"的诠释中完成了一种"仁"的表达，荀子重视主体元素"人"，始终肯定"人"的社会主体地位，发扬"仁爱"的精神，将"仁"附属于"礼"之下，作为"礼"的一个分支。而在此基础上，荀子强调"礼之为仁"，以此为处身乱世迷失方向的生命个体提供了一条精神超越之路。其二，荀子认为"礼"的理性原则是"义"，它要求"人"遵从秩序、谨守"礼"分，将文化功能的实践指向"人"，而"义"则在这个过程中完成对"礼"的伦理价值和哲学智慧的进一步抽象和升华。荀子对"人"的观照，对"义"的高举，为传统"义"与"利"的紧张关系做出了协调，"礼义者，治之始也"亦说明"礼义"的原则就是安邦立国之本。其三，荀子以诚"信"之"真"的建构完成"君子"对于"礼"审美实践。所谓"君子审于礼，则不可欺以诈伪"，就是要求君子在施"礼"的过程中，必须真诚守信；而"隆礼重信"也是治国安邦之"礼"的关键所在。在传统的审美视野里，真善美往往结合在一起，在"真"的自然欲求下实现"礼"的价值。可以说，荀子尚"仁"、重"义"、至"信"，他以"义"标识道德价值的标准，以"信"诠释道德实践的准则，以"礼"实践人道之极。

第三，荀子以"礼"建构外在文饰的表征意义。谓"礼者、断长续短，损有余，益不足，达爱敬之文，而滋成行义之美者也"①。展现了文饰之美，也表现了"文"对"礼"的表征与实践。而"礼"是化形于外的功利实践，在外在实践层面上"礼者，表也"成为荀子达美、显美的有效途径，故《荀子·天论》篇有云：

> 礼者，表也。非礼，昏世也。昏世，大乱也。②

---

① 王先谦：《荀子集解》，中华书局1988年版，第363页。
② 同上书，第319页。

《荀子·大略》篇亦云：

> 水行者表深，使人无陷；治民者表乱，使人无失。礼者，其表也，先王以礼表天下之乱。①

荀子的论述从物质相类的关系展开，以行者的亲身实践来表达水的深度，以治世者的亲身实践来表达"道"的内涵以及反向的危机和混乱。而"美善"之"达"与"表"构成同解之意，就是一种"表达"，"礼"之达于"美善"，就是达于"道"。故以"礼"而行、以"礼"表道，可以形成合于"礼"的社会秩序，完成求美达"道"之欲求。荀子之"礼"在社会日常生活的外在实践层面对"礼"进行审美诠释，对"礼"的崇尚表达与对人性人情的关注，对人的存在状态的内在精神的关切以及对儒家文化之"礼"统的审美承继，体现了荀子普泛的文化意识。荀子在人格修养之上建构起的合乎文化标准的"礼"化秩序，对后世文化的传承形成了理性观照；而荀子的尊"礼"也构筑起超越同时期其他文化意象和文化传统的新气象，荀子以此诠释"礼"之内蕴的"文化维度"。

三 "礼"之理论基础

荀子所建构的"礼"及其文化思想体系并不是一个单独的个体的意象范畴，而是在儒家浓厚的理论文化基础上形成的整体思想架构。荀子在"礼"论的建构中，以社会历史基础、现实主体基础、文化哲学基础为平台，凭借历史积淀、社会文化、现实要素、主体支持、哲理思辨等多重要素的相互作用完成了对"礼"的审美聚焦，也以"礼"之体系建构的全貌构筑起"礼"的多向度基础。

第一，荀子"礼"论体系拥有学理深厚的社会历史基础。荀子的"礼"论体系拥有稳固的社会历史基础，这是荀子"礼"论建构的外在契机。其一，"礼"与"社会"有着密不可分的关系。中华民族的"礼乐"文化是建构在整个社会的伦理基础之上的，"礼"代表着社会关系的抽象总和，是自然法则在社会秩序中的体现。"礼"在周代发展壮大起来而成

---

① 王先谦：《荀子集解》，中华书局 1988 年版，第 488 页。

为稳固的文化体系，并在徭役地租等经济关系之上形成了以客观形式为依托的文化形态，诠释着对整个社会的规约力量。从这个意义上说，"礼"在一定程度上制约着日常的社会生活，也成为当时社会生活的一种准则。在广阔的社会生活中也无处不渗透着"礼"的元素，"礼"是社会历史生活的重要特征，也是社会精神文化的重要标志。其二，文化传统和习惯力量形成了"礼"渊源深厚的历史积淀。中华民族有着悠久的历史和博大精深的思想文化传统，其中的"礼"是形成并保持中华文化独特类型和气质的关键所在，也是统摄炎黄子孙精神世界的灵魂之一。正是由于中华民族有着对"礼"的无限崇尚，才使"礼"成为民族文化的核心，也成为统治阶级的政治伦理观念的核心制度和社会礼仪的普泛之约。荀子以"此"构筑起其"礼"论的社会历史基础，一方面表现了"礼"源远流长的历史文化积淀；另一方面也展示了以儒教为核心的"礼"对整个社会秩序所形成的实践理想，而这也是"礼"形成的外在环境因素的直接展现。其三，对"礼"的沿袭与应用，彰显了儒家博大精深的历史文化传统。可以说，儒学尚"礼"，而较之孔子、孟子，荀子之"礼""特为博大精深"[1]。孔子以"礼义"为规约、为纲纪、为准则，并在此基础上完成小康和大同的理想模式建构，将"礼"指涉到社会历史领域。而荀子在孔子伦理建构的基础上，将"礼"推之于思想文化的最高领域，并置于其思想的核心地位，"礼"成为荀子整个思想体系的核心和根本内容。可以说，"礼"的审美意旨由以孔、荀为代表的儒家思想家的推崇得以彰显并在后世文化的传承中发扬光大。

第二，荀子的"礼"论体系拥有指涉广阔的现实主体基础。现实主体基础是荀子"礼"论建构的内在动因，在这一层面上"礼"的定性由外入内，主体的身心也趋向于"礼"的规定。其一，任何社会的主体因素都是最具能动性的。而社会主体的构建原则就是以"人"为核心的生命伦理建构，而"礼"的缘起又是以解决"人性恶"为审美基点的，因此可以说生命个体"人"成为"礼"建立的必要和现实依托。而"人"作为文化思维领域里的动力元素也构筑起荀子文论体系的现实主体基础。其二，荀子在承认"人"是"礼"的社会主体的基础上，又进一步强调了"人"在施行"礼"的过程中应发挥积极的作用。荀子视"人"为"天地之至

---

① 　王先谦：《荀子集解》，中华书局1988年版，第55页。

尊",是天下之"最为贵者"。荀子将"人"的地位推之于极致,甚至也提出了"人定胜天"的社会建设理想,但荀子也看到"人"作为个体在强大的自然力面前处于弱势的生存状态。荀子指出人需要延续和发展就必须结成人类的"共同体",在"礼"化的秩序下"人"发挥能动性与创造性,构筑起整个社会的存在,从而完成"礼"的社会行为规范建构。其三,荀子在施行"礼"的过程中对"人"也提出了一定的要求。荀子"礼"论的最初着眼点在主体内在心性的修养上。应该说,荀子提出"礼"的原初意义,是为了对人的欲望加以节制,并实现欲望与欲望的实现之间矛盾的中和,荀子已经明确看到了"礼"对于人的内在本质的规约作用。荀子期待在以"君子"为代表的社会"致士"中,用"礼"来约束一己、完善自身,将思考的重心转移到主体日常生活社会的外在实践层面上,他强调"人"的生存在物质和欲望的相互制约中更好地得到满足,使"人"的生命进入一种"适"的状态,并建立君臣、父子、兄弟、夫妇各复其"礼"的社会文明秩序,为处身乱世的生命提供一条有效的精神超越之路,实现对"人"的理性观照以及对"礼"的审美欲求。其四,"礼"已经成为主体心灵的定性,主体的生命历程与审美的规约都成为"礼"的显现;而"礼"也在这一实践层面上与"人"紧紧联系在一起,这不是单纯的与主体"人"相隔相离的社会规约框架,而是"礼"与"人"所形成的相互依偎的默契,故荀子以"礼者,人之所履也,失所履,必颠蹶陷溺"①为此默契关系的明证。

第三,荀子的"礼"论体系拥有意旨深远的文化哲学基础。在现实主体之内在动因与社会历史之外在契机的共同作用下,荀子的"礼"论体系建构起来,同时也将"礼"之本体置于广义的文化视野中,而文化哲学基础成为"礼"论建构的内在底蕴。剖析荀子之"礼"论体系必然将思考引入文化的纵深领域,即以文化回溯的方式将"礼"复归到荀子的文化哲学体系中,构建"礼"在其思想体系的核心地位。文艺美学的研究与哲学的研究可以互为证据,他们共同诠释着主流文化的脉络,又形成了各自不同的目的指向。由于哲学是文化建构的原初层面,对文艺美学的研究具有领属意义,因而在广义的美与文化的研究中哲学就是一个不得不触及的层面。荀子之"礼"论体系完成了主流文化的建构,而其全部学说几乎都是

① 王先谦:《荀子集解》,中华书局1988年版,第495页。

围绕着"礼"展开；因此在"五行"的"仁""义""智""圣"基础上呈现之"礼"亦可以阐释"理"，"理"又由"人"这个社会主体衍生为"道"，并构筑起"礼"的文化哲学基础。《荀子·大略》篇有云：

> 仁、义、礼、乐，其致一也。君子处仁以义，然后仁也；行义以礼，然后义也；制礼反本成末，然后礼也。三者皆通，然后道也。①

荀子所推崇的"道"，就是"人"所掌控的万事万物之"理"，而"礼义"之行正是"道"之所成。而"道"作为旨域宽泛的哲学范畴，代表了荀子学术思想的理论根底，也是最原初的伦理发生模式。而在此基础上，荀子之"礼"所构筑的"想象的共同体"社会模式，也表现出一种强烈的文化哲学意味。笔者将分析视野从哲学建构转向美学建构的领域，将道德价值的规范指向基础的"道"，为荀子之"礼"的施行建构起完备的文化哲学基础。

四　"礼"之文化性征

"礼"是人与自然界对立的产物，它产生于人类的生存需要与审美需要，在儒家社会理想中，"礼"培养了人们自觉的尊卑意识，感发了"人"产生符合于"礼"之内心表达的情感。荀子通过"礼"之社会、历史、现实、文化、哲学等多维因素来考证"礼"的社会属性与文化属性。"礼"的本源存在于"人"的本体之外，却"本于人类生活之需要"。而其制定取决于社会分工和等级制度，"礼"是社会的分配标准，并且能够达成调养人的欲望、满足人的需求的社会效果。在此基础上"礼"呈现出自己独特的文化性征。第一，荀子之"礼"表现出明显的人间性品格，"礼"产生于社会人群并在长时间的伦理规约下形成行为模范，同时"礼"在形成之后又反过来指导和规约社会中的人，而且在人与人的社会关系中结成"礼"并发生规约效果。第二，荀子之"礼"表现出鲜明的现实性特征，"礼"的规范直指深刻的社会现实，人性之恶、人情之不美都是社会存在的现实，也都要以"礼"的矫饰规约使这一切归于善、归于

---

① 王先谦：《荀子集解》，中华书局1988年版，第492页。

美。第三，荀子之"礼"表现出功利性特征，荀子之"礼"虽秉承儒家的衣钵，但也十分注重"礼"的有用性和效率性，因而荀子之"礼"作为其思想体系的核心范畴完成了具有功利性和社会效果的文化实践。第四，荀子之"礼"展现出存在之必要性特征。所谓"人无礼则不生，事无礼则不成，国无礼则不宁"，正是这种传统礼制的思想对后世文化所产生的导向作用，而"礼"的核心要义与社会建构的必要性和不可或缺性也由此显现。第五，荀子之"礼"亦呈现出体系性特征，荀子以"礼"表"道"，确立了"礼义"之"道"作为社会秩序最高原则的地位，从而建构起以"礼"为核心的思想体系。第六，荀子之"礼"表现出明显的外在约定之性征，"礼"能够化人于外、导人之行，同时又在主体的内心世界中形成一种向善育美的制约导向力量，这也就决定了"礼"的规约性所形成的积极有效的社会效果。

五 "礼"之价值功能

荀子之"礼"作为其实践理想，建构了"贵贱有等、长幼有序"的社会秩序，完成了"群分以合"的社会理想，在此基础上荀子之"礼"也彰显了其本身所形成独特的价值和功能。

荀子"礼"的思想形成了构建和谐社会的启示。儒家的伦理视域与审美视域中将"礼"作为根本的标准，也就是说"礼"不仅仅是君子个体修身的标准，更是社会群体功利秩序建构与衡量的标准，而在这个过程中整个社会也以"礼"而归于"化道"的实践语境。应该说，荀子的"礼"不仅仅建构在思想文化的形而上层面，更是一种社会现实的具体实践。由于荀子十分注视"礼"文化的社会实践意义，因而荀子在其整体思想的建构中表现出对"礼"应用性效果的特别关注，在兼顾"礼"的审美指涉的基础上荀子将"礼"的美化之功与整个社会的审美建构融为一体，二者的紧密联系也形成了广泛的社会认同，因此荀子之"礼"才完成了真正意义上的社会实践。如果说，荀子的"礼"论体系对"礼"的本身形成了超越，那么"礼"彰显的实践意义与实用性价值则成为整个理论体系中新的学术亮点，同时"礼"的生存也与其学术思想的生存实际紧紧联系在一起。荀子持守"礼"的伦理审美核心成为其思想体系的内在依据，也是荀子迫切要求进入"仕途"建功立业、打造"谋权立"的政治格局的根本原因所在。应该说，"礼"合于社会之"治"的标准就是荀子"礼"的社会标准，同时也是荀子"礼"论的本体实践语境，与此同时荀子也从实践的角度完成了由审美个体到社会群体的语境模式转向。

"礼"的原始功能就是道德伦理的规约功能，是防患于混乱行为发生的未然状态所采取的教化措施。笔者以为，在荀子的伦理思想体系中，"礼"的性属指向发生了历史的转向，而"礼"的功能也形成了扩大化的趋势。

其一，荀子在其"礼"论体系的诠释中融入了"法制"的成分，集中阐发了唯"礼"之制"情性"的观点，又在"礼"中增加了"强制"成分和惩治已然的约束功能，这一点形成了对儒家伦理文化传统的突破和超越，也在由"礼"向"礼法"并举的功利转向中进一步强化了"礼"的性属功能。荀子在原有的"礼"的范畴意义中注入了新的元素，将"礼"的化人之术扩大成为审美的标准甚至是是非的标准。荀子以"礼"作为思忖的层面，将思考的重心转移到了主体在社会中的日常生活的外在实践层面上，融时代之新而成一代之新"礼"，而"礼"的功能旨域也已经超越孔子"礼"论的元范畴，发生着功能的转移和流变。其二，在"法"的强大功能之下使"礼"本身的功能得以扩大化。"礼"是一个时代的意义。在建构这一点的同时也构筑起"礼"意旨宽泛的社会功能："礼"能够改造人性、"礼"能够为政治民、"礼"能解决物与欲的矛盾冲突、"礼"能使君爱民、民尊君；正是这一系列"施礼而至"的文化想象的实现，"礼"的功能才得以扩大化和延展化，即由原有的伦理的审美体系置换到功利的审美体系中，形成崭新的时代之"礼"。而荀子之"礼"之于"人性"的观照、对"义"的高举，也为传统伦理道德观念中"义"与"利"关系的紧张做出了协调。在荀子之"礼"的强大功能的规约下，无论是立足于个人本位、求取个人利益的功利主义价值观，还是立足于集体本位、求取共同利益的群体主义价值观，都复归到"礼"的和谐序列之中；这表现了"礼"从传统伦理价值观向理性主义价值观的历史转向，也表现了对西方工具理性价值趋同的审美观望，即在价值取向的表征上完成了中国传统伦理视野中"取利舍义"之思想向"义利共存"之价值观的现代流变。

荀子的"礼"论体系形成了自身的艺术特质，即熔铸了美好的情感元素，也在构筑情感逻辑的基础上建构起文化想象的美学意义。"礼"能够改造人性，能够化解物与欲的矛盾冲突，更能够使君爱民、民尊君，并建构起整个社会和谐而美好的生存秩序。正是在这样一个层面上，"礼"首先建构起自身的情感意义，《荀子·礼论》篇有云：

> 凡礼，始乎棁，成乎文，终乎悦校。故至备，情文俱尽；其次，情文代胜；其下，复情以归大一也。①

论述表明了荀子的观点，"礼"与"情"形成了密不可分的逻辑纠结，无论是"情文俱尽"还是"情文代胜"，最终都要指向其情感意义，谓"复情以归大一也"，进而建构起天下为顺、上下通明、本末相顺、终始相应的大同世界，这也是"隆礼"本身的要义所在。

其二，"礼"建构起自身的人文情怀所彰显的美学意义。应该说，"礼"本身所具有的伦理表征并不是其本质的天然的表现，而是在后天的社会化人伦视域中逐渐生成的，因而其带有完备的功利意义，而这一点也证明了"礼"与"人"所建构的后天功利社会有着天然的联系。从审美的发生来看，荀子的"礼"论亦是针对人性恶的弊端所提出的，其期待以"礼"的规约使人性归于善，又进一步肯定了"礼"在对"人"的关怀、对"人情"的关注的同时所呈现出的文化特质。而在历史的层面上，"争于力"的战国时代战事频仍、危亡图存的环境因素，也形成了"人"对自我的认同与对原始生命秩序的渴望，在欲望的角逐中疲惫不堪的主体及意识也开始慢慢转向对"礼"所构筑的温情敬意的大同世界的向往。

其三，荀子的"礼"论完成了"和谐之美"的文化想象。荀子之"礼"以善恶判断作为审美判断的依据，将"礼"之于"人"的规约之道的发生发生发生效果作为人"性善"的依据，亦作为化人之美的有效方式，而这种"美"存现于荀子的功利视域之中，是第二目的性的，但不失为一种对美的隐性追求。在这个意义上，荀子的"礼"具有艺术之美的社会导向力量，在"礼"的功利外衣之下，还渗透着一种超功利的文化期待，即一种对于整个社会的"礼"的建构的想象与希望。荀子期望以"礼"使整个社会归于治，从而构筑起整个社会和谐而美好的生命秩序，即形成一个"和而求同"的"想象的共同体"，在这个共同体中人性以美好的善的层面出现，没有恶、没有争夺、没有混乱，社会全体中每一个生

---

① 王先谦：《荀子集解》，中华书局 1988 年版，第 355 页。

命的个体都彬彬有礼、以礼相敬，在这个层面下人性元素、伦理元素都成为艺术元素的文化表征。可以说，"以礼而约""以礼而束"，本身就是"礼"的社会规约意义与功利意义的展现，在危机意识与民族的紧迫感来临的时候，功利性与审美性便结合在一起，发挥更强效的作用；荀子将这种审美的欲求在论述中以隐性的方式渗透出来，完善了"礼"之审美体验的建构。

第二节　"乐"论与感心于内

所谓"乐者，乐也"，"乐"既有音乐的内涵，又有情感的欲求，更有实用的本质。荀子在其思想体系中表现了对"乐"的充分重视，也以"故人不能无乐"之观点为证。如果说，荀子的"礼"培养了人们自觉的尊卑意识，形成了外在的制约力量；那么"乐"则借助感性的濡染，激发了"人"之亲敬互爱的精神，"乐"以"心志""情感"的发动而感化于内，使人在美善的陶育中从属于"礼"的规约，从而达到整个社会秩序的稳定。笔者亦在前人学术基础上将荀子之"礼乐"之关系定义为"礼体而乐用"之说，以彰显"乐"在"礼"化之下所形成的社会功用与审美意旨。

一　"乐"之本体论

荀子之"乐"是一种情感的表达，是一种审美的需要，也是一种社会的实践。"乐"的形成、功能指向与"礼"有着密不可分的关系，并与"礼"的审美意旨形成一致的同感力。"乐"来源于祭祀，又效用于人际，"乐"可以陶化身心、塑造情感，以内化之方导引"礼"之形体之规发挥作用，从而建构起理性主宰、自然约束的和谐的社会秩序，而这一点也是"乐"之生成的本体意义与发生原理。

"乐"是一种社会实践，在"乐"的本体实践阐释中包含着三个层次，即"声""音"和"乐"。荀子指出："故人不能无乐，乐则必发于声音，形于动静；而人之道，声音动静，性术之变尽是矣。"① 在"声""音""乐"的不同意象之间所构筑的三分渐次之说，奠定其具有中国文化精神的乐论体系基础。荀子在其"乐"论体系的建构中数次论及了"乐者，乐也"的观点，这一观点是荀子的首创，也为后世文学所沿用。这里的"乐"包括三个方面的含义：其一是主体情感的一种表达，文学艺术最直接的性征表现就是"情感"，这一点在性征论中集中论述；其二是满足一种审美的需要，"乐"用的本身就是满足主体"人"的欣赏和审美的需要，而主体对于"乐"的欣赏也是对美的一种认同、判断和表达；其三"乐"表达一种"快乐"的语义逻辑，荀子认为凡是能够给主体"人"带来快乐、使"人"得到感官享受的方式都可以视为"乐"的表现，这就使"乐"的语义指向扩大化并构筑起"乐"宽泛的审美意旨，而"乐"作为审美的缘起，又对个体行为与社会行为行使着软化的规约作用。可以说，对"乐"的隆要和重视，从未离开过儒家文艺观的核心视野，而荀子之"乐"论体系则将其完整表达出来并对后世文学产生深远的影响。

荀子的"礼"论思想和"乐"论思想是紧紧联系在一起的。如果说，"礼"是一种主流文化的建构，那么"乐"就是一种自然的审美需要。荀子非常重视"礼"对于"人"的导引、善化和规约作用，同样也十分重视"乐"对于"人"和"社会"所产生的矫化性情、感化情性、移风易俗的作用。因而"乐"的审美发生与"礼"的审美缘起具有同源性，也具有历史的同构意识。《荀子·乐论》篇：

荀子的论述意旨鲜明，指出音乐的起源是为了节制人们的声色欲望，从而使整个社会能够正常发展而不至于陷入混乱，整个社会在这一主题下为"乐"所感化而进入和谐美好的生存序列；在先王的"礼"化秩序中，"雅颂之声"可以遏制混乱，达到"感动人之善心，使夫邪污之气无由得接焉"的审美效果，而这也恰恰是"乐"之审美发生的动因。在此基础上，荀子进一步论述道：

> 夫民有好恶之情而无喜怒之应则乱。先王恶其乱也，故修其行，正其乐，而天下顺焉。②

---

① 孔颖达：《礼记正义》，十三经注疏本，中华书局1980年版，第1534页。
② 王先谦：《荀子集解》，中华书局1988年版，第381页。

论述复证了荀子之"乐"论观点。荀子由"乐"之审美发生而论述到"修正行为、隆正礼乐、天下和顺"之审美境界的建构，并以"乐"论体系的发生导引出其整个思想体系的建构，在这一主题之下"乐"成为文化视野的历史目标与审美旨归。荀子在"乐"的发生体系中融入了较多的个性意识和自我的元素，其以个体性的文化视野关注深刻的社会现实，以"乐"而言心声，构筑其独特的话语形态，而这一点也是其"乐"论思想对后世文学产生深远影响的主要动因。

二 "乐"之表现论

在荀子的"乐"论体系中，"乐"展现了不同的侧面，并实现了"声乐之象"的完美诠释。君子能够以"乐"表明美好的志向，表现心性之愉悦，君子也可以以"钟鼓道志"，来诠释"琴瑟乐心"。所谓"天下皆宁，美善相乐"，就是说"乐"求得天下的宁静祥和，表达美和善的艺术理想；而"乐"本身也是一种表达愉悦的方式，故"乐者，所以道乐也"；同时"乐"也是一种制人之盛世，故"乐也者，治人之盛者也"。可以说，"乐"的历史呈现以不同的表现序列展示了"乐"的不同情貌，也诠释了"乐"之审美意义的理论前提与价值依据。

在传统伦理视域中，"乐"的表现形成了不同的"声乐之象"，从其发生的溯源来看主要有三种不同的形式，即天地自然产生的"天籁"之音，生命主体人所发出的"乐音"和各种不同的乐器按照规格和要求所发出的乐音。《荀子·乐论》篇对"声乐之象"进行了集中的论述：

> 声乐之象：鼓大丽，钟统实，磬廉制，竽笙箫和，筦钥发猛，埙篪翁博，瑟易良，琴妇好，歌清尽，舞意天道兼。鼓，其乐之君邪！故鼓似天，钟似地，磬似水，竽笙、箫和、筦篪似星辰日月，鞉、柷、拊、鞷、椌、楬似万物。曷以知舞之意？曰：目不自见，耳不自闻也，然而治俯仰、诎信、进退、迟速莫不廉制，尽筋骨之力以要钟鼓俯会之节，而靡有悖逆者，众积意课课乎！①

---

① 王先谦：《荀子集解》，中华书局1988年版，第383—384页。

而在《荀子·富国》篇中荀子也对钟鼓、笙竽、琴瑟的乐音之美进行了论述：

> 知夫为人主上者不美不饰之不足以一民也，不富不厚之不足以管下也，不威不强之不足以禁暴胜悍也。故必将撞大钟、击鸣鼓、吹笙竽、弹琴瑟以塞其耳，必将雕琢、刻镂、黼黻、文章以塞其目，必将刍豢稻粱、五味芬芳以塞其口。①

可以说，在荀子的理论体系中，"乐"的表现成为其文艺实践的重中之重。荀子在其乐论体系的建构中，呈现诗乐之象与乐音之美，实为"乐者"之本体诠释。荀子依据"乐"能否形成社会功用、是否符合"礼"的规约与秩序，将"乐"归于两个不同的序列，即"雅乐"和"郑声"。《荀子·乐论》篇有云：

> 带甲婴胄，歌于行伍，使人之心伤；姚冶之容，郑、卫之音，使人之心淫；绅端章甫，舞韶歌武，使人之心庄。②

荀子在论述中表明了自己的观点，将"乐"分属于"郑卫之音"与"舞韶歌武"两种，言明郑声与雅乐的差别，并以此作为"乐"的两个不同序列的具体表现，并在论述中渗透出其对于"乐"之不同表现的差异态度。

"乐"有"古乐"与"今乐"之分，亦有"雅乐"与"郑声"之别，"乐"之价值分殊形成"乐"的审美判断，并直接构筑起"乐"之取舍的审美前提，而其判断的依据就是"乐"是否符合儒家的审美欲求。可以说，判断"乐"的优劣的价值依据也是"乐"的审美依据。荀子在"乐"论的建构之初就是秉持着"隆雅乐"而"弃郑声"的原则，表达了对"乐"的化人之道的积极认同，并推崇"雅乐"及其形成的"中和之美"。荀子将此作为儒家"乐"论体系的价值标准与孔子所主张

---

① 王先谦：《荀子集解》，中华书局1988年版，第186页。
② 同上书，第381页。

的"中庸之道"相应和，可以说是春秋时期的审美和艺术的历史经验，并对乐、美、道建构辩证统一关系形成较为积极的价值指向。《荀子·王制》篇有云：

> 禁淫声，本政教，正法则，兼听而时稽之，度其功劳，论其庆赏，以时慎修，使百吏免尽而众庶不偷，冢宰之事也。论礼乐，正身行，广教化，美风俗，兼覆而调一之，辟公之事也。全道德，致隆高，綦文理，一天下，振毫末，使天下莫不顺比从服，天王之事也。①

而《荀子·王制》篇亦云：

> 乐姚冶以险，则民流僈鄙贱矣。流僈则乱，鄙贱则争。乱争则兵弱城犯，敌国危之如是，则百姓不安其处，不乐其乡，不足其上矣。故礼乐废而邪音起者，危削侮辱之本也。故先王贵礼乐而贱邪音。②

在"乐"论体系中，荀子主张用"雅乐"陶冶民众，因为要防止淫声邪音来扰乱雅乐，所以需"禁淫声，本政教""贵礼乐而贱邪音"，而这一切的施行均是以强调音乐的中平庄敬与礼义相辅相成的伦理本位为出发点的。在此基础上，荀子指出要"正其乐"，从而"使天下为顺"、国家安定、百姓富足。当然，能够达到这一效果的"乐"，并非是指单纯意义上的"乐"，而是符合礼义规约的"雅乐""古乐"，而在这一过程中"乐"之"着诚去伪，礼之经也"的社会规约力量显现出来。与此同时，荀子还对"天下之大齐"的"雅颂之声"的审美价值进行了积极的建构：

> 故听其雅、颂之声，而志意得广焉；执其干戚，习其俯仰屈伸，而容貌得庄焉；行其缀兆，要其节奏，而行列得正焉，进退得齐焉。故乐者，出所以征诛也，入所以揖让也。征诛揖让，其义一也。出所以征诛，则莫不听从；入所以揖让，则莫不从服。故乐者，天下之大

---

① 王先谦：《荀子集解》，中华书局1988年版，第170—171页。
② 同上书，第380—381页。

齐也，中和之纪也，人情之所必不免也。①

所谓"征诛揖让，其义一也"，就是说对内的和谐一致是对外取得胜利的保障，而这种符合礼义的节奏乃是"乐"之陶冶的结果，这里说明了音乐和礼义征伐的辩证关系。荀子强调音乐和礼义征伐的辩证关系，意旨在于表达"乐中平则民和而不流，乐素庄则民齐而不乱"的文化意旨，这就是说"中和"与"素庄"的音乐就会使君民上下一致，这样就能达到富国强兵的目的；而用乐感化人心，能够移风易俗、使民和睦。荀子认为雅颂之声均能感人，故"主体"丝毫不能忽视"乐"的感化作用，而且要提倡"正声"反对"奸声"，不能放任自流。荀子也进一步阐释"乐"的取舍问题，"乐器"的运用都必须显现出贵贱之分，表现出君主独特的威武之势，当然这些思想与整个儒家功利音乐美学观的主题指向是一致的。而"乐"得以施行的价值依据，就在于"乐"对于理想社会生存的模式建构所起到的积极作用。

三 "乐"之性征论

荀子的"乐"论体系集中表现了"乐"的两个属性特征。一个是"乐"的陶化性情、怡养性情的审美功利性征，另一个就是"乐"之"合和"的审美指向性征。"乐"作为一种教化的方式，具有随意性、偶发性、外感性的特征。荀子将"教化"指向"乐"，在孔子的基础上丰富了"乐"的内涵。可以说，"乐"是教化体系中的一个重要的环节，是传达美的过程、感受美的过程、完成艺术审美实践的过程。

（一）论移情之性

"乐"源于人心，是人情感的发动。"乐"作为人内心情志涌动、宣泄的产物，可以表达人的情志、与人的性情相通；而人对于情感的审美体悟，也需要"乐"加以引导、规约，否则就会出现混乱的社会局面，这也是荀子"乐教"观的审美缘起。荀子在《荀子·乐论》一篇中明确提出了"声乐之入人也深，其化人也速"的观点，阐发了"乐"对于人的巨大影响以及"乐"之"化人"的积极效果，可以说，"乐"在主体的审美实践

① 王先谦：《荀子集解》，中华书局 1988 年版，第 380 页。

中形成了对"人"的移情养性的作用，在这一层面上荀子之"乐"与"礼"与"诗"形成了共同的审美意旨。而荀子正是以"诗""乐"之化传达了"乐"之陶冶性情的审美特征，阐发了其对"人"之性情所发生的积极影响与社会建构所产生的具体功用。

其一，荀子认为"穷本极变"是"乐"的情感本质，可以使"乐"的教化作用自然而然，这也是荀子"乐教"思想的核心与前提。《荀子·乐论》篇有云：

> 穷本极变，乐之情也；着诚去伪，礼之经也。①

论述强调了在审美建构中符合礼乐之统的"乐"能够达到管乎人心的社会效果，而作为"乐"之情感本质的"穷本极变"，是对"乐"的特征的审美诠释，其对后世文学的发展产生了深远的影响，所谓"穷而后工"亦与"穷本极变"有着异曲同工之妙，只是一个指涉"乐"的情感特征，一个指涉"诗"的审美特征。而"着诚去伪，礼之经也"的真诚也是文学艺术进入审美领域最基本的原则，"乐"之特征不同于"礼"，相较而言，"乐"的情感性更浓厚，也较少为明确的规约所限，其能够感化性情、唤起主体"人"同审美的"乐"的那种感同身受的力量，抛去一切束缚进入艺术的极境，从而使"乐"审美之"化"发生于无形。

其二，荀子阐发了"乐"在主体情感结构建构中的重要性和必要性。《荀子·乐论》篇亦有云："夫乐者，乐也，人情之所必不免也。"并指称"故人不能无乐，""乐"是人的情感依托，所以"人不能无乐"；"乐"承载着"人"的爱、恶、喜、好，所以是人的情感世界中不可或缺的。而"乐"的存在也为人情感世界的建构发挥了积极的作用，"乐发于声音，形于动静"最终作用于"人之道"，形成"性术之变尽是"的结论；在审美的世界里，"乐""塑其形"而"化其乱"，从而达到"感动人之善心，使夫邪污之气无由得接焉"的审美效果，充分诠释了"乐"之存在的艺术能指。

其三，在"情"的范畴旨域中，"乐"建构了自身独特的情感逻辑。故《荀子·正名》篇有云：

---

① 王先谦：《荀子集解》，中华书局1988年版，第382页。

> 性之好、恶、喜、怒、哀、乐谓之情。①

"乐"作为一种情感表现，可以达于人的好恶喜怒，其与"性"之"好""恶""喜""怒""哀"并举成为"六情"之一。所谓"乐者，乐也"，所表达的也是一种分殊的情感逻辑，即"乐"除了音乐本身的意义与教化的意义以外，还有情感逻辑的意义。"乐"表达一种喜爱之情，将"人"作为社会主体的爱恶情感显现出来，指涉社会情感的整体模式并形成善恶的判断，在"乐"本身的艺术特质充分显现的同时，也传达出一种文化语义下的审美认同。

其四，荀子集中阐释了"乐"对于人的情感的导向作用。"乐"也可以修正行为、治恶平乱，可以表达心中的哀怨与悲切，也可以鼓舞士气、壮大声威，更可以对人心形成或积极或消极的影响；尤其重要的是，"乐"所产生的"怡养性情"的作用与传统儒家的礼乐思想指向是一致的，"乐"通过其特殊的艺术形式对"人"之心性发生作用，形成"养生安乐"的移情养身之性征。因此，"乐"可以与人心交相感应而形成审美体悟，并在这个过程中表现人的种种思想情感，与此同时，"乐"会对人形成向美的约束力，并规约人的思想行为以及发展方向。《荀子·强国》篇有云：

> 故人莫贵乎生，莫乐乎安，所以养生安乐者莫大乎礼义。人知贵生乐安而弃礼义，辟之是犹欲寿而殇颈也，愚莫大焉。故君人者爱民而安，好士而荣，两者亡一焉而亡。②

《荀子·礼论》篇亦有云：

> 故礼者，养也。……君子既得其养，又好其别。③

---

① 王先谦：《荀子集解》，中华书局1988年版，第412页。
② 同上书，第299页。
③ 同上书，第346—347页。

两段论述互为证据，亦说明"乐"与"礼"在这一层面上功能相近，能够形成其"移情""养性"的性征。

（二）论"和合"之策

本书在第二章对"乐教"观的论述中，触及了"和"为"乐"之审美主旨的观点。荀子在《荀子·乐论》一篇中曾：提到的"和敬"之说，"和亲"之说，"和顺"之说，其所表达的审美主旨就是"和"。在此基础上，荀子提出"乐中平则民和而不流，乐肃庄则民齐而不乱"，其实是对"和"的审美旨域作了具体的阐发。在荀子看来，"音乐"之于社会、政治、文化、教育等，更多诠释了"中和"之美的核心指向，乐以"中正平和"而方能融洽，社会、自然与人之间感情逻辑也才会变得和顺亲近，而这也正合于先王的"礼乐"之道。正是由于"乐"具有这种化恶为善的积极作用，才能够感化性情、移风易俗，所以"乐"才具有"和合"的性质。

《荀子·臣道》有云：

> 恭敬，礼也；调和，乐也。[1]

《荀子·乐论》有云：

> 故乐者，天下之大齐也，中和之纪也，人情之所必不免也。[2]

可以说，"乐"之"和"是荀子"乐"论的审美性征与核心旨要。"和"有"和谐""中和""和美"之意，这一方面诠释了"乐"的化人之道以及"中和之美"；另一方面又与儒家所主张的"中庸之道"相应和。"中和之美"可以说是儒家伦理思想体系的审美标准，其作为春秋时期的审美和艺术的历史经验，成为"乐"化"善"为"美"文化性征。而"乐"之适度、和谐、心灵感性特征的体悟以及"中和"美学原则的实践，其"乐而不淫，哀而不伤"的美学初衷，都表达了荀子的审美实践思想，也成为荀学音乐艺术在形式上的协调性和整体性平衡的佐证。

---

[1]　王先谦：《荀子集解》，中华书局1988年版，第256页。
[2]　同上书，第380页。

在此基础上，荀子进一步论述了"乐"之"和合"是其有别于"礼"的性征。《荀子·乐论》有云：

> 且乐也者，和之不可变者也；礼也者，理之不可易者也。乐合同，礼别异，礼乐之统，管乎人心矣。穷本极变，乐之情也；着诚去伪，礼之经也。[1]

《荀子·儒效》有云：

> 反而定三革，偃五兵，合天下，立声乐，于是武、象起而韶、护废矣。[2]

荀子阐释了"乐合同"的观点，即指"乐"能够使人和合齐同的策略，其有别于"礼别异"的等级制度所构筑的差序格局，但以"礼乐之统"就可以达到"管乎人心"的社会效果；不过能够达到这一效果的"乐"，并非是指单纯意义上的"乐"，而是符合礼义规约的"雅乐"。荀子认为"天下之大齐"的"中和之美"的实践意义就在此，而这一点也能够为礼乐文化中"和"的社会旨归进一步正名。可以说，"和"作为荀子乐论的文化表征，对美感与和谐度的追求，对适中、适度的诠释，都在一定程度上形成了儒家文化的温文尔雅与温柔敦厚的中和之致，这一点与中国延续了几千年的对柔和温润之美的认同相互应和。

四 "乐"之功能论

"乐"从非功利的文艺表现形式到功利性的社会文化策略，"乐"发生了审美旨趣的游移与阐释功能的转化。"乐"是文学艺术情感的传达者，具有多重功能，从理论上看可梳理为六个层面。第一，"乐"可以感发"人"共同的情感追求，从而形成和谐一致的审美意向，在"情动于中而形于外"的审美感召下，产生对生命个体行为的积极影响；而人的情感生

---

[1] 王先谦：《荀子集解》，中华书局1988年版，第382页。
[2] 同上书，第136页。

活也在此基础上构筑与"乐"的密切关系。第二，"乐"可以实现心灵之间的相互沟通与默契，不同个体之间存在着审美的差异，也存着阶级地位、社会等级的差异，但却可以在"乐"的欣赏与感受中形成共同或趋于一致的思想交流。第三，"乐"可以实现整个社会环境与人伦秩序的平衡，"乐"以"感动人之善心"使整个社会风气净化而达于美境。必须指出的是，"乐"的道德教化功能是其功能中最重要也最具时效性的，故以"乐"之教而成德之馨、品之尚、美之中和、道之大同，是"乐"境之臻极。在保障社会伦理施行的基础上荀子提倡"乐"的心智休养和审美移情之功能，追求基本的礼义观与道德规范的结合，注重"乐"的艺术精神与伦理精神，从此使整个社会和谐有序的发展。第四，"乐"可以"移风易俗"。《荀子·乐论乐论》有云："故乐行而志清，礼修而行成，耳目聪明，血气和平，移风易俗，天下皆宁，美善相乐。"[1] 其"移风易俗"之观点，阐发了"乐"在教化观中的积极作用，即实行"礼乐"，就可以达到"天下皆宁，美善相乐"的完美效果。第五，"乐"可以"观音知政"。"音"可以作为"乐"的表现层次，而"观音知政"就是阐发"乐"所构筑的政通论。中国文化传统中的"致士"和"君子"都十分重视"乐"，贤德的君主也对"乐"情有独钟，《礼记》中曾明确记载古代帝王在巡守各地之时不仅要求各地官员进行述职，还要求他们组织并展演当地的民乐，并依据"民乐"的性质和内容判断官员的政绩。所谓"声音之道，与政通矣"的意旨就是将"乐"之用与国之治紧紧联系在一起。《荀子·王霸》有云："若是则一天下，名配尧禹。之主者，守至约而详，事至佚而功，垂衣裳，不下簟席之上，而海内之人莫不愿得以为帝王。夫是之谓至约，乐莫大焉。"[2] 引文集中阐释了"乐"为"隆要""至重"的观点。"乐"之"至大"，则行"百乐"之教可以辅佐"明君"治理国家，使国家安定、君主愉悦、民无忧患。荀子把这一深刻的寓意融于"乐"的制定和取舍上，亦彰显其政道观的社会功用。第六，"乐"可以"传就后学"，即"乐"对后世文化和文学艺术的传承发展产生深远影响。荀子的"乐"论通过《礼记·乐记》对后世汉学的诗乐观发生影响。《史记·乐书》中的大量内容与荀子《乐论》一篇中的内容相近或相似，粗略估计借鉴的部

---

[1]　王先谦：《荀子集解》，中华书局1988年版，第382页。

[2]　同上书，第213页。

分亦已经超过篇目内容的半数，追本溯源这当然与荀学影响相互关涉。而《汉书·礼乐志》《白虎通·礼乐》等也明显受到了《荀子》的影响，其内容中多有《荀子·乐论》篇的痕迹。

第三节　"差序格局"的建构与传统视域的自觉反思

"以礼为序"成为儒家伦理文化的中心思想。儒家主张的"和谐"之域、"中正"之美，原本就不是没有差等的"齐一"：孔子所建构的"正名"论，阐发的"仁民爱物"的主张，孟子认为"一人之身，而百工之所为备""劳心与劳力"之别，都隐含了"维齐非齐"的差序观念。而在此基础上提出的"礼""分"思想，无疑地可以视为这种差序观念的延续。只是荀子的"礼"学思想，较之孔孟，多了分具体的实在意识。荀子的"礼""分"思想，展现了"明分使群"的时代表征；正是在"礼"的核心观照视域之下，能够以"礼"建构起"贵贱有等""长幼有差""贫富轻重皆有所属"的社会格局与生命秩序，才能够将"礼"的伦理规约作用发挥到极致。"礼"的秩序使人与人之间的"差等"自然存在并被加以强调，在内在自觉认知和外在功利限制的共同作用下，"人"得以"群"并进入各尽其力、各守其分的生命序列，可以说，这一"差序格局"的建构直接依托于"礼"的规约，并进一步形成了对传统价值域判断的自觉反思。

一　可以"群"与"礼乐"之社会功用

荀子注重"礼乐"之社会功用，并以"群"的实现来表征。钱穆指出："尊春秋齐于诗、书、礼、乐者，其论始于孟子，定于荀卿。"① 其论证可以印证荀子对"礼"和"乐"的关注，也能够彰显荀子的理论体系在当时主流文化视野中的核心地位。"群"是社会主体"人"在集体意识，

---

① 钱穆:《国学概论》，中华书局 1997 年版，第 25 页。

也是在公共趋同力作用之下形成的"社会共同体"关系；在"分"与"群"的结构辩证中荀子建构起符合"礼乐"之约的差序格局，可以说"群"是差序格局的一种集中表现。正是因为有了"礼"的规约、"乐"的陶化，"人"才能够形成"群"并构筑起"群"的社会意义与文化意义，因而"群"之以行与"礼乐"以施之间有着密不可分的关系。关于这一点《荀子·礼论》篇论述道：

> 水火有气而无生，草木有生而无知，禽兽有知而无义，人有气、有生、有知，亦且有义，故最为天下贵也。力不若牛，走不若马，而牛马为用，何也？曰：人能群，彼不能群也。人何以能群？曰：分。分何以能行？曰：义。故义以分则和，和则一，一则多力，多力则强，强则胜物；故宫室可得而居也。故序四时，裁万物，兼利天下，无它故焉，得之分、义也。①

论述阐释了人与动物的根本区别，也将"群"与"礼义"之间的逻辑关系建构起来。人与动物的根本区别或人的优越性就是人可以结成群体，由"群"到"分"再到"礼义"，完成了审美的逻辑推演，"礼义"的施行则是这个过程中的最高级别，也是最重要的一环，也就是说"礼"的规约是实现"群"的重要依据。本书对这一问题的论述以五个层面展开。

第一，"群"的主体是受"礼"规"乐"化的"人"。"人"与"动物"的重要区别，就在于"人"有"群"的主体执行性。"人"作为社会个体就是礼义所化之人，是处于社会的共同体的序列之下的，因此人要"群"就要知"礼"、守"礼"、行"礼"。"人"之守"礼"谨约能够形成价值判断与审美判断，并在群体当中不断发展自我、完善自我，在群体之中发挥主体本身的能动性与创造性。荀子认为"人"不可能孤立地存在，应该生活于由多种多样不同因素构成的"社会共同体"之中，而在此基础之上"礼"才可以作为一种具有实际意义的社会行为规范。作为行为主体的"人"在群体中形成并反映稳定的价值取向，还要在道德伦理的层面上形成趋于一致的行为方式和态度。"人"不能抽象孤立地存在于社会之外，而要依靠其在社会日常生活中的实践活动来散发出潜在的能量，实

---

① 王先谦：《荀子集解》，中华书局1988年版，第164页。

现自身的生命价值。

第二，"分"是"群"的秩序化存在的基础。《荀子·富国》篇阐发了"群"与"分"之关联：

> 人之生，不能无群，群而无分则争，争则乱，乱则穷矣。故无分者，人之大害也；有分者，天下之本利也；而人君者，所以管分之枢要也。①

荀子之"群"代表了一种"群居和一"的社会理想，其是处于"礼"化之下的。"人能群"是"人"的独特性征，亦有其自身形成并发挥作用的途径与依据。而"分"作为"群"的秩序化存在的基础，分为"明分"和"义分"两个序列，而二者的分野也成为"可以群"发生的原则。荀子明确地提出了"明分使群"与"义分则和"之理念。"明分使群"，是指区分上下职分、等级和社会人伦关系，而其所形成的明确的社会秩序以及在人伦关系中的君与臣、父与子都可以视为"群体"秩序化存在的基础，这当然符合"礼"的秩序。而"义分则和"则表明了群体之间要达至"和谐"，需要贯彻"道义"的原则。在具体的表现上，圣人、君主是"义分"的体现者，君臣、父子是"义分"的落实者，师儒是"义分"的守护者，而"义分"的实质就是"礼分"。"礼"在"分"与"群"的建构中彰显了一种绝对精神。

第三，"礼义"对于"群"形成了规约力量。荀子的性恶论具有非常重要的意义：顺本然之性，人将走向"群"的反面，唯有以礼义、礼法来改造、约束人性，才能实现"群"。正是由于人的本性中拥有无穷的欲望，人才要结成群体受礼义之范导，从心制欲使"人能群"，从而保证"礼义"对人性约束与改造的实现。"礼"能够发挥"人可以群"的内在机理。"人能群"的现实保障是通过"礼法"之具有强制意义的规约来实现的，"礼"与"法"是"群"的社会规范。如果说，"群"之必要性在于人之生存欲求的实现，那么"礼义之道"则是"群"之所以可能的价值和规范基础。荀子所主张的"隆礼重法"则体现了维护"群体"秩序的社会功效。

---

① 王先谦：《荀子集解》，中华书局1988年版，第179页。

第四，人之"群"的过程是"人"的社会化过程，是"人"知"礼"、守"礼"与施行"礼"的过程。"群"的过程不仅是道德认知的过程，而且也是道德践行的活动。"乐"和"群"就是这一主题下的社会实践，"乐"能克服"人"的邪污之气，培育"人"的社会情感，融"美""善"于"乐"之中，增进彼此间的理解、沟通和协调，使行为同一从而达致主体群落的和睦。"礼"和"乐"通过对主体和主体间的双重教化作用，以达到从人的内心深处树立起和谐情感的目的，从而使"人"安于"礼"治的社会秩序，而这一点也是"群"的价值内涵。

第五，无论是"群"，还是"礼义"之行的社会功用，其最终的目的指向都是实现社会秩序的稳定与整个社会的和谐发展，依然是对"礼乐"的社会功能的延续和实践。这一点不仅仅是荀子的社会理想，也是当时社会文化主体群落的普遍诉求，因而荀子在《荀子·议兵》篇论述道：

> 凡兼人者有三术：有以德兼人者，有以力兼人者，有以富兼人者。彼贵我名声，美我德行，欲为我民，故辟门除涂以迎吾入。因其民，袭其处，而百姓皆安，立法施令莫不顺比。是故得地而权弥重，兼人而兵俞强，是以德兼人者也。非贵我名声也，非美我德行也，彼畏我威，劫我埶，故民虽有离心，不敢有畔虑，若是，则戎甲俞众，奉养必费，是故得地而权弥轻，兼人而兵俞弱，是以力兼人者也。非贵我名声也，非美我德行也，用贫求富，用饥求饱，虚腹张口来归我食，若是，则必发夫掌窌之粟以食之，委之财货以富之，立良有司以接之，已期三年，然后民可信也，是故得地而权弥轻，兼人而国俞贫，是以富兼人者也。故曰：以德兼人者王，以力兼人者弱，以富兼人者贫。古今一也。[①]

在群己关系上，与儒家相比较，同时代的墨、法、道三家则各自走向另一极端。墨、法两家只强调"兼"、道家唯突出"独"，相对来说，先秦儒家在群己关系上的价值取向则显得较为健全。荀子与孔孟一样，认为"贵己"与"贵群"是统一的，其将个体价值与群体价值、自我实现与社会安定统一起来，并完成群体价值高于个体价值的文化建构，使自我实现

---

① 王先谦：《荀子集解》，中华书局1988年版，第289—290页。

最终指向群体认同。在对群体价值的认同中，荀子也形成较为充分明确的表述。

二 "礼乐"达道与至"士"之说

孔子热心政治活动，其对仕途的追求成为其文化理想的重要部分，也是儒家现世情怀的直接体现；孔子一生专注教育事业，其将"学而优则仕"定位为培养学生的第一准则则成为这一点的证据。可以说，荀子在"礼"与"士"的逻辑关系序列建构中，将"礼"作为达道的方法途径。余英时在论士阶层之崛起时指出："荀子之论道归于'治'，并且主张政治上'禁非道'"①，其观点与荀卿之论相互应和，而能够进入"仕途"的"士"必以"自有其礼、乐、诗、书的传统"②为之"儒士"，这也是"士"之为"士"的功利指向与终极目的所在。

其一，荀子等文化学者的积极努力为"士"阶层的崛起建构了深厚的主体基础。从荀子自身的学术经历来看，他也拥有强烈的"仕途"愿望，也有执着为"士"的学术理想。荀子期望承继并发扬儒家之显学，与当时注重功效的墨法思想形成抗衡；他洞悉了儒家思想中不合时宜之因素，因而他援法入儒，增加时效性的成分，希望以此建构起崭新的儒学思想体系，在学术之林中占据核心之地；更为重要的是使自己的学术思想为君主所用，成为真正的治国方略，而自己也可以"学术明而身显贵"，达成走向"仕途"的愿望而成为一个真正有建树的政治谋略家。当然，如同荀子一样饱藏着理想和抱负的文化学者在当时的文化学界中是相当普遍的，荀子的理想不过是时代世人的一个缩影，但其为"士"的崛起以及社会性属的价值序列的形成储备了广阔的主体基础，同时也演绎了春秋到战国时代最为辉煌的百家争鸣的局面。余英时指出："春秋战国时代士阶层的兴起，促使了新理性的发生和各种思想体系的形成。"③可以说，"士"的出现也成为"诸子百家"争鸣局面形成的关键。

其二，荀子在其论述的文化序列中对"士"做了严格的规定与区分。

---

① 余英时：《士与中国文化》，上海人民出版社 1987 年版，第 39 页。
② 同上书，第 33 页。
③ 同上书，第 288 页。

《荀子·非十二子》篇有云：

> 古之所谓仕士者，厚敦者也，合群者也，乐富贵者也，乐分施者也，远罪过者也，务事理者也，羞独富者也。今之所谓仕士者，污漫者也，贼乱者也，恣孳者也，贪利者也，触抵者也，无礼义而唯权势之嗜者也。①

荀子在论述中阐发了什么是真正的"士"，"士"要温柔敦厚、合于群体，要"乐于富贵分施"、远离过错，要谨守于"礼"、不贪利不虚妄，还要具备整理事务、解决问题的能力。在此基础上，荀子进一步论述道：

> 古之所谓处士者，德盛者也，能静者也，修正者也，知命者也，箸是者也。今之所谓处士者，无能而云能者也，无知而云知者也，利心无足，而佯无欲者也，行伪险秽，而强高言谨悫者也，以不俗为俗，离纵而跂訾者也。②

荀子在论述中集中阐发了怎样才能成为一名真正的"士"这个问题。"德盛""能静""修正""知命""箸是"成为"士"者的重要性征，荀子从反面论证对一些不符合"士"之规约的陋习进行了批判。荀子还对"士"的容貌气度、具体行为做出了较为明确的规定：

> 士君子之所能不能为：君子能为可贵，而不能使人必贵己；能为可信，而不能使人必信己；能为可用，而不能使人必用己。故君子耻不修，不耻见污；耻不信，不耻不见信；耻不能，不耻不见用。是以不诱于誉，不恐于诽，率道而行，端然正己，不为物倾侧，夫是之谓诚君子。诗云："温温恭人，维德之基。"此之谓也。③
> 士君子之容：其冠进，其衣逢，其容良，俨然，壮然，祺然，蕼然，恢恢然，广广然，昭昭然，荡荡然，是父兄之容也。其冠进，其

---

① 王先谦：《荀子集解》，中华书局1988年版，第100页。
② 同上书，第101页。
③ 同上书，第102页。

衣逢，其容悫，俭然，侈然，辅然，端然，訾然，洞然，缀缀然，瞀瞀然，是子弟之容也。①

其三，"礼乐"的"内规外化"是成就"士"的直接要素与先决条件。《国语·鲁语》有云：

> 士朝受业，昼而讲贯性，昔而习复，夜而计过无憾，而后即安。②

《国语》中的论述说明当时世人习学六艺，其中尤为重要的就是修行"礼"和"乐"的教化，而只有"礼规乐化"之后，合格的人才能成为真正的"士"，尽管"士"的原初身份从表面上看代表了"文学艺术"与"政治"的疏离，但"士"的直接特征指向往往依靠于对政治权力的依附，这样"礼"的规约作用就成为缔造"士"的重要元素。故《荀子·大略》篇指出：

> 和乐之声，步中武、象，趋中韶、护。君子听律习容而后士。③

可见，荀子十分重视"礼""乐"对于"士"的形成的重要作用，"士"者乃修立之名，"君子"听习"礼""乐"而方能修之为"士"，荀子在论述中对这一问题进行了强化。

其四，"士"与非"士"，成为划分差序格局之等次、建构礼法社会之秩序的重要依据；而"士"成为当时文化地位的象征，致"士"之"人"也受到当时社会制度与文化秩序的广泛认同。《荀子·富国》篇有云：

> 礼者，贵贱有等，长幼有差，贫富轻重皆有称者也。故天子袾裷衣冕，诸侯玄裷衣冕，大夫裨冕，士皮弁服。德必称位，位必称禄，禄必称用。由士以上则必以礼乐节之，众庶百姓则必以法数制之。④

---

① 王先谦：《荀子集解》，中华书局 1988 年版，第 102 页。
② 左丘明：《国语》，上海古籍出版社 1988 年版，第 205 页。
③ 王先谦：《荀子集解》，中华书局 1988 年版，第 495—496 页。
④ 同上书，第 178 页。

荀子认为，正是因为有了"礼"的规约，才能够形成"士"之所存的"贵贱有等、长幼有差"的差序格局。而在这个秩序中，"士"与"非士"之间存在着明显的差别，由于"士"具有其独特的理论素养和文化基础，因而不需要强制性的方式使之"合于道"，只需要"以礼乐节之"就可以了。这一点在《白虎通·致士》篇的论述中也可以找到证据："大夫年七十而致士。卿大夫老，有盛德者留，赐之以几杖，不备之以筋力之礼。……大夫致士，若不得谢，则必赐之几杖。"① 其论述意在说明"士"在封建社会秩序中能够受到"上礼之遇"的实际，而"士"也因其身份地位的显贵而获得普遍的尊重。

三　文化的反思与意义的规训

在论述了荀子学术思想体系的"礼"和"乐"之后，本书在研究中力图以历史回溯的观照方式跃出文本的局限展开理性的探问与延展式的思考。当然，所论之言仅代表个人的一些思考和浅见，或者说是基于文化想象基础上的迁想吧。中华民族自古就是礼仪之邦，源远流长的传统文化构筑了一个"礼"化的社会，社会生存的个体从小就受着"彬彬有礼"的规训、完成着"立于礼"的社会实践。可以说，"礼"和"乐"所构筑的文明模式从未离开过社会生活的视野，在社会观念的建构中"礼"被定义得十分神圣，生命个体也紧守于"礼"的法则而不敢僭越一步。当"礼"的要约与个性的自由、生命的本质发生冲突之时，个体并不能涂抹具有公共约束力的"礼"本身彰显出的规范意义，因为每一个生命个体都不能悖于"礼"而顶上不亲、不敬、不孝的恶名，去追求摒弃"束缚"的个性、自由与独立，那么个体的利益、情感的欲求就更无从谈起。究其本源，导致这一切的原因只有一个，就是"礼"本身所形成的"崇高"的力量，这种崇高带有一种不可置疑性。对于因袭了几千年的中国儒家文化传统，在当下的研究中我们不得不开启对传统的反思，即对于"礼""乐"的存在、其话语范畴的规约力量以及其产生的社会功能的反思。为了整个社会稳定而压抑个体的欲求究竟具有多大的合理性？以"礼"之广泛推行作为行为的尺度与价值的评判的标准是否与人性的存生方式相适？又是否会导致

---

① 陈立：《白虎通疏证》，中华书局 1994 年版，第 251—252 页。

"礼"的极端化？统治阶级在建构自身伦理秩序的同时，为"礼"和"乐"注入了过多的附加意义，是否会使文化审美本身的意义发生改变？在功利价值的趋同的表征中"乐"自身的审美性征能否得以彰显？在目的性第一的价值域中所形成的选择与认同是否会影响文学艺术本身丰富多彩的性征表现？这一系列问题都是值得深思的。综观文学艺术的发展史，文艺的本质及其存生的要义就是追求多样化的表现，"向新求变"的审美诉求是文艺进步的前提。仅以音乐为例，由于受众在审美欣赏与接受中往往对新奇的事物更具兴趣，当"雅乐"已经失去了艺术新鲜性的时候，"郑声"当然占据了审美的主流位置，"人"的审美疲劳在新的艺术形式面前会自然消失，这样文学艺术也可以不断向前发展。其实，对于美的追求可以融入更多个性化元素与审美主体不同的喜好，而主流文化往往更强调工具理性的价值，而忽视甚至否定文学艺术本身的价值以及尚未呈现出的后置价值与潜在价值，而文艺传承的本身就是一个实现审美追求与价值重构的过程。

第四章　崇文与尚质：荀子思想的审美追求

本章以"崇文"与"尚质"为论域，集中阐发荀子思想的审美追求问题；具体的分析阐释从美的本质探寻、美的艺术架构、美的真伪之辩三个层面展开。将"文"与"质"作为关键词，并导引出"真"与"伪"之关系问题，成为本章论证阐释的思想路径。从"教化"之施到"文"的发生，再到"文"的本体意义阐释及其所生成的文章、文学、纹饰、修饰之意，皆可作为"美"之功利的呈现，也在审美视域中为荀子所崇尚；而对于"质"的追求及君子之内美修身精神的传达，也在另一层面为荀子所向往。正如《荀子·臣道》篇所云："忠信以为质，礼义以为文。"荀子将"文"与"质"、"真"与"伪"纳入其理论观照视野之中，将富有文化意义的审"美"推演到伦理意义的向"善"之上，指出"无伪，则性不能自美"；从一定意义上说，伦理教化体系中的"文"这一观念也作为其政道思想整合的工具或诠释，使荀子所传承并拓进转型的儒家美学思想染上了浓厚的功利主义色彩。

第一节　美的本质探寻与功利价值

对于"美"的本质探寻与艺术追求，是文艺美学研究中的一个重要问题。什么样的"美"才是真正的"美"？真正的"美"应该如何表现？"美"是浑然天成的自然存在，还是后天织就的社会归属？"美"是应该素朴自然而未经雕琢，还是应该错彩镂金而经人工雕饰？而"美"置于不同的表现序列又将呈现出什么样的不同价值？荀子认为，"美"是一种社会功利化的产物，是人化的后天织就经过人为的雕琢而发生。"美"由金缕装饰到"华美"的呈现，本身就是功利化社会化的产物，因此"美"的本质就是功利的；而正是在这一层面之下，"文"发生了，"文"也在其审美体系中形成了自己的功利价值，可以说"文"的出现是荀子功利美学观之艺术追求的直接显现。

一　"美"的探问与"文"的提出

在文艺的整体观中，"美"是"文"的核心标的与文化旨归。对荀子之"美"这个命题的独特关注，在荀子的"文"论与真伪关系的争辩中得到了印证。在由"性恶"向"性善"的转向中荀子阐发了向"善"育"美"的伦理文化主题。他将学习、教化之后所呈现的功利之"美"作为导引以构筑其思想体系的文化脉络，与此同时也将"美"这个核心植入其文艺思想体系之中。荀子认为"美"是经过后天的雕饰、刻镂、外化之后的一种呈现，而在这个过程中，作为"美"之功利表现的"文"就自然产生了。由于荀子提出"美"的功利性征，因而"文"也是功利的，并附加了功利的价值与意义。在中国传统的艺术表现体系中，"美"呈现为两个不同的表现序列，一是先天自然质朴之美，一是后天人工雕琢之美，可以说"美"各具风貌，也形成了不同的价值认同。荀子主张"美"的功利本质，主张尚"文"，这一点与儒家本身的价值指向是一致的。

可以说，儒家的伦理思想体系是十分重视"文"的，从思想家所生存的时代来看周代尚"文"、从代表人物来看孔子亦尚"文"。《左传·襄公二十五年》中有对孔子"言之无文，行而不远"记述的征引，《周易·系辞传下》称赞《周易》"其旨远，其辞文"，《礼记·乐记》中有"五色成文"的记载，又说："凡音者，生人心者也。情动于中故形于声，声成文谓之音。"用"文"来概括视觉艺术、听觉艺术的审美本质，正可旁证"文"之于文学所表示的文学性的含义，"文"指艺术特征，也指文学性。而儒家思想在对"文"的关注中也表现了一种"人文精神"。儒家的人文精神源于《周易·贲卦·象传》："刚柔交错，天文也。文明以止，人文也。观乎天文以察时变，观乎人文以化成天下。"所谓"文治教化"或"以文教化"是后来"文化"的内涵，也是中国传统文化的基本精神，荀子所谓"观人文以教化天下，天下成其礼俗，乃圣人用贲之道也"之言亦深得《周易》精义。

　　追溯"文"的历史，可以发现"文"与"美"有着更为直接的关联。"文"在甲骨文字中已见，是一个象形字，表示在人身上刻画装饰性的花纹或花纹图案本身。《说文》有云："文，错画也，象交文。"就此张少康先生分析指出："由线条交错而形成的一种带有修饰性的形式。"[1] 由此可见，宽泛的"文"最初是与"美"的概念相接近的，也是一种"美"的目的与形式。"文"在其演变史中形成了多种语法意义：作为名词用，可谓文采；作为形容词用，可谓丰富多彩；作为动词用，可谓修饰。"文"可以引申为文献、礼乐等文化产物，也可以表现为文学性的自觉与审美意识的自觉，孔子评论古乐"韶""武"时，将美与善区分开来是自觉的审美意识在音乐中的反映，《荀子·非十二子》将批评的对象局限于不同派别的思想家，而不包括纯文学家屈原、宋玉等，也是文学性的自觉的表现。与文相关的"艺"是一种审美活动，《汉书·艺文志》将艺与文联系起来，而到刘勰的《文心雕龙》中"艺文"一词才专指具有审美性的文体。在后世文学的传承中，表达文学和文学性的主要词语就是"文"，而其也一直贯穿于中国文学理论批评发展的历程之中。

　　荀子延承儒家伦理思想体系，就"性恶"之说而进一步提出"文"，是将"文"作为一个相对独立的文化意义范畴提出来的。从"文"的思想理路，我们可以对荀子的思想进行美学定位。荀子在文论中多次论及"文"这个范畴，"性者，本始材朴也；伪者，文理隆盛也。无性则伪之无所加，无伪则性不能自美"[2]，这里的"文"，指的是人自觉的修养和行为。荀子的"文"是相对于"材朴"而言，人只有"化性起伪"，经过人性的改造，人的修养才能达到最高的境界，它强调人性经过改造后的结果。在此基础上，荀子进一步指出："夫人之情，目欲綦色，耳欲綦声，口欲綦味，鼻欲綦臭，心欲綦佚。此五綦者，人情之所必不免也。"[3] 荀子认为人的自然本性欲求与情感的本性需要是一致的，而这一切达到在礼义的规范限制之内的一个基本的要求就是经过外在教化之"文"。荀子"性恶"之说，并不是针对性本身来说的，而是针对人的自然欲求不加控制、规范所造成的社会后果来说的。这当然符合"文"的要求，荀子从"化性

①　张少康：《中国文学理论批评史》，北京大学出版社 2005 年版，第 11 页。
②　王先谦：《荀子集解》，中华书局 1988 年版，第 366 页。
③　同上书，第 211 页。

起伪"对人性的改造上来探寻"文"的审美内涵。

二　审美诉求与功利价值

荀子"文"论体系表现出独特的审美诉求,这也是价值愿望的直接显现。从人自觉的修养行为到具有内在约束力的文饰活动再到为政治社会服务的规定和文饰,荀子系统地探讨了"文"所产生的功利价值归属,可以说一方面表达了他对传统儒学的解剖与扬弃;而另一方面也确证了其思考的元点依然是"人"之性恶。

在对"美"的功利诉求中,"文"的意义与价值得以彰显。应该说,荀子对于"文"是十分重视的,在其整个文论体系中也表现了对"文"的无限崇尚,《荀子·宥坐》篇中有这样一段记述:

> 子贡观于鲁庙之北堂,出而问于孔子曰:"乡者赐观于太庙之北堂,吾亦未辍,还复瞻被九盖皆继,被有说邪?匠过绝邪?"孔子曰:"太庙之堂亦尝有说,官致良工,因丽节文,非无良材也,盖曰贵文也。"①

荀子对"文"的审美感召力量亦有充分的认识,他指出"文"在"美"的理念建构中的巨大作用,因此,其思想中有"贵文"的倾向。在此基础上,荀子又提出"夫声乐之入人也深,其化人也速,故先王谨为之文"的论断,但由于其将"审美文化"规范于"先王之道"的序列中,故其重在强调"先王谨为之文"的政道理论界定,而忽视了"审美文化"的相对独立价值。荀子所提出的"无伪,则性不能自美"之命题,用伦理学的讨论代替了美学的讨论,将"美"完全定位到伦理意义的"善"上,而将"文"的思想也完全纳入其伦理教化体系之中,并作为政治整合的工具使儒家美学染上了浓厚的功利主义色彩。

可以说,荀子之"文"是一种为政治教化服务的"纹饰"活动和人文制度,更是"礼""乐"之"文"。"文"之不同内容、不同意义的表现,形成了不同的文化意味,也形成了共同的功利价值。"文"由最初的巫术

---

① 王先谦:《荀子集解》,中华书局1988年版,第527—528页。

占卜等宗教迷信思想到人情化、人文化、表现化、艺术化的转化，由外在的"礼""乐"之"文"到君子内在的修、养之"文"的转换，都是主体"人"的修养、学习、受教的过程，也是从外在的强制性导化到内在的自觉性追求的性征转换过程。主体"人"以不断地修养求得人的道德的完满性，最终实现国家政局的安定和社会秩序的和谐。而"文"作为一种动态环境实现了人从社会的外在形式规定到精神状态的转变，并形成鲜活的生活气息与内在跃动的生命力，也折射出鲜明的人文主义光辉。这种人文主义精神对人内心的道德探索和外在的社会伦理探索并重，最终达成人心内在的道德感和外在社会的伦理秩序的相互和谐。可以说，"文"是对精神和情感的内在超越，也是对外界事物的外在超越，更是对"心"和"物"的双重超越。"文"的这种超越意识达到了心与物的相互和谐，亦足以催促和谐美善的社会伦理道德秩序的建构。

第二节　美的艺术架构与文采修饰

"美"的艺术构架问题就是"美"的审美呈现的诠释问题，而对于这一问题的阐释恰恰是明晰了"文"的具体表征，即建构"文"的表现论。荀子崇尚"文"，故修饰之"美"、人工之"美"、雕琢之"美"形成了荀子"美"学的价值尺度；而"文"也是一种"美"，谓"德厚而不捐，五采备而成文"① 恰恰成为此说之证。按照荀子的审美判断逻辑可以推知，社会中的普遍事物都应该经过人工的雕琢才能符合审美标准的"美"与尺度，而社会主体人也应该经过后天的雕琢与教化才能表现为"善"，才能够向善育"美"，荀子对这一点做了充分的诠释。荀子曾批评"墨子蔽于用而不知文"，从一定程度上说，这一点恰恰证明荀子是尚"文"的。在具体的阐释中，笔者以礼乐爱敬之"达"、饰美修身之"术"、巫祝卜筮之"重"、复情俱文之"悦"、文章辞彩之"华"与溢美通明之"治"这六个方面来诠释"文"的文化表征。

---

① 王先谦：《荀子集解》，中华书局 1988 年版，第 475 页。

一 礼乐爱敬之达

"礼"在荀子的功利视域中形成了一种"贵贱有等、长幼有序"的差序格局,"礼"之差等相异由"文"来诠释和表达。"文"在礼法世界中传达着"礼"的文化意蕴,是"礼乐"达于"爱敬"的表征,也在一定程度上代表着"礼"的修帧与节制。故《荀子·礼论》有云:"礼者,以财物为用,以贵贱为文,以多少为异,以隆杀为要。"①又云:"礼者断长续短,损有余,益不足,达爱敬之文,而滋成行义之美者也。"②而《荀子·大略》篇亦有云:"礼者,以财物为用,以贵贱为文,以多少为异。"③可以说,"文"是"礼"的表现,也是"礼"显于外的审美表达。荀子之"文"论体系,可定位为为政治教化服务的"纹饰"活动和人文制度,其"文"是审美之"文",也是文化之"文",更是"礼""乐"之"文"。《礼论》《乐论》两篇最能表达荀子之"文"的政治教化思想,"文"以表征形式抨击了墨子的"非乐"之说,捍卫了儒家所倡之"礼乐"之教;同时也维系了儒家设想的社会政治等级秩序,从一定意义上说,"文"也是"礼"制社会的等级外显化。

第一,荀子之"文"是"礼""乐"之"文"。而为政治教化所服务的"文饰"活动和人"文"制度,就是指"礼""乐"之"文"。在荀子的论述中数次以"礼义之文"与"情貌之变"并称,阐发了"文"作为"礼"之本体表现的意义所在。故《荀子·劝学》篇有云:

> 礼之敬文也,乐之中和也,诗、书之博也,春秋之微也,在天地之间者毕矣。④

《荀子·臣道》篇有云:

> 忠信以为质,端悫以为统,礼义以为文,伦类以为理,喘而言,

---

① 王先谦:《荀子集解》,中华书局1988年版,第357页。
② 同上书,第336页。
③ 同上书,第498页。
④ 同上书,第12页。

臑而动，而一可以为法则。①

《荀子·乐论》篇亦有相关论述：

荀子阐释了"文"与"礼""乐"之间密不可分的关系以及"礼""乐"对"文"的领属功能，所谓"忠顺而不懈""宽惠而有礼""敬爱而致文"所说的就是这个道理。而"此道也"即为"文"，能够"俱立而治""审之以礼"，实为"君子"之"于礼、敬安"的标志，也是"君子其身""谨修饰而不危"的症结所在。而正是由于"礼""乐""诗""书"与"文"之间的重要关联，才有了"夫声乐之入人也深，其化人也速，故先王谨为之文"的文化功利策略，可以说"乐"最容易为人所接受，也最容易感化人心，"礼""乐"的"教化"力量通过"文"发生作用转化为自觉的道德修养。因此先王制定音乐，寓意以"乐"之"文"达到人心和社会的和谐、稳定，这也是"礼乐"之"文"陶冶性情、消除混乱、稳定社会等级秩序的根本目的所在。

第二，荀子之"文"是"礼""乐"的文化表征。《荀子·礼论》篇有云：

礼者断长续短，损有余，益不足，达敬爱之文，而滋成行义之美者也。故文饰、麤恶，声乐、哭泣，恬愉、忧戚，是反也，然而礼兼而用之，时举而代御。故文饰、声乐、恬愉，所以持平奉吉也；麤恶、哭泣、忧戚，所以持险奉凶也。故其立文饰也，不至于窕冶；其立麤恶也，不至于瘠弃；其立声乐、恬愉也，不至于流淫、惰慢；其立哭泣、哀戚也，不至于隘慑伤生，是礼之中流也。②

《荀子·乐论》篇有云：

故乐者审一以定和者也，比物以饰节者也，合奏以成文者也；足以率一道，足以治万变。是先王立乐之术也。……且乐者，先王之所以饰喜也；军旅铁钺者，先王之所以饰怒也。先王喜怒皆得其齐焉。

---

① 王先谦：《荀子集解》，中华书局1988年版，第256页。
② 同上书，第363页。

是故喜而天下和之，怒而暴乱畏之。①

在"礼""乐"的论述中，荀子指出"文"对二者的文化表征作用。荀子以"文饰、声乐、恬愉、齺恶、哭泣、忧戚"并举来表征"礼之爱敬有达""美之滋成行义"，同时也阐明了"比物饰节""合奏成文"是"乐"之"审一定和"的表征。在此基础上，荀子提出自己的结论，即"饰动以礼义"，方可"听断以类，明振毫末，举措应变而不穷"，达到"王者之人"与"王者之制"的完美效果。

第三，荀子之"礼"可以说是"文"的最高标准，荀子也以此表征其思想体系的艺术追求。《荀子·不苟》篇有云："君子宽而不僈，廉而不刿，辩而不争，察而不激，直立而不胜，坚强而不暴，柔从而不流，恭敬谨慎而容。夫是之谓至文。"② 荀子认为"至文"方为"礼"的诠释，也是成就"君子"之"温温恭人"的道德基础。对于这一点《荀子·礼论》篇也论述道："故三年之丧，人道之至文者也，夫是之谓至隆。是百王之所同也，古今之所一也。"③ 又云："得之则治，失之则乱，文之至也。得之则安，失之则危，情之至也。"④ 所谓"人道"之"至文"，"文情"之"至"，都是对"至文"的诠释，而这些观点在司马迁的《史记·礼书》中也有相关的论述作为佐证。

第四，荀子对复"礼"之"文"是十分崇尚的，甚至将"文"推之于文化的最高地位，并具有创建性地强调了礼乐之"文"所产生的积极的社会功用。《荀子·大略》说："不时宜，不敬文，不欢欣，虽指非礼。"意在表明"文"是值得尊敬崇尚的。《荀子·仲尼》篇进一步指出："彼王者则不然：致贤而能以救不肖，致强而能以宽弱，战必能殆之而羞与之斗，委然成文，以示之天下，而暴国安自化矣。"⑤《荀子·富国》篇亦云："将修大小强弱之义，以持慎之，礼节将甚文，圭璧将甚硕，货赂将甚厚，所以说之者，必将雅文辩慧之君子也。"⑥ 其多重论述

---

① 王先谦：《荀子集解》，中华书局1988年版，第379—380页。
② 同上书，第527—528页。
③ 同上书，第374页。
④ 同上。
⑤ 同上书，第108页。
⑥ 同上书，第198页。

的核心就是强化"文"的核心地位，亦足见荀子对"文"的推重与崇尚。

第五，"文"是"礼"制社会的等级外显化。《荀子·致士》篇有云："程者，物之准也；礼者，节之准也；程以立数，礼以定伦，德以叙位，能以授官。凡节奏欲陵，而生民欲宽，节奏陵而文，生民宽而安；上文下安，功名之极也，不可以加矣。"①"礼"代表着一种社会的等级制度，也代表着一种节制，"文"是"礼"的表征，自然扮演着社会制度、等级外在彰显的角色，故行"礼"之"文"可以使"生民宽而安"，从而达到"上文下安，功名之极"的良好效果。

第六，荀子以"礼义文理"的观点为"礼"的核心内涵做出诠释。《荀子·性恶》篇有云：

> 人之性恶，其善者伪也。今人之性，生而有好利焉，顺是，故争夺生而辞让亡焉；生而有疾恶焉，顺是，故残贼生而忠信亡焉；生而有耳目之欲，有好声色焉，顺是，故淫乱生而礼义文理亡焉。然则从人之性，顺人之情，必出于争夺，合于犯分乱理，而归于暴。故必将有师法之化，礼义之道，然后出于辞让，合于文理，而归于治。用此观之，人之性恶明矣，其善者伪也。②
>
> 夫子之让乎父，弟之让乎兄，子之代乎父，弟之代乎兄，此二行者，皆反于性而悖于情也；然而孝子之道，礼义之文理也。③
>
> 假之人有弟兄资财而分者，且顺情性，好利而欲得，若是，则兄弟相拂夺矣；且化礼义之文理，若是则让乎国人矣。④

所谓"礼义文理"，就是对"礼"的诠释，"礼义"之"文理"就是"礼义"之"内蕴"，"人"需要"出于辞让，合于文理"，才能"归于治""合于礼"，而"孝子之道""兄弟之情"皆为"礼义"之"文理"，并从"性情"的角度提出观点贯穿其逻辑思想序列，故"性者，本始材朴也；伪者，文理隆盛也"。在此基础上，荀子又从反面论证，

---

① 王先谦：《荀子集解》，中华书局 1988 年版，第 262—263 页。
② 同上书，第 434—435 页。
③ 同上书，第 437 页。
④ 同上书，第 439 页。

做出"不重文饰""不行之文"的设想,《荀子·礼论》篇有云:"故事生不忠厚,不敬文,谓之野;送死不忠厚,不敬文,谓之瘠。"论述指出,如果不施文饰,就会导致"君子贱野而羞瘠"的不利后果。荀子还说:"故先王案为之立文,尊尊亲亲之义至矣","忠信爱敬之至矣,礼节文貌之盛矣","所致隆也,所致亲也,先王恐其不文也",可以说无论是"喜乐之文"还是"哀痛之文"或是"敦恶之文",包括"卜筮、视日、斋戒、修涂、几筵、馈荐、告祝、宴飨"等无不贯穿着"文"的印记,而这一切也表明荀子对"文"的审美价值与文化意义的重视,同时也彰显了"文"之于"礼"的重要性与不可或缺性。

二 饰美修身之术

"文"呈现了一种修饰之美,于器物是一种装帧修饰之术,于人则是一种修身律己的主体建构策略。在社会秩序的建构中,"文"发挥着重要的作用,可以说是既有装饰之意,又显示了修明政治的功能,更表现了一种外显于威仪的"人格美"。荀子以"文饰"为其"礼"论复证,完善其社会建设理想,在打造了"论礼乐,正身行,广教化,美风俗"社会建设效果之余又将关注的对象转向了社会的主体"人"。在这一层面上,荀子首先阐释了"文"对于"人"的外在修饰作用。《荀子·正论》篇有云:

> 衣被则服五采,杂间色,重文绣,加饰之以珠玉。①

《荀子·荣辱》篇有云:

> 人之情,食欲有刍豢,衣欲有文绣,行欲有舆马,又欲夫余财蓄积之富也,然而穷年累世不知不足,是人之情也。今人之生也,方知蓄狗猪彘,又蓄牛羊,然而食不敢有酒肉;余刀布,有囷窌,然而衣

---

① 王先谦:《荀子集解》,中华书局 1988 年版,第 333 页。

不敢有丝帛；约者有筐箧之藏，然而行不敢有舆马。①

《荀子·非相》篇有云：

> 今世俗之乱君，乡曲之儇子，莫不美丽姚冶，奇衣妇饰。②

所谓"衣有文绣""加饰珠玉""美丽姚冶""奇衣妇饰"无一不是"饰美修身之术"的审美实践。正是由于有了"文饰"的积极作用，才为"士君子"的修身之道提供了一条有效又依据明晰的出路。对于"君子"而言，其身的各个方面都要遵循"礼"的规约、符合社会的规范，饮食宴飨、服装配饰、行车舆马、生活器具、文化欣赏、仪仗声度……日常生活的凡此种种都需要躬行礼仪、引人效法、率先垂范，只有符合规定、严整合"礼"的修饰才是"美"的，才能够突出社会主体本身的意义和价值。但在荀子的美学观中，所谓"士君子"的修身之道并不是只包括简单的仪容修饰，还包括主体的内在修为，所谓"化性起伪"就是这个意思。在此基础上，荀子进一步指出"内外兼修"方为"君子"修身之道。《荀子·王制》篇有云：

> 殷之日，安以静兵息民，慈爱百姓，辟田野，实仓廪，便备用，安谨募选阅材伎之士；然后渐赏庆以先之，严刑罚以防之，择士之知事者使相率贯也，是以厌然畜积修饰而物用之足也。兵革器械者，彼将日日暴露毁折之中原，我将修饰之，拊循之，掩盖之于府库；货财粟米者，彼将日日栖迟薛越之中野，我今将畜积并聚之于仓廪。③

这里的"静兵息民"实为"安养"之意，而"治气养心"实为"修身"之术，所谓"修身养性"乃是君子修明律己、强健身心之策，也是缔造君子的一条必由之路。"修饰"与"修养"代表着"修身"的不同侧

① 王先谦：《荀子集解》，中华书局1988年版，第67页。
② 同上书，第76页。
③ 同上书，第173页。

面，在此基础上荀子阐发了"文""饰"之修所产生的巨大的"礼"化功能。《荀子·王制》篇有云：

> 故天之所覆，地之所载，莫不尽其美，致其用，上以饰贤良，下以养百姓而安乐之。夫是之谓大神。①

《荀子·君道》篇有云：

> 道者，何也？曰：君之所道也。君者，何也？曰：能群也。能群也者，何也？曰：善生养人者也，善班治人者也，善显设人者也，善藩饰人者也。善生养人者人亲之，善班治人者人安之，善显设人者人乐之，善藩饰人者人荣之。四统者俱，而天下归之，夫是之谓能群。不能生养人者，人不亲也；不能班治人者，人不安也；不能显设人者，人不乐也；不能藩饰人者，人不荣也。……修冠弁衣裳，黼黻文章，琱琢刻镂，皆有等差：是所以藩饰之也。②

从上述的论述中我们可以发现，君子之修"食饮、衣服、居处、动静，要由礼和节"，"容貌、态度、进退、趋行，要由礼愈雅"；只有"内外兼修"方能达到"修体恭敬而心忠信，术礼义而情爱人"的完美效果，这也是"夫士欲独修其身"的根本原因所在。而这一点的审美诉求究其源头还是荀子对"礼"的崇尚。

三 巫祝卜筮之重

在先秦诸子的文化思想体系中，巫祝、占卜、祭祀活动一直扮演着十分重要的角色，它们犹如一条生命的链条记忆着文化传承的信息符码。儒家文化表现出对宗教的关注意识，其自孔子始逐步将宗教的精神人性化与审美化。荀子并不信奉宗教信仰活动的超自然力量，而是认为其完全是一种人类自我的"文饰政事"，其作为具有审美意味的人文活动是一种审美

---

① 王先谦：《荀子集解》，中华书局 1988 年版，第 162 页。
② 同上书，第 237 页。

式的"文饰"。荀子所谓的"其在君子以为人道也，其在百姓以为鬼事也"就是这个意思。

荀子在《荀子·天论》篇论述道：

> 雩而雨，何也？曰：无何也，犹不雩而雨也。日月食而救之，天旱而雩，卜筮然后决大事，非以为得求也，以文之也。故君子以为文，而百姓以为神。以为文则吉，以为神则凶也。①

这里所说的"文"，就是指占卜行为本身的文化形式和文饰活动。荀子在这里自觉区分"文"和"神"的界限，赋予巫术占卜等宗教活动以"人文化"的意味，开始了由"巫"向"文"的转化，而这一点对后世文化的传承具有启发意义。

应该说，荀子美学体系中的闪耀一环就是他对"文"进行了审美化的诠释。对人性的以及未知世界的探问，对人生理想的希冀，对美好愿望的祝祷，对生命的本能欲求，对文化的审美想象，如此种种都涉及宗教与审美的关系，也对二者之间泾渭分明的关系搭建了一个桥梁，可以说，荀子对宗教的理解暗含有审美的情感。这一点在冯友兰先生的论述中得到了证实："吾人对待死者，若纯依理智，则为情感所不许；若专凭情感，则使人流于迷信，而妨碍进步。《荀子》及《礼记》中所说对待死者之道，则折中于此二者之间，兼顾理智与情感。依其所与之理论与解释，《荀子》及《礼记》中所说之丧礼祭礼，是诗与艺术而非宗教。其对待死者之态度，是诗的，艺术的，而非宗教的。"② 荀子认为，占卜行为和文饰活动具有艺术功能，也可以起到和化人群等积极的社会作用。

《荀子·大略》篇有云：

> 礼之大凡：事生，饰骧也；送死，饰哀也；军旅，施威也。③

---

① 王先谦：《荀子集解》，中华书局 1988 年版，第 316 页。
② 冯友兰：《中国哲学史》，中华书局 2003 年版，第 418 页。
③ 王先谦：《荀子集解》，中华书局 1988 年版，第 490 页。

《荀子·礼论》篇有云：

> 丧礼之凡：变而饰，动而远，久而平。故死之为道也，不饰则恶，恶则不哀，尒则翫，翫则厌，厌则忘，忘则不敬。一朝而丧其严亲，而所以送葬之者，不哀不敬，则嫌于禽兽矣，君子耻之。故变而饰，所以灭恶也；动而远，所以遂敬也；久而平，所以优生也。①

论述阐明了荀子对生死等不同行为对象的"占卜文饰"活动的态度，以及在部队行军打仗之中所发生的"文饰"活动的目的和要求。这些都是在"礼"的规约下实现的，但其目的却是"顺于人心"，所谓"礼以顺人心为本，故亡于礼经而顺于人心者，皆礼也"，荀子以"巫祝卜筮之重""合于人心之意"而形成其美学基点。

四　复情俱文之悦

"文"是一种情感的需要，也是一种情感的表征。可以说，"文"在情感逻辑的构链中扮演着重要的角色，"文"也与"情"形成了密不可分的关系。在荀子的论述中，多次以"文""情"并举。《荀子·礼论》篇有云：

> 称情而立文，因以饰群，别亲疏贵贱之节，而不可益损也。②

又云：

> 君者，辨之主也，文理之原也，情貌之尽也，相率而致隆之，不亦可乎?③

---

① 王先谦：《荀子集解》，中华书局 1988 年版，第 362 页。
② 同上书，第 372 页。
③ 同上书，第 376 页。

亦云：

> 得之则治，失之则乱，文之至也；得之则安，失之则危，情之
> 至也。①

　　所谓"称情立文""文理情貌""情文之至"，都阐明了"情"与"文"的关系，二者皆有表现表达之意，皆是对"礼"的表达，可谓互为诠释、合于一理。正如《荀子·礼论》所言："凡礼，始乎梲，成乎文，终乎悦校。故至备，情文俱尽；其次，情文代胜；其下，复情以归大一也。天地以合，日月以明，四时以序，星辰以行，江河以流，万物以昌，好恶以节，喜怒以当，以为下则顺，以为上则明，万变不乱，贰之则丧也。立隆以为极本末相顺，终始相应，至文以有别，至察以有说。"② 在"情""文"兼具之下，油然而生审美的愉悦。而这一点也在《史记·礼书》找到呼应式的论述："凡礼始乎脱，成乎文，终乎梲。故至备，情文俱尽；其次，情文代胜；其下，复情以归太一。天地以合，日月以明，四时以序，星辰以行，江河以流，万物以昌，好恶以节，喜怒以当。以为下则顺，以为上则明。……立隆以为极，而天下莫之能益损也。本末相顺，终始相应，至文有以辨，至察有以说。天下从之者治，不从者乱；从之者安，不从者危。小人不能则也。"③ 另外，值得指出的是，"文"可以说也是一种矫饰情性的有效措施。《荀子·儒效》篇就这一点进行了论述："以从俗为善，以货财为宝，以养生为己至道，是民德也。行法至坚，不以私欲乱所闻：如是，则可谓劲士矣。行法至坚，好修正其所闻，以桥饰其情性。"④ "文"与"饰"的审美建构作用是同一的，因而以"文"的功用使"情性"规约，可以从俗为善，以达德育之美，从而使整个社会的空气归于"和美愉悦"。

---

① 王先谦：《荀子集解》，中华书局1988年版，第374页。
② 同上书，第355页。
③ 司马迁：《史记》，中华书局1959年版，第1157页。
④ 王先谦：《荀子集解》，中华书局1988年版，第355页。

五　文章辞彩之华

荀子在自己的文艺实践中主张践行文章辞彩的华美，从而构筑起其对华丽之美的艺术追求。"文"在"礼义"的规约之下发生并形成其具有功利性征和作用的文艺观念，当然要符合其所存在的社会环境的道德约束，《荀子·大略》篇阐明了"文"的艺术能指："小雅不以于污上，自引而居下，疾今之政以思往者，其言有文焉，其声有哀焉。"① 荀子的论述逐层展开，由"礼义"之"文"切入"文学"之"文"、"文章"之"文"、"文辞"之"文"，以展示其思想体系之表征，彰显其"章华、辞彩、语丽、意美"的美学建构之道，而就"言辞"的艺术特征而论，"文"就是一种"文学性"。本书对这一问题的论证基于"文"的表现，主要以三个层次展开。第一，荀子之"文"是一种"文学"的表现。《荀子·性恶》篇有云：

> 今人之化师法，积文学，道礼义者为君子；纵性情，安恣睢，而违礼义者为小人。②

《荀子·大略》篇亦有云：

> 人之于文学也，犹玉之于琢磨也。诗曰："如切如磋，如琢如磨。"谓学问也。和之璧，井里之厥也，玉人琢之，为天子宝。子赣季路故鄙人也，被文学，服礼义，为天下列士。③

所谓"化师法，积文学，道礼义"是君子的审美表征，"文"的过程就是"学"的过程，荀子强调要通过后天的学习、教化来打造真正的"君子"。荀子认为"人"经历后天以"文"的过程就如同未经打磨的"璞玉"经历人工的雕琢钻磨一般，在论述中荀子以《诗经》之语为证，并以

---

① 王先谦：《荀子集解》，中华书局 1988 年版，第 511 页。
② 同上书，第 425 页。
③ 同上书，第 508 页。

"被文学，服礼义，为天下列士"作为结论。

第二，"文"是"文章"的直达者。在荀子的整部著作中，以"文章"为主题论域的论述就有十四处，"文"有纹饰之意，"章"的本意也是一种修饰之美的展现，作为一种外在的华美，亦呈现出彰显之意。《荀子·富国》篇有云：

> 古者先王分割而等异之也，故使或美或恶，或厚或薄，或佚或乐，或劬或劳，非特以为淫泰夸丽之声，将以明仁之文，通仁之顺也。故为之雕琢、刻镂、黼黻文章，使足以辨贵贱而已，不求其观；为之钟鼓、管磬、琴瑟、竽笙，使足以辨吉凶、合欢、定和而已，不求其余；为之宫室、台榭，使足以避燥湿、养德、辨轻重而已，不求其外。诗曰："雕琢其章，金玉其相，亹亹我王，纲纪四方。"此之谓也。①

又云：

> 若夫重色而衣之，重味而食之，重财物而制之，合天下而君之，非特以为淫泰也，固以为主天下，治万变，材万物，养万民，兼制天下者，为莫若仁人之善也夫。故其知虑足以治之，其仁厚足以安之，其德音足以化之，得之则治，失之则乱。百姓诚赖其知也，故相率而为之劳苦以务佚之，以养其知也；诚美其厚也，故为之出死断亡以覆救之，以养其厚也；诚美其德也，故为之雕琢、刻镂、黼黻、文章以藩饰之，以养其德也。……故先王圣人为之不然：知夫为人主上者，不美不饰之不足以一民也，不富不厚之不足以管下也，不威不强之不足以禁暴胜悍也。故必将撞大钟、击鸣鼓、吹笙竽、弹琴瑟以塞其耳，必将镂琢、刻镂、黼黻、文章以塞其目；必将刍豢稻粱、五味芬芳以塞其口。②

《荀子·王霸》篇有云：

① 王先谦：《荀子集解》，中华书局1988年版，第179—180页。
② 同上书，第180—181页。

故人之情，口好味而臭味莫美焉，耳好声而声乐莫大焉，目好色而文章致繁妇女莫众焉，形体好佚而安重闲静莫愉焉，心好利而谷禄莫厚焉。①

《荀子·非相》篇有云：

凡人莫不好言其所善，而君子为甚。故赠人以言，重于金石珠玉；观人以言，美于黼黻、文章；听人以言，乐于钟鼓琴瑟。故君子之于言无厌。鄙夫反是，好其实不恤其文，是以终身不免埤污佣俗。②

《荀子·儒效》篇有云：

井井兮其有理也，严严兮其能敬己也，分分兮其有终始也，猒猒兮其能长久也，乐乐兮其执道不殆也，照照兮其用知之明也，修修兮其用统类之行也，绥绥兮其有文章也，熙熙兮其乐人之臧也，隐隐兮其恐人之不当也：如是，则可谓圣人矣。③

在荀子看来，"文"与"章"的语义指向是一致的，"章"本来就是一种"彰显"于"外"的"华美"，以"文章"并举表达"雕琢""刻镂""黼黻""藻饰"之意。可以说"文章"是"明辨贵贱""克己复礼"的有效手段，是一种"装帧美饰"；"文章"可以表现人的声色欲望，也可以彰显"繁缛"之"美"；"文章"是一种臻"善"喻"美"的表征，也是成就"圣人"的重要策略。

第三，"文"是一种"文辞"的表现。荀子在其著述中明确表达了自己的语言观念，即讲求辞彩修饰、用词也臻于华美，所谓"缛彩镂金"的功利之美就是熔铸了社会人文的元素，建构的却是一条有别于老庄之"素朴自然"的美学理路。在"文辞"的艺术特征的表现中，"文"就是指文

① 王先谦：《荀子集解》，中华书局1988年版，第217页。
② 同上书，第83—84页。
③ 同上书，第131—132页。

学和文学性。正是有了这些辞彩的追求与修帧，才使"文"的内蕴得以显现，"章"的表达臻于完美。所谓"黼黻文章，雕琢刻镂，是以藩饰"就是这个意思。故《荀子·王制》篇有云：

> 论百工，审时事，辨功苦，尚完利，便备用，使雕琢文采不敢专造于家，工师之事也。①

《荀子·正名》篇也阐发了"文"的辩说力量和语言功能："故期命辨说也者，用之大文也"，并以此形成辉映式的论证。"文"在表意上可以成为一种命名的方式与策略，比如《诗经》中"小雅"的命名，则是这一点的实践。《荀子·儒效》篇论述道："故风之所以为不逐者，取是以节之也，小雅之所以为小雅者，取是而文之也，大雅之所以为大雅者，取是而光之也，颂之所以为至者，取是而通之也。天下之道毕是矣。"而"文"也可以代表一种谥号的美誉，《荀子·王霸》中与"齐桓、楚庄、吴阖闾、越勾践"并举的"晋文公"，《荀子·非相》篇中的周文王，都是有贤德有政绩的明君，因而可以用"文"来修饰。另外，值得指出的是，"文"从言语的层面来看也是"类"的一种表现，上文曾对"类"的语义范畴进行了论述，这里就不在详赘，《荀子·性恶》篇有云："多言则文而类，终日议其所以，言之千举万变，其统类一也：是圣人之知也。"荀子的论述意在说明"以文而类"，"以类而一"，方可成"圣人之知也"，是智慧的表现。

六　溢美通明之治

在儒家社会的人文秩序结构中，最为重要的是建构起政通人和的社会秩序，君主政绩通明，百姓安居乐业，这是社会生存的要求，同时也是评价君主政治成绩的有效标准。而社会的功利之"治"本身就是一种"文"的表征，这一点的完美施行可以形成良好的社会秩序，彰显修明政治的和谐之美。在社会秩序的建构中，"文"发挥着重要的作用。故《荀子·荣辱》篇有云：

---

① 王先谦：《荀子集解》，中华书局1988年版，第196页。

饰邪说，文奸言，为倚事，陶诞突盗，惕悍㤭暴，以偷生反侧于乱世之间，是奸人之所以取危辱死刑也。其虑之不深，其择之不谨，其定取舍楛僈，是其所以危也。①

今以夫先王之道，仁义之统，以相群居，以相持养，以相藩饰，以相安固邪。②

《荀子·非十二子》篇亦有云：

假今之世，饰邪说，文奸言，以枭乱天下，矞宇嵬琐使天下混然不知是非治乱之所在者，有人矣。③

荀子的论述反复论证了"纹饰"对修明政治的积极作用，正如荀子在《荀子·非十二子》篇中论述道："行辟而坚，饰非而好，玩奸而泽，言辩而逆，古之大禁"。荀子以"文饰"为其"礼"论复证，完善其"本政教""致隆高""綦文理""全道德""一天下""振毫末""服人心"之社会建设理想，达到"天下莫不顺比从服""黱然上下相信""天下莫之敢当"的社会效果，从而建构起"乡方略，审劳佚，谨畜积，修战备"及"论礼乐，正身行，广教化，美风俗"的社会修明之治。

在此基础上，荀子还提出了功利政道层面下的"合文通治"之说。《荀子·不苟》篇以君子小人相异之辩来确证这一观点。

《荀子·非十二子》篇亦云：

纵情性，安恣孳，禽兽行，不足以合文通治；然而其持之有故，其言之成理，足以欺惑愚众；是它嚣魏牟也。④

可以说，荀子提出"合文通治"所建构的正是一种"通明之治"，而这一点也是成就宗法社会"和合之美"的有效手段。

---

① 王先谦：《荀子集解》，中华书局 1988 年版，第 60—61 页。
② 同上书，第 65 页。
③ 同上书，第 89—90 页。
④ 同上书，第 91 页。

第三节 美之真纯"中和"与真伪之辩

在审"美"的阐释体系中，"美"的原初发生往往是同"真"与"善"结合在一起的。"美"展于外在，"真"藏于物内，而"善"则化于人心。由于儒家的文化思想体系是"入世"的，因而其功利之目标与审美之目标皆指涉人；"制人"之于主体之"美"的展现，要求内外兼修：外文而愈美，内文而愈善，从整体上表现出君子、致士的风格气度，这也是周代人始终不渝的审美追求。至此儒家"中和"之道方展现出"中和"之美，而这一点也在后世文学的传承中转变为对形质观的探问与名实观的引申探讨。此外，在相关论述中荀子也触及了"真"与"伪"的关系问题，是"去伪存真"还是据"真"存"伪"成为荀子建构"文质"论的焦点，也是其以人性论为缘起与孟子论争的矛盾所在。

一 主体之内在修养与人格气度

在"礼"的外在规定与主体修身的内在积极性的交互作用下，产生了战国时代独特的"人格美"理想，也熔铸了主体之"人格气度"的特定历史内涵；而这一点恰恰体现了"文"与"质"的相互作用以及二者对真纯之"美"的共同构建。君子之"修"表现了一种外显于威仪的"人格美"，也是一种社会的等级制度，《礼记·祭义》指出："致礼以治躬则庄敬，庄敬则威严。""治躬"即为"修身"，就是达到与其等级地位相适应的声威，显示与其社会地位相适应的"人格美"。可以说是外显于威仪的"人格美"之"文"与内寓于修身的"内美"之"质"的交互映衬凸显了社会主体"人"的价值与意义。《荀子·儒效》篇指出："君子务修其内而让之于外，务积德于身而处之以遵道。"① 可以说，在"内于修化"与"外于文饰"的共同作用下能够建构主体"人格气度"的典范，而在主体之内在修养和审美之外在表征的关系建构中也实现了"真纯中和"之

---

① 王先谦：《荀子集解》，中华书局1988年版，第128页。

"美"的价值系建构。

首先，主体的"内在修养"是"君子"修明律己、强健身心的重要策略，无论是"修己养身"还是"怡心养性"都说明了"养"的重要作用；在这里"养"被赋予了绝对的意义，是缔造"君子"的一条必由之路。"修饰"与"修养"代表着"修身"的不同侧面，"外文饰"而"内养心"实为成就"君子"扶携之策的必要途径，正如《荀子·修身》篇所云："凡治气养心之术，莫径由礼，莫要得师，莫神一好。"荀子认为，在君子修身的过程中，"养"与"文"都发挥着重要的作用，审美的建构通过以"礼"之"养"最终使"文饰"复归到"礼"的序列，而在尚"文"表"礼"的审美诉求中荀子也阐发了其对君子之"养"的充分认同：所谓"出死要节可以养生""出费用之可以养财""恭敬辞让可以养安"，足见"养"所产生的巨大的"礼"化功能。而《荀子·礼论》篇则对这一问题进行了较为集中的论述。

论述阐明了"礼者养也"的重要观点，一方面阐发了"养"重要的礼化功能；另一方面也明晰了"养"与"文"的互释的关系出来。可以说，修身之"养"和文饰之"文"是具有比同意义的。

其次，荀子认为"文"是"君子""致士"等有贤德的人修身以自养的标志，也是当时社会对上层贵族的生命个体所提出的重要要求。"人"只有经过"文"的修化才能够形成主体"至真""愈美"的"人格气度"，而这一点也是"君子"有别于"小人"的原因所在。

在此基础上，荀子以君子小人为例，并将"文"作为君子"通明"的标志，进行论述，展现了"君子"高尚典范的人格气度。可以说，较之传统的儒家思想理路，荀子并不执着于理想的复归，而是更关注社会的现实，他注重效果、期冀通过对现实的改造完成其人格理想的内在塑造。因此，荀子提出要从个体的修养做起，强调主动积极的内在修为，并通过后天的学习、教化、矫饰等有效的手段达到主体道德的"完满"，而这一点的功利旨归与"文"的审美欲求是一致的。在具体的论证中，荀子展开了自己的实践，在承认"人"天生欲望的合理性的前提下，追逐生命的理想，探寻人性的美质，节制欲望文饰人生，从而达到主体以及整个社会的"向善育美"的完满诠释。

二 "去伪存真"与据"真"存"伪"

在立论之初，笔者就将"真"与"伪"的关系问题纳入理论体系的观照视域之中。荀子之"文""质"论本身也包含着"真"与"伪"之关系的争辩。在"真"与"伪"的取舍上，荀子以另辟蹊径的视角表现出对传统理论视野的超越与突破，他提出了"去伪存真"和据"真"存"伪"两个相异而并行的观点，并依据具体情境进行具体的分析与阐释。在是"去伪存真"还是据"真"存"伪"的问题上荀子没有同一而论，他一方面表现出对传统视野里"真""质"之美的推崇；另一方面又在人性论的问题上大胆地提出了"性伪合"的观点，其论证体系的双重观照为"文理隆盛""性伪之美"的价值生成提供了理论的契机。荀子在《荀子·正论》篇中提出的"以伪饰性"的观点是文艺美学中一个大胆的设想，集中体现了荀子理论体系的逻辑周延；荀子没有单纯的提出观点，而是在观点的基础上力图找到有力的证据，使论证令人信服、合情合理，并以此出发构筑起荀子学术思想的完整体系。

应该说，在"美"的序列的构建与选择中，"去伪存真"是追求"美"、实现"美"的一个有效的手段，由"真"至于"善"而臻于"美"构成了一个逻辑判断序列，其能够为普遍的欣赏者所理解，也能够为传统的美学观念所接受。由于"伪"代表着虚伪、虚假、伪装、欺骗的原意，因而其与正统文艺观的接受认同序列存在着价值冲突。传统美学观认为"伪"可以带来阻塞、造成危险，也可以导致罪恶、欺诈善良，因此要"去伪存真"，这在荀子的论述中也有所体现。《荀子·性恶》篇有云：

> 今与不善人处，则所闻者欺诬诈伪也，所见者污漫淫邪贪利之行也，身且加于刑戮而不自知者，靡使然也。①

《荀子·宥坐》篇有云：

> 孔子曰："居，吾语女其故。人有恶者五，而盗窃不与焉：一曰

---

① 王先谦：《荀子集解》，中华书局1988年版，第449页。

心达而险，二曰行辟而坚，三曰言伪而辩，四曰记丑而博，五曰顺非而泽。此五者有一于人，则不得免于君子之诛，而少正卯兼有之。"①

论述表明，"伪"就是"不善"，就是"欺骗诬诈"，就是恶劣行为的突出表现，因此要"去伪存真"，这样才能向善育美。从这个意义上讲，"伪"与"真"是相对的，存"真"则要弃"伪"，而以"真诚"则可以窥见事物的内敛，以"真质"则可以诠释文化的精髓，荀子在《乐论》篇中指出要"着诚去伪"，方可成"礼之经也"所说的就是这个道理。在此基础上，荀子以辩证的思维建构起"真"与"伪"的逻辑模式体系，其提出的据"真"存"伪"的思想形成了对传统美学观念的超越。这里的据"真"是荀子的学术目的，即为了追求"善"实现"美"所构建的理论前提，而实现这个前提的有效手段就是存"伪"，据此"真"与"伪"之间看似不可调和的矛盾在荀子的思想体系中得到"调和"，而这一点也恰恰是荀子论证体系的有趣与独特之处。荀子立"伪"据"真"，而"伪"较之传统视野的审美观照也发生了意义的转移，其论证主要从三个层面展开。

其一，荀子提出"性伪之分"。荀子认为"伪"对于"人性"是一种"文"的表现，因而对"伪"的意义进行了美学的定位。《荀子·正名》篇有云：

> 散名之在人者：生之所以然者谓之性；性之和所生，精合感应，不事而自然谓之性。性之好、恶、喜、怒、哀、乐谓之情。情然而心为之择谓之虑。心虑而能为之动谓之伪。虑积焉，能习焉，而后成谓之伪。②

荀子在论述中首先明确了"性"之未经雕琢的原始意义，在完成"性"的定义的基础上以"好、恶、喜、怒、哀、乐"为"情"之表征，并指出"情然"而"心虑"，"心虑"而"能伪"；而在这一逻辑发生序列的指涉下，生命的个体须经过后天的教化、积虑、学习等一系列"文"的

---

① 王先谦：《荀子集解》，中华书局1988年版，第521页。
② 同上书，第412页。

修饰才能够达到"人性"之"伪"，才能够实现"修身"之"美"。在阐明了"伪"是对"人性"的"文饰"活动之后，荀子进一步指出"性"与"伪"之间的关联："性者、本始材朴也；伪者、文理隆盛也"，"性"是未经雕琢的天然本"质"，而"伪"则是雕琢"文理"的外在显现，这体现了二者的对立关系。《荀子·性恶》篇有云：

> 是不及知人之性，而不察乎人之性伪之分者也。凡性者，天之就也，不可学，不可事。礼义者，圣人之所生也，人之所学而能，所事而成者也。不可学，不可事，而在人者，谓之性；可学而能，可事而成之在人者，谓之伪。是性伪之分也。①

荀子在论述中阐发了"性伪之分"的观点，其对于"性者，天之就也"以及"伪者，人之所学也"的论述阐明了"性"与"伪"之间的对立关系。而"性"之所存、"性"之美现又恰恰是依靠人之所"伪"，而这一点也体现了"性"与"伪"之间的统一关系。所谓"无性则伪之无所加，无伪则性不能自美"就直观地表达了荀子对"伪"所产生的审美作用的充分肯定，与此同时荀子也提出了"性伪合一"之说，为其观点复证。《荀子·礼论》篇有云：

> 性伪合，然后成圣人之名，一天下之功于是就也。故曰：天地合而万物生，阴阳接而变化起，性伪合而天下治。②

其二，荀子阐明了"善者伪也"的观点。荀子在《荀子·性恶》之开篇就抛出了自己的观点："人之性恶，其善者伪也。"荀子指出"今人之性，生而有好利"，所以要以"师法之化，礼义之道"来节制"人性之恶"，使"人性"趋于"善"，从而使整个社会能够"出于辞让，合于文理，而归于治"，在这一逻辑的推演之下，荀子再次申明"用此观之，人之性恶明矣，其善者伪也"的理论观点，而在《荀子·性恶》篇中荀子也从不同侧面论证了这一观点：

---

① 王先谦：《荀子集解》，中华书局 1988 年版，第 435—436 页。
② 同上书，第 366 页。

今人之化师法，积文学，道礼义者为君子；纵性情，安恣睢，而违礼义者为小人。用此观之，人之性恶明矣，其善者伪也。①

然而孝子之道，礼义之文理也。故顺情性则不辞让矣，辞让则悖于情性矣。用此观之，人之性恶明矣，其善者伪也。②

人无礼义则乱，不知礼义则悖。然则性而已，则悖乱在己。用此观之，人之性恶明矣，其善者伪也。③

若是，则夫强者害弱而夺之，众者暴寡而哗之，天下悖乱而相亡，不待顷矣。用此观之，然则人之性恶明矣，其善者伪也。④

故隐栝之生，为枸木也；绳墨之起，为不直也；立君上，明礼义，为性恶也。用此观之，然则人之性恶明矣，其善者伪也。⑤

直木不待隐栝而直者，其性直也。枸木必将待隐栝、烝矫、然后直者，以其性不直也。今人之性恶，必将待圣王之治，礼义之化，然后始出于治，合于善也。用此观之，人之性恶明矣，其善者伪也。⑥

荀子首先从"君子之道""孝子之道"所表征的社会现实出发，层层深入地进行论证，并得出了"用此观之，人之性恶明矣，其善者伪也"的结论；接着荀子又按照其理论逻辑脉络进行推论，提出"人无礼义之文"就必然会导致个体之"性"的丧失以及整个社会秩序的"混乱"与"争夺"，从相反的方面论证了"用此观之，人之性恶明矣，其善者伪也"的观点；再有，荀子运用类比论证的方法，以"隐栝之生"与"绳墨之起"作比，阐述后天的矫饰、修正、教化的重要作用，也从另一个层面肯定了"圣王之治，礼义之化"的重要作用及其所产生的"始出于治，合于善也"的功利效果，再一次申明了"善者伪也"的观点。

其三，荀子对"礼义积伪"的观点进行了论证。荀子的论述进一步阐释了"礼"之"文"与"性"之"伪"的同一关系。荀子认为"化性起

---

① 王先谦：《荀子集解》，中华书局 1988 年版，第 435 页。
② 同上书，第 436 页。
③ 同上书，第 439 页。
④ 同上书，第 441 页。
⑤ 同上。
⑥ 同上。

伪"，"伪起而生礼义"，故《荀子·性恶》篇有云：

> 故圣人化性而起伪，伪起而生礼义，礼义生而制法度。然则礼义法度者，是圣人之所生也。故圣人之所以同于众，其不异于众者，性也；所以异而过众者，伪也。①

荀子指出："凡礼义者，是生于圣人之伪"，他以陶器、木器等生活工具为例说明人工之"伪"在其生成过程中的重要作用，并进一步指出圣人所制定的礼义、法度皆受益于后天之伪，故"圣人积思虑，习伪故，以生礼义而起法度，然则礼义法度者，是生于圣人之伪"，而"目好色，耳好听，口好味，心好利，骨体肤理好愉佚"皆是"性伪"之不同表征，必"待事而后然者"方可"谓之生于伪"。而这些表征的积习发生，也自然生成了"礼义积伪"的文化性征。《荀子·性恶》篇有云：

> 问者曰："礼义积伪者，是人之性，故圣人能生之也。"应之曰：是不然。夫陶人埏埴而生瓦，然则瓦埴岂陶人之性也哉？工人斫木而生器，然则器木岂工人之性也哉？夫圣人之于礼义也，辟则陶埏而生之也，然则礼义积伪者，岂人之本性也哉？凡人之性者，尧舜之与桀跖，其性一也；君子之与小人，其性一也。今将以礼义积伪为人之性邪？然则有曷贵尧、禹，曷贵君子矣哉？凡贵尧禹君子者，能化性，能起伪，伪起而生礼义。然则圣人之于礼义积伪也，亦犹陶埏而为之也。用此观之，然则礼义积伪者，岂人之性也哉？所贱于桀、跖、小人者，从其性，顺其情，安恣睢，以出乎贪利争夺。故人之性恶明矣，其善者伪也。天非私曾、骞、孝己而外众人也，然而曾、骞、孝己独厚于孝之实，而全于孝之名者，何也？以綦于礼义故也。天非私齐、鲁之民而外秦人也，然而于父子之义，夫妇之别，不如齐、鲁之孝具敬父者，何也？以秦人从情性，安恣睢，慢于礼义故也，岂其性异矣哉！②

---

① 王先谦：《荀子集解》，中华书局1988年版，第438页。
② 同上书，第441—442页。

在论述中，荀子数次提出"礼义积伪"的观点，为"性恶"之"文"正名。

三 "情文兼备"之下的审美愉悦

荀子以"人性"为出发建构自己的"文"论体系，在"情""文"的争辩中阐释了"情""文"兼具的模式之美以及"文""质"同一所形成的审美愉悦。正如《荀子·礼论》所说："凡礼，始乎棁，成乎文，终乎悦校。故至备，情文俱尽。"应该说，荀子在阐发了"文"的本体论、发生论与表现论之后，又进一步阐释了"文"社会功能论，并以此为切口建构了"质"这个文艺美学范畴。"质"寓于"内"在，达于"心"境，取"真"于"情"，寓意于"普"：可以说，"质"是一种"真"存在，是一种天然的"质"朴、朴素而未经功利的雕琢；同时"质"也是一种"真情"，是真实的情感流露与内心的表达，而寓于内心的情感是一种纯真的"美"；"质"还是一种"内在"的象征，在文艺美学思想体系的建构中"质"也成为直白而真实的表现。"情志观"和"形质观"分别从两个层面展开对"质"之素朴的关注。

（一）情志观

荀子对"情"这一文艺美学的核心范畴较为关注。"情"是指向主体内心世界的情感、意志和欲望，是主体"人"的实质与真面目，也包含事物本身所呈现的真情实况，"情"指涉好、恶、喜、怒、哀、乐等不同的诉求，当然也包括"情欲"的成分。荀子认为"情"与"志"之间存在着重要的关联，可以说"情"与"质"的范畴旨域是一致的，"情"是"志"的一个具体的文化表征，荀子以"情志"并举完善其美学观照体系，体现了其美学观的艺术理想与文化追求。

第一，荀子在"情志"观的建构中，以"情性"为切口开启论述。荀子指出："生之所以然者谓之性。"这里的"性"，就是人的自然天性，就是人与生俱来的自然欲求。而在荀子的视野里，"情"就是最质朴的"性"，荀子主张"情""性"本于"心志"，并主张"情""性"合一。荀子将其"情欲"观建构在"性恶"论的基础上，认为人的自然欲望"饥而欲饱，寒而欲暖，劳而欲休"就是"情性"的直接体现。同时，荀子指出"礼义"之"文"在"情质"观的建构中产生了"矫饰性情""扰化性情"的积极作用，这一点荀子在《荀子·性恶》篇中论述道："起礼义，制法度，以矫饰人之情性而正之，以扰化人之情性而导之也，始皆出于治，合于道者也。"①

第二，荀子在"情志"的主题下，提出"情貌"并论的思想。《荀子·礼论》有云："故情貌之变，足以别吉凶，明贵贱亲疏之节，期止矣。"②《荀子·大略》篇也论述道："文貌情用，相为内外表里。礼之中焉，能思索谓之能虑。"③ 荀子之"情"为"内在"之"里""用"，而"貌"是"外在"之"表"征，"情"为"志"而"貌"为"文"。荀子认为"礼义之文""孝子之情"皆为君子之表征，他还列举了"忧愉之情"发于"颜色""声音""食饮""衣服""居处"等，并呈现出了不同情况，并得出了"非顺孰修为之君子，莫之能知"的结论。

第三，荀子提出了"文理情用"的思想。《荀子·礼论》篇有云：

> 礼者，以财物为用，以贵贱为文，以多少为异，以隆杀为要。文理繁，情用省，是礼之隆也。文理省，情用繁，是礼之杀也。文理情用相为内外表墨，并行而杂，是礼之中流也。④

又云：

> 三年之丧，何也？曰：称情而立文，因以饰群，别亲疏贵贱之节，而不可益损也。⑤

荀子以"文理情用"为"礼"之内外表里，并指出"文理"之繁复、"情用"之节省为"礼"之隆盛的表现，对"文"与"情"的关系做了进一步诠释。可以说，荀子以"称情立文"之说诠释了其"情""文"合一观。

---

① 王先谦：《荀子集解》，中华书局1988年版，第435页。
② 同上书，第364页。
③ 同上书，第497页。
④ 同上书，第357页。
⑤ 同上书，第372页。

（二）形质观

荀子认为，"文质"之争也就是"形志"之辩，即主体的内在修养和审美的外在表征之间的关系，在文学艺术的表现体系中也可以视为形式与内容的关系。荀子力图在自己的文论体系中，形成所谓的"文质"合一观，即达到内容与形式的和谐统一。所谓"形"，是人或事物的外在表征，《荀子·非相》指出："长短大小，美恶形相。"可以说，"形"既有"形象"的整体意义，又有"外形"（"外型"）、"形体"的特征，包含形状、颜色以及事物外显的状态，当然这些都包含着"文"的成分，而"形"也在视觉审美视野中形成独特的感官判断、价值判断与审美认同。在这一功能的指涉下，荀子首先论述了"形"的本体意义。《荀子·正名》篇有云：

> 形体、色、理以目异，声音清浊、调竽奇声以耳异，甘、苦、咸、淡、辛、酸、奇味以口异，香、臭、芬、郁、腥、臊、洒、酸、奇臭以鼻异，疾、痒、沧、热、滑、铍、轻、重以形体异，说、故、喜、怒、哀、乐、爱、恶、欲以心异。心有征知。征知则缘耳而知声可也，缘目而知形可也。①

其次，荀子指出"形"对"乐"之审美有重要的建构作用。《荀子·乐论》篇有云：

> 夫乐者，乐也，人情之所必不免也故人不能无乐。乐则必发于声音，形于动静，而人之道，声音、动静、性术之变尽是矣。故人不能不乐，乐则不能无形，形而不为道，则不能无乱。②

《荀子·正名》篇有云：

> 今圣王没，名守慢，奇辞起，名实乱，是非之形不明，则虽守法之吏，诵数之儒，亦皆乱也。若有王者起，必将有循于旧名，有作于

---

① 王先谦：《荀子集解》，中华书局1988年版，第416—417页。
② 同上书，第379页。

新名。然则所为有名，与所缘以同异，与制名之枢要，不可不察也。①

　　所谓"乐则不能无形"与"形不明"，都说明了"形"的重要性，"礼"和"乐"都需要"形"也都复以"形"，甚至"道"都要依靠"形"，故荀子在《荀子·天论》中指出"天职既立，天功既成，形具而神生"的重要性，以及"好恶喜怒哀乐"皆有其"形"，"耳目鼻口形能各有接而不相能"是为缘"天官"之事实。

　　再次，荀子阐发了主体之"心志"与审美之外"形"之间的关系。《荀子·不苟》篇有云：

　　　　君子养心莫善于诚，致诚则无它事矣。惟仁之为守，惟义之为行。诚心守仁则形，形则神，神则能化矣。诚心行义则理，理则明，明则能变矣。②

　　　　善之为道者，不诚则不独，不独则不形，不形则虽作于心，见于色，出于言，民犹若未从也；虽从必疑。③

《荀子·非相》篇有云：

　　　　故相形不如论心，论心不如择术。形不胜心，心不胜术。术正而心顺之，则形相虽恶而心术善，无害为君子也；形相虽善而心术恶，无害为小人也。君子之谓吉，小人之谓凶。故长短、小大、善恶形相，非吉凶也。④

　　荀子认为"心"是发挥主体能动作用的核心动力元素，只用擅"养心"方可"向善"也才能"致诚"。而"心""形""神""化"组成了一个逻辑关系构链，所以要"明善道""行教化"就必须"守心""致形"，使"心"明于内之"志"，"形"化于外之"表相"，故"古之人无有也，

①　王先谦：《荀子集解》，中华书局1988年版，第414页。
②　同上书，第46页。
③　同上书，第47—48页。
④　同上书，第72—73页。

学者不道也"①。在《荀子·正名》中荀子还提出了"异形离心交喻"②的观点,"形"与"心"的相异与疏离,必然导致"名实异物"的后果,也使整个社会秩序陷入"贵贱不明,同异不别"的不利境遇。

最后,荀子提出"至道大形",将"形"复归到其功利之"道"的整体序列之中,为"形"之功利化思想的建构进一步正名。荀子指出:"至道大形,隆礼至法则国有常,尚贤使能则民知方,纂论公察则民不疑,赏克罚偷则民不怠,兼听齐明则天下归之。然后明分职,序事业,材技官能,莫不治理,则公道达而私门塞矣,公义明而私事息矣:如是,则德厚者进而佞说者止,贪利者退而廉节者起。"③荀子在"隆礼重法治国"的论述中将"形"的功能发挥到极致,所谓"大形"无极,故此为"谓政教之极"。在此基础上,荀子还论述道:"故天子不视而见,不听而聪,不虑而知,不动而功,块然独坐而天下从之如一体,如四肢之从心。夫是之谓大形。"④其观点认为"至道大形"的主旨在于建构"君道",即君主要具备不用目看则见、不用耳听则闻、不用思考则知道、不用行动则建功立业的能力,做到"从心"而持,这样才是"大形"之"道"的最高境界。

---

① 王先谦:《荀子集解》,中华书局1988年版,第72页。
② 同上书,第415页。
③ 同上书,第238—239页。
④ 同上书,第239页。

第五章　诗意与和谐：荀子引《诗》及其学理分析

本章以"诗意"与"和谐"为论域，集中阐发荀子引《诗》及其相关学理问题；具体的分析阐释从荀子引诗、荀子论诗、荀子诗论、荀子诗学观四个层面展开。在论述与研究中，以荀子诗学的意象之美、言语之美与境界之美透射荀学思想的功能之美、艺术之美与"和谐"之美，进一步构筑了荀子诗学与荀子诗论的系统研究，完善了荀子思想的文化诠释与审美赋格。从春秋赋诗言志，到大量著作中引诗论事、引诗论理、以诗证我的出现，"诗"已经作为一个核心观照视域被纳入文艺论证的体系，而"引诗说理"恰恰是荀子重要的话语方式与论证逻辑。"诗意"之象与"和谐"之美诠释的是荀子诗学观的核心指向，而引诗、论诗、证诗以及诗意表现等也作为具体范畴解析荀子的诗学体系，其在融入儒家经典诗学范本传承序列的同时，也完善了这一问题的文学史史学价值与思考。可以说，荀子对"诗"的理解充满了浓厚的理论色彩，而荀子诗学所建构的社会人伦秩序与"和谐"世界也成为荀子思想及其价值研究的延伸。

第一节　《荀子》引诗与文本传统

荀子全书三十二篇，"引诗"共计有八十三处之多，可以说，在先秦诸子的著述中，荀子引诗从体量上看可谓蔚为壮观，也是数量较多的一个。几乎在重点论题或是论点的论述中，荀子都要征引《诗经》中的诗句作为论证的依据来导引结论。荀子引诗形成了自己的方法，通常的做法是在论述中首先进行论述阐释自己的观点，然后征引诗句加以证明，在此基础上以"此之谓也"的按语作结来收束论述,荀子"引诗"不但开启了"宗经、征圣、明道"之一派学风,更大倡了"引诗为证"的审美风气。应该说,荀子引诗数量之丰、范围之广、方法之灵活多样,已成为先秦文学史中一个"别样"的"景观",也是笔者在进行研究的过程中所关注的重点。为研究、考证与论述的方便,笔者依据荀子引诗每一篇的目次、引文以及出处整理成表5—1"荀子引诗表",又依据《荀子》引诗的具体情况与《诗经》原文的诗句呈现作对比形成表5—2"荀子引诗对照表",另外,还有表5—3"荀子引诗分析表"可以作为相关研究的佐证,完成对荀子引诗之诗意应用的分析与阐释;笔者亦将表5—1"荀子引诗表"、表5—2"荀子引诗对照表"以及表5—3"荀子引诗分析表"附于其下,以供研究参见。

表 5—1 　　　　　　　　　　　　荀子引诗表

篇名	引诗目次	引诗内容
劝学	3	诗曰:"嗟尔君子,无恒安息。靖共尔位,好是正直。神之听之,介尔景福。"(第3页) 诗曰:"尸鸠在桑,其子七兮。淑人君子,其仪一兮。其仪一兮,心如结兮。"(第10页) 诗曰:"匪交匪舒,天子所予。"(第18页)
修身	3	诗曰:"噏噏呰呰,亦孔之哀。谋之其臧,则具是违;谋之不臧,则具是依。"(第21页) 诗曰:"礼仪卒度,笑语卒获。"(第23页) 诗云:"不识不知,顺帝之则。"(第34页)
不苟	3	诗曰:"物其有矣,惟其时矣。"(第39页) 诗曰:"温温恭人,惟德之基。"(第41页) 诗曰:"左之左之,君子宜之;右之右之,君子有之。"(第42页)
荣辱	1	诗曰:"受小共大共,为下国骏蒙。"(第71页)
非相	2	诗曰:"雨雪瀌瀌,宴然聿消,莫肯下隧,式居屡骄。"(第68页) 诗曰:"徐方既同,天子之功。"(第86页)

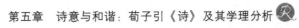

续表

篇名	引诗目次	引诗内容
非十二子	2	诗云："匪上帝不时，殷不用旧；虽无老成人，尚有典刑；曾是莫听，大命以倾。"（第100页） 诗云："温温恭人，维德之基。"（第102页）
仲尼	1	诗云："媚兹一人，应侯顺德，永言孝思，昭哉嗣服。"（第110页）
儒效	6	诗曰："自西自东，自南自北，无思不服。"（第121页） 诗曰："为鬼为蜮，则不可得，有腼面目，视人罔极。作此好歌，以极反侧。"（第125页） 诗曰："鹤鸣于九皋，声闻于天。"（第128页） 诗曰："民之无良，相怨一方，受爵不让，至于己斯亡。"（第129页） 诗曰："平平左右，亦是率从。"（第129页） 诗曰："维此良人，弗求弗迪；唯彼忍心，是顾是复。民之贪乱，宁为荼毒。"（第144页）
王制	1	诗曰："天作高山，大王荒之；彼作矣，文王康之。"（第162页）
富国	6	诗曰："雕琢其章，金玉其相，亹亹我王，纲纪四方。"（第180页） 诗曰："我任我辇，我车我牛，我行既集，盖云归哉！"（第181页） 诗曰："无言不雠，无德不报。"（第183页） 诗曰："钟鼓喤喤，管磬玱玱，降福穰穰，降福简简，威仪反反。既醉既饱，福禄来反。"（第187页） 诗曰："天方荐瘥，丧乱弘多，民言无嘉，憯莫惩嗟。"（第188页） 诗曰："淑人君子，其仪不忒；其仪不忒，正是四国。"（第199页）
王霸	2	诗云："如霜雪之将将，如日月之光明，为之则存，不为则亡。"（第210页） 诗曰："自西自东，自南自北，无思不服。"（第215页）
君道	4	诗曰："王犹允塞，徐方既来。"（第232页） 诗曰："介人维藩，大师为垣。"（第236页） 诗曰："温温恭人，维德之基。"（第239页） 诗曰："济济多士，文王以宁。"（第245页）

解蔽与重构

续表

篇名	引诗目次	引诗内容
臣道	4	诗曰："国有大命，不可以告人，妨其躬身。"（第252页） 诗曰："不敢暴虎，不敢冯河。人知其一，莫知其它。战战兢兢，如临深渊，如履薄冰。"（第255页） 诗曰："不僭不贼，鲜不为则。"（第256页） 诗曰："受小球大球，为下国缀旒。"（第257页）
致士	2	诗曰："惠此中国，以绥四方。"（第260页） 诗曰："无言不雠，无德不报。"（第264页）
议兵	4	诗曰："武王载发，有虔秉钺；如火烈烈，则莫我敢遏。"（第270页） 诗曰："自西自东，自南自北，无思不服。"（第279页） 诗曰："淑人君子，其仪不忒，其仪不忒，正是四国。"（第280页） 诗曰："王犹允塞，徐方既来。"（第288页）
强国	2	诗曰："价人维藩，大师维垣。"（第300页） 诗曰："德輶如毛，民鲜克举之。"（第305页）
天论	2	诗曰："天作高山，大王荒之。彼作矣，文王康之。"（第311页） 诗曰："礼义之不愆，何恤人之言兮！"（第312页）
正论	2	诗曰："明明在下。"（第322页） 诗曰："下民之孽，匪降自天。噂沓背憎，职竞由人。"（第338页）
礼论	3	诗曰："礼仪卒度，笑语卒获。"（第358页） 诗曰："怀柔百神，及河乔岳。"（第366页） 诗曰："恺悌君子，民之父母。"（第374页）
乐论	0	
解蔽	4	诗曰："凤凰秋秋，其翼若干，其声若箫。有凤有凰，乐帝之心。"（第389页） 诗云："采采卷耳，不盈倾筐。嗟我怀人，真彼周行。"（第398页） 诗云："墨以为明，狐狸而苍。"（第410页） 诗云："明明在下，赫赫在上。"（第410页）

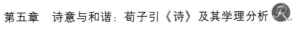

续表

篇名	引诗目次	引诗内容
正名	3	诗曰："颙颙卬卬，如圭如璋，令闻令望，岂弟君子，四方为纲。"（第424页） 诗曰："长夜漫兮，永思骞兮，大古之不慢兮，礼义之不愆兮，何恤人之言兮！"（第425页） 诗曰："为鬼为蜮，则不可得。有靦面目，视人罔极。作此好歌，以极反侧。"（第426页）
性恶	0	
君子	3	诗曰："普天之下，莫非王土；率土之滨，莫非王臣。"（第450页） 诗曰："百川沸腾，山冢崒崩，高岸为谷，深谷为陵。哀今之人，胡憯莫惩！"（第452页） 诗曰："淑人君子，其仪不忒；其仪不忒，正是四国。"（第454页）
成相	0	
赋篇	0	
大略	12	诗曰："颠之倒之，自公召之。"（第486页） 诗曰："我出我舆，于彼牧矣。自天子所，谓我来矣。"（第486页） 诗曰："物其指矣，唯其偕矣。"（第488页） 诗曰："饮之食之，教之海之。"（第499页） 诗曰："我言维服，勿用为笑。先民有言，询于刍荛。"（第499页） 诗曰："如切如磋，如琢如磨。"（第508页） 诗曰："无将大车，维尘冥冥。"（第514页） 诗云："温恭朝夕，执事有恪。"（第509页） 诗云："孝子不匮，永锡尔类。"（第510页） 诗云："刑于寡妻，至于兄弟，以御于家邦。"（第510页） 诗云："朋友攸摄，摄以威仪。"（第510页） 诗云："昼尔于茅，宵尔索绹，亟其乘屋，其始播百谷。"（第510页）

篇名	引诗目次	引诗内容
宥坐	4	诗曰："忧心悄悄，愠于群小。小人成群，斯足忧也。"（第521页） 诗曰："尹氏大师，维周之氏；秉国之均，四方是维；天子是庳，卑民不迷。"（第523页） 诗曰："周道如砥，其直如矢。君子所履，小人所视。眷焉顾之，潸焉出涕。"（第524页） 诗曰："瞻彼日月，悠悠我思。道之云远，曷云能来。"（第524页）
子道	1	诗曰："孝子不匮。"（第530页）
法行	2	诗曰："涓涓源水，不雝不塞。毂已破碎，乃大其辐。事已败矣，乃重太息。"（第534页） 诗曰："言念君子，温其如玉。"（第536页）
哀公	0	
尧问	1	诗曰："既明且哲，以保其身。"（第553页）
合计	83	

注：【1】本表选篇顺序依据王先谦的《荀子集解》的篇目次序。

【2】本表所标注的引诗语句出处，其页码依据王先谦先生的《荀子集解》，中华书局1988年版。

表5—2　　　　　　　　　　荀子引诗对照表

诗句出处	引诗篇目	《荀子》文本引诗	《诗经》文本元典
国风·周南·卷耳	解蔽	诗云："采采卷耳，不盈倾筐。嗟我怀人，寘彼周行。"	采采卷耳，不盈顷筐。嗟我怀人，置彼周行
国风·邶风·柏舟	宥坐	诗曰："忧心悄悄，愠于群小。"	忧心悄悄，愠于群小。觏闵既多，受侮不少。静言思之，寤辟有摽

续表

诗句出处	引诗篇目	《荀子》文本引诗	《诗经》文本元典
国风·邶风·雄雉	宥坐	诗曰："瞻彼日月，悠悠我思。道之云远，曷云能来！"	瞻彼日月，悠悠我思。道之云远，曷云能来
国风·卫风·淇澳	大略	诗曰："如切如磋，如琢如磨。"	瞻彼淇奥，绿竹猗猗。有匪君子，如切如磋，如琢如磨，瑟兮僩兮，赫兮咺兮。有匪君子，终不可谖兮
国风·齐风·东方未明	大略	诗曰："颠之倒之，自公召之。"	东方未明，颠倒衣裳。颠之倒之，自公召之
国风·秦风·小戎	法行	诗曰："言念君子，温其如玉。"	小戎俴收，五楘梁辀。游环胁驱，阴靷鋈续。文茵畅毂，驾我骐馵。言念君子，温其如玉。在其板屋，乱我心曲
*国风·曹风·尸鸠	劝学	诗曰："尸鸠在桑，其子七兮。淑人君子，其仪一兮。其仪一兮，心如结兮。"	尸鸠在桑，其子七兮。淑人君子，其仪一兮。其仪一兮，心如结兮
*国风·曹风·尸鸠	富国	诗曰："淑人君子，其仪不忒；其仪不忒，正是四国。"	尸鸠在桑，其子在棘。淑人君子，其仪不忒。其仪不忒，正是四国
*国风·曹风·尸鸠	议兵	诗曰："淑人君子，其仪不忒。"	尸鸠在桑，其子在棘。淑人君子，其仪不忒。其仪不忒，正是四国
*国风·曹风·尸鸠	君子	诗曰："淑人君子，其仪不忒；其仪不忒，正是四国。"	尸鸠在桑，其子在棘。淑人君子，其仪不忒。其仪不忒，正是四国
国风·豳风·七月	大略	诗云："昼尔于茅，宵尔索绹，亟其乘屋，其始播百谷。"	九月筑场圃，十月纳禾稼。黍稷重穋，禾麻菽麦。嗟我农夫，我稼既同，上入执宫功。昼尔于茅，宵尔索绹，亟其乘屋，其始播百谷

诗句出处	引诗篇目	《荀子》文本引诗	《诗经》文本元典
小雅·鹿鸣之什·出车	大略	诗曰："我出我车，于彼牧矣。自天子所，谓我来矣。"	我出我车，于彼牧矣。自天子所，谓我来矣。召彼仆夫，谓之载矣。王事多难，维其棘矣
*小雅·鹿鸣之什·鱼丽	不苟	诗曰："物其有矣，惟其时矣。"	物其多矣，维其嘉矣！物其旨矣，维其偕矣！物其有矣，维其时矣
小雅·鹿鸣之什·鱼丽	大略	诗曰："物其指矣，唯其偕矣。"	物其多矣，维其嘉矣！物其旨矣，维其偕矣！物其有矣，维其时矣
小雅·鸿雁之什·鹤鸣	儒效	诗曰："鹤鸣于九皋，声闻于天。"	鹤鸣于九皋，声闻于天。鱼在于渚，或潜在渊。乐彼之园，爰有树檀，其下维谷。他山之石，可以攻玉
小雅·节南山之什·节南山	富国	诗曰："天方荐瘥，丧乱弘多，民言无嘉，憯莫惩嗟。"	节彼南山，有实其猗。赫赫师尹，不平谓何。天方荐瘥，丧乱弘多。民言无嘉，憯莫惩嗟
小雅·节南山之什·节南山	宥坐	诗曰："尹氏大师，维周之氐；秉国之均，四方是维；天子是庳，卑民不迷。"	尹氏大师，维周之氐；秉国之钧，四方是维。天子是毗，俾民不迷。不吊昊天，不宜空我师
*小雅·节南山之什·十月之交	正论	诗曰："下民之孽，匪降自天。噂沓背憎，职竞由人。"	黾勉从事，不敢告劳。无罪无辜，谗口嚣嚣。下民之孽，匪降自天。噂沓背憎，职竞由人
*小雅·节南山之什·十月之交	君子	诗曰："百川沸腾，山冢崒崩，高岸为谷，深谷为陵。哀今之人，胡憯莫惩！"	烨烨震电，不宁不令。百川沸腾，山冢崒崩。高岸为谷，深谷为陵。哀今之人，胡憯莫惩
*小雅·节南山之什·小旻	修身	诗曰："嗡嗡訾訾，亦孔之哀。谋之其臧，则具是违；谋之不臧，则具是依。"	潝潝訾訾，亦孔之哀。谋之其臧，则具是违。谋之不臧，则具是依。我视谋犹，伊于胡底

诗句出处	引诗篇目	《荀子》文本引诗	《诗经》文本元典
*小雅·节南山之什·小旻	臣道	诗曰："不敢暴虎，不敢冯河。人知其一，莫知其它。战战兢兢，如临深渊，如履薄冰。"	不敢暴虎，不敢冯河。人知其一，莫知其他。战战兢兢，如临深渊，如履薄冰
*小雅·节南山之什·何人斯	儒效	诗曰："为鬼为蜮，则不可得，有腼面目，视人罔极。作此好歌，以极反侧。"	为鬼为蜮，则不可得。有腼面目，视人罔极。作此好歌，以极反侧
*小雅·节南山之什·何人斯	正名	诗曰："为鬼为蜮，则不可得。有腼面目，视人罔极。作此好歌，以极反侧。"	为鬼为蜮，则不可得。有腼面目，视人罔极。作此好歌，以极反侧
小雅·谷风之什·大东	宥坐	诗曰："周道如砥，其直如矢。君子所履，小人所视。眷焉顾之，潸焉出涕。"	有饛簋飧，有捄棘匕。周道如砥，其直如矢。君子所履，小人所视。眷言顾之，潸焉出涕
小雅·谷风之什·北山	君子	诗曰："普天之下，莫非王土；率土之滨，莫非王臣。"	溥天之下，莫非王土；率土之滨，莫非王臣。大夫不均，我从事独贤
小雅·谷风之什·无将大车	大略	诗曰："无将大车，维尘冥冥。"	无将大车，维尘冥冥。无思百忧，不出于颎
小雅·谷风之什·小明	劝学	诗曰："嗟尔君子，无恒安息。靖共尔位，好是正直。神之听之，介尔景福。"	嗟尔君子，无恒安息。靖共尔位，好是正直。神之听之，介尔景福
*小雅·谷风之什·楚茨	修身	诗曰："礼仪卒度，笑语卒获。"	执爨踖踖，为俎孔硕，或燔或炙。君妇莫莫，为豆孔庶。为宾为客，献酬交错。礼仪卒度，笑语卒获。神保是格，报以介福，万寿攸酢

诗句出处	引诗篇目	《荀子》文本引诗	《诗经》文本元典
*小雅·谷风之什·楚茨	礼论	诗曰："礼仪卒度，笑语卒获。"	执爨踖踖，为俎孔硕，或燔或炙。君妇莫莫，为豆孔庶。为宾为客，献酬交错。礼仪卒度，笑语卒获。神保是格，报以介福，万寿攸酢
小雅·甫田之什·裳裳者华	不苟	诗曰："左之左之，君子宜之；右之右之，君子有之。"	左之左之，君子宜之。右之右之，君子有之。维其有之，是以似之
*小雅·鱼藻之什·采菽	劝学	诗曰："匪交匪舒，天子所予。"	赤芾在股，邪幅在下。彼交匪纾，天子所予。乐只君子，天子命之。乐只君子，福禄申之
*小雅·鱼藻之什·采菽	儒效	诗曰："平平左右，亦是率从。"	维柞之枝，其叶蓬蓬。乐只君子，殿天子之邦。乐只君子，万福攸同。平平左右，亦是率从
*小雅·鱼藻之什·角弓	非相	诗曰："雨雪瀌瀌，宴然聿消，莫肯下隧，式居屡骄。"	雨雪瀌瀌，见晛日消。莫肯下遗，式居娄骄
*小雅·鱼藻之什·角弓	儒效	诗曰："民之无良，相怨一方，受爵不让，至于己斯亡。"	民之无良，相怨一方。受爵不让，至于己斯亡
小雅·鱼藻之什·黍苗	富国	诗曰："我任我辇，我车我牛，我行既集，盖云归哉。"	我任我辇，我车我牛。我行既集，盖云归哉
小雅·鱼藻之什·绵蛮	大略	诗曰："饮之食之，教之诲之。"	绵蛮黄鸟，止于丘阿。道之云远，我劳如何。饮之食之，教之诲之。命彼后车，谓之载之。 绵蛮黄鸟，止于丘隅。岂敢惮行，畏不能趋。饮之食之。教之诲之。命彼后车，谓之载之。 绵蛮黄鸟，止于丘侧。岂敢惮行，畏不能极。饮之食之，教之诲之。命彼后车，谓之载之

续表

诗句出处	引诗篇目	《荀子》文本引诗	《诗经》文本元典
大雅·文王之什·文王	君道	诗曰："济济多士，文王以宁。"	世之不显，厥犹翼翼。思皇多士，生此王国。王国克生，维周之桢；济济多士，文王以宁
*大雅·文王之什·大明	正论	诗曰："明明在下。"	明明在下，赫赫在上。天难忱斯，不易维王。天位殷适，使不挟四方
*大雅·文王之什·大明	解蔽	诗云："明明在下，赫赫在上。"	明明在下，赫赫在上。天难忱斯，不易维王。天位殷适，使不挟四方
大雅·文王之什·棫朴	富国	诗曰："雕琢其章，金玉其相，亹亹我王，纲纪四方。"	追琢其章，金玉其相。勉勉我王，纲纪四方
大雅·文王之什·思齐	大略	诗云："刑于寡妻，至于兄弟，以御于家邦。"	惠于宗公，神罔时怨，神罔时恫。刑于寡妻，至于兄弟，以御于家邦
大雅·文王之什·皇矣	修身	诗云："不识不知，顺帝之则。"	帝谓文王：予怀明德，不大声以色，不长夏以革。不识不知，顺帝之则。帝谓文王：詢尔仇方，同尔弟兄。以尔钩援，与尔临冲，以伐崇墉
大雅·文王之什·下武	仲尼	诗云："媚兹一人，应侯顺德，永言孝思，昭哉嗣服。"	媚兹一人，应侯顺德。永言孝思，昭哉嗣服
*大雅·文王之什·文王有声	儒效	诗曰："自西自东，自南自北，无思不服。"	镐京辟雍，自西自东，自南自北，无思不服。皇王烝哉
*大雅·文王之什·文王有声	王霸	诗曰："自西自东，自南自北，无思不服。"	镐京辟雍，自西自东，自南自北，无思不服。皇王烝哉

诗句出处	引诗篇目	《荀子》文本引诗	《诗经》文本元典
*大雅·文王之什·文王有声	议兵	诗曰："自西自东，自南自北，无思不服。"	镐京辟雍，自西自东，自南自北，无思不服。皇王烝哉
*大雅·生民之什·既醉	大略	诗云："孝子不匮，永锡尔类。"	威仪孔时，君子有孝子。孝子不匮，永锡尔类
*大雅·生民之什·既醉	大略	诗云："朋友攸摄，摄以威仪。"	其告维何？笾豆静嘉。朋友攸摄，摄以威仪
*大雅·生民之什·既醉	子道	诗曰："孝子不匮。"	威仪孔时，君子有孝子。孝子不匮，永锡尔类
大雅·生民之什·泂酌	礼论	诗曰："恺悌君子，民之父母。"	泂酌彼行潦，挹彼注兹，可以餴饎。岂弟君子，民之父母
大雅·生民之什·卷阿	正名	诗曰："颙颙卬卬，如圭如璋，令闻令望，岂弟君子，四方为纲。"	颙颙卬卬，如圭如璋，令闻令望。岂弟君子，四方为纲
大雅·生民之什·民劳	致士	诗曰："惠此中国，以绥四方。"	民亦劳止，汔可小康。惠此中国，以绥四方。无纵诡随，以谨无良。式遏寇虐，憯不畏明。柔远能迩，以定我王
*大雅·生民之什·板	君道	诗曰："价人维藩，大师为垣。"	价人维藩，大师维垣，大邦维屏，大宗维翰，怀德维宁，宗子维城。无俾城坏，无独斯畏
*大雅·生民之什·板	强国	诗曰："价人维藩，大师维垣。"	价人维藩，大师维垣，大邦维屏，大宗维翰，怀德维宁，宗子维城。无俾城坏，无独斯畏

续表

诗句出处	引诗篇目	《荀子》文本引诗	《诗经》文本元典
*大雅· 生民之什·板	大略	诗曰："我言维服，勿用为笑。先民有言，询于刍荛。"	我虽异事，及尔同僚。我即尔谋，听我嚣嚣。我言维服，勿以为笑。先民有言，询于刍荛
*大雅· 荡之什·荡	非十二子	诗云："匪上帝不时，殷不用旧。虽无老成人，尚有典刑；曾是莫听，大命以倾。"	文王曰咨，咨女殷商。匪上帝不时，殷不用旧。虽无老成人，尚有典刑。曾是莫听，大命以倾
*大雅· 荡之什·荡	强国	诗曰："德𫐓如毛，民鲜克举之。"	人亦有言，德𫐓如毛，民鲜克举之。我仪图之，维仲山甫举之。爱莫助之。衮职有阙，维仲山甫补之
*大雅· 荡之什·抑	不苟	诗曰："温温恭人，惟德之基。"	荏染柔木，言缗之丝。温温恭人，维德之基。其维哲人，告之话言，顺德之行。其维愚人，覆谓我僭。民各有心
*大雅· 荡之什·抑	非十二子	诗云："温温恭人，维德之基。"	荏染柔木，言缗之丝。温温恭人，维德之基。其维哲人，告之话言，顺德之行。其维愚人，覆谓我僭。民各有心
*大雅· 荡之什·抑	富国	诗曰："无言不雠，无德不报。"	无易由言，无曰苟矣，莫扪朕舌，言不可逝矣。无言不仇，无德不报。惠于朋友，庶民小子。子孙绳绳，万民靡承
*大雅· 荡之什·抑	臣道	诗曰："不僭不贼，鲜不为则。"	辟尔为德，俾臧俾嘉。淑慎尔止，不愆于仪。不僭不贼，鲜不为则。投我以桃，报之以李。彼童而角，实虹小子
*大雅· 荡之什·抑	君道	诗曰："温温恭人，维德之基。"	荏染柔木，言缗之丝。温温恭人，维德之基。其维哲人，告之话言，顺德之行。其维愚人，覆谓我僭。民各有心
*大雅· 荡之什·抑	致士	诗曰："无言不雠，无德不报。"	无易由言，无曰苟矣，莫扪朕舌，言不可逝矣。无言不仇，无德不报。惠于朋友，庶民小子。子孙绳绳，万民靡承

续表

诗句出处	引诗篇目	《荀子》文本引诗	《诗经》文本元典
大雅·荡之什·桑柔	儒效	诗曰："维此良人，弗求弗迪；唯彼忍心，是顾是复。民之贪乱，宁为荼毒。"	维此良人，弗求弗迪。维彼忍心，是顾是复。民之贪乱，宁为荼毒
大雅·荡之什·烝民	尧问	诗曰："既明且哲，以保其身。"	肃肃王命，仲山甫将之。邦国若否，仲山甫明之。既明且哲，以保其身。夙夜匪解，以事一人
*大雅·荡之什·常武	非相	诗曰："徐方既同，天子之功。"	王犹允塞，徐方既来。徐方既同，天子之功。四方既平，徐方来庭。徐方不回，王曰还归
*大雅·荡之什·常武	君道	诗曰："王犹允塞，徐方既来。"	王犹允塞，徐方既来。徐方既同，天子之功。四方既平，徐方来庭。徐方不回，王曰还归
*大雅·荡之什·常武	议兵	诗曰："王犹允塞，徐方既来。"	王犹允塞，徐方既来。徐方既同，天子之功。四方既平，徐方来庭。徐方不回，王曰还归
周颂·清庙之什·天作	王制	诗曰："天作高山，大王荒之；彼作矣，文王康之。"	天作高山，大王荒之。彼作矣，文王康之。彼徂矣，岐有夷之行。子孙保之
周颂·清庙之什·天作	天论	诗曰："天作高山，大王荒之。彼作矣，文王康之。"	天作高山，大王荒之。彼作矣，文王康之。彼徂矣，岐有夷之行。子孙保之
周颂·清庙之什·时迈	礼论	诗曰："怀柔百神，及河乔岳。"	时迈其邦，昊天其子之，实右序有周。薄言震之，莫不震叠。怀柔百神，及河乔岳，允王维后。明昭有周，式序在位。载戢干戈，载櫜弓矢。我求懿德，肆于时夏，允王保之

诗句出处	引诗篇目	《荀子》文本引诗	《诗经》文本元典
周颂·清庙之什·执竞	富国	诗曰："钟鼓喤喤，管磬玱玱，降福穰穰，降福简简，威仪反反。既醉既饱，福禄来反。"	执竞武王，无竞维烈。不显成康，上帝是皇。自彼成康，奄有四方，斤斤其明。钟鼓喤喤，磬筦将将，降福穰穰。降福简简，威仪反反。既醉既饱，福禄来反
商颂·长发	荣辱	诗曰："受小共大共，为下国骏蒙。"	受小共大共，为下国骏厖。何天之龙，敷奏其勇。不震不动，不戁不竦，百禄是总
商颂·长发	臣道	诗曰："受小球大球，为下国缀旒。"	受小球大球，为下国缀旒，何天之休。不竞不絿，不刚不柔。敷政优优，百禄是遒
商颂·长发	议兵	诗曰："武王载发，有虔秉钺；如火烈烈，则莫我敢遏。"	武王载旆，有虔秉钺。如火烈烈，则莫我敢曷。苞有三蘖，莫遂莫达。九有有截，韦顾既伐，昆吾夏桀
商颂·那	大略	诗云："温恭朝夕，执事有恪。"	猗与那与！置我鞉鼓。奏鼓简简，衎我烈祖。汤孙奏假，绥我思成。鞉鼓渊渊，嘒嘒管声。既和且平，依我磬声。于赫汤孙！穆穆厥声。庸鼓有斁，万舞有奕。我有嘉客，亦不夷怿。自古在昔，先民有作。温恭朝夕，执事有恪，顾予烝尝，汤孙之将
逸诗	王霸	诗云："如霜雪之将将，如日月之光明，为之则存，不为则亡。"	
逸诗	臣道	诗曰："国有大命，不可以告人，妨其躬身。"	
逸诗	天论	诗曰："何恤人之言兮！"	

续表

诗句出处	引诗篇目	《荀子》文本引诗	《诗经》文本元典
逸诗	解蔽	诗曰："凤凰秋秋，其翼若干，其声若箫。有凤有凰，乐帝之心。"	
逸诗	解蔽	诗云："墨以为明，狐狸而苍。"	
逸诗	正名	诗曰："长夜漫兮，永思骞兮，大古之不慢兮，礼义之不愆兮，何恤人之言兮！"	
逸诗	法行	诗曰："涓涓源水，不雝不塞。毂已破碎，乃大其辐。事已败矣，乃重太息。"	

注：【1】本表的列篇顺序依据今传本《毛诗》篇目次序，因"逸诗"非出于《毛诗》，故列于《毛诗》篇目之后。

【2】在《国风》《小雅》《大雅》《颂》和"逸诗"每一部分中的选篇顺序依据王先谦先生的《荀子集解》的篇目次序。

【3】每一部分中重复征引同一首诗作之处，在原诗篇目之前以＊标记。

表5—3   **荀子引诗分析表**

引诗篇目	诗经篇目	《荀子》引文	引诗百分比数据分析（%）	意义应用对比分析	文字引用同异度对比	标点符号引用同异度对比
解蔽	国风·周南·卷耳	诗云："采采卷耳，不盈倾筐。嗟我怀人，寘彼周行。"	100	缩小义	异	同
宥坐	国风·邶风·柏舟	诗曰："忧心悄悄，愠于群小。"	33	引申义	同	同

续表

引诗篇目	诗经篇目	《荀子》引文	引诗百分比数据分析（%）	意义应用对比分析	文字引用同异度对比	标点符号引用同异度对比
宥坐	国风·邶风·雄雉	诗曰："瞻彼日月，悠悠我思。道之云远，曷云能来！"	100	别义	同	异
大略	国风·卫风·淇澳	诗曰："如切如磋，如琢如磨。"	18	比况义	同	异
大略	国风·齐风·东方未明	诗曰："颠之倒之，自公召之。"	50	别义	同	同
法行	国风·秦风·小戎	诗曰："言念君子，温其如玉。"	20	比喻义	同	同
劝学	*国风·曹风·鸤鸠	诗曰："尸鸠在桑，其子七兮。淑人君子，其仪一兮。其仪一兮，心如结兮。"	100	本义	异	同
富国	*国风·曹风·鸤鸠	诗曰："淑人君子，其仪不忒；其仪不忒，正是四国。"	75	别义	同	异
议兵	*国风·曹风·鸤鸠	诗曰："淑人君子，其仪不忒。"	33	本义	同	同
君子	*国风·曹风·鸤鸠	诗曰："淑人君子，其仪不忒；其仪不忒，正是四国。"	75	本义	同	异
大略	国风·豳风·七月	诗云："昼尔于茅，宵尔索绹，亟其乘屋，其始播百谷。"	18	别义	同	同

引诗篇目	诗经篇目	《荀子》引文	引诗百分比数据分析（%）	意义应用对比分析	文字引用同异度对比	标点符号引用同异度对比
大略	小雅·鹿鸣之什·出车	诗曰："我出我车，于彼牧矣。自天子所，谓我来矣。"	50	本义	异	同
不苟	*小雅·鹿鸣之什·鱼丽	诗曰："物其有矣，惟其时矣。"	25	比喻义	异	异
大略	小雅·鹿鸣之什·鱼丽	诗曰："物其指矣，唯其偕矣。"	25	引申义	同	异
儒效	小雅·鸿雁之什·鹤鸣	诗曰："鹤鸣于九皋，声闻于天。"	20	比喻义	同	同
富国	小雅·节南山之什·节南山	诗曰："天方荐瘥，丧乱弘多，民言无嘉，憯莫惩嗟。"	50	本义	异	异
宥坐	小雅·节南山之什·节南山	诗曰："尹氏大师，维周之氏；秉国之均，四方是维；天子是庳，卑民不迷。"	75	本义	异	异
正论	*小雅·节南山之什·十月之交	诗曰："下民之孽，匪降自天。噂沓背憎，职竞由人。"	50	本义	同	同
君子	*小雅·节南山之什·十月之交	诗曰："百川沸腾，山冢崒崩，高岸为谷，深谷为陵。哀今之人，胡憯莫惩！"	50	引申义	异	异

续表

引诗篇目	诗经篇目	《荀子》引文	引诗百分比数据分析（％）	意义应用对比分析	文字引用同异度对比	标点符号引用同异度对比
修身	＊小雅·节南山之什·小旻	诗曰："噏噏呰呰，亦孔之哀。谋之其臧，则具是违；谋之不臧，则具是依。"	100	本义	异	异
臣道	＊小雅·节南山之什·小旻	诗曰："不敢暴虎，不敢冯河。人知其一，莫知其它。战战兢兢，如临深渊，如履薄冰。"	100	本义	异	异
儒效	＊小雅·节南山之什·何人斯	诗曰："为鬼为蜮，则不可得，有靦面目，视人罔极。作此好歌，以极反侧。"	100	比喻义	异	异
正名	＊小雅·节南山之什·何人斯	诗曰："为鬼为蜮，则不可得。有靦面目，视人罔极。作此好歌，以极反侧。"	100	别义	异	同
宥坐	小雅·谷风之什·大东	诗曰："周道如砥，其直如矢。君子所履，小人所视。眷焉顾之，潸焉出涕。"	75	比喻义	异	同
君子	小雅·谷风之什·北山	诗曰："普天之下，莫非王土；率土之滨，莫非王臣。"	75	本义	异	同
大略	小雅·谷风之什·无将大车	诗曰："无将大车，维尘冥冥。"	50	引申义	同	同

引诗篇目	诗经篇目	《荀子》引文	引诗百分比数据分析（%）	意义应用对比分析	文字引用同异度对比	标点符号引用同异度对比
劝学	小雅·谷风之什·小明	诗曰："嗟尔君子，无恒安息。靖共尔位，好是正直。神之听之，介尔景福。"	100	比喻义	同	同
修身	*小雅·谷风之什·楚茨	诗曰："礼仪卒度，笑语卒获。"	16	本义	同	同
礼论	*小雅·谷风之什·楚茨	诗曰："礼仪卒度，笑语卒获。"	16	本义	同	同
不苟	小雅·甫田之什·裳裳者华	诗曰："左之左之，君子宜之；右之右之，君子有之。"	75	本义	同	异
劝学	*小雅·鱼藻之什·采菽	诗曰："匪交匪舒，天子所予。"	25	引申义	异	同
儒效	*小雅·鱼藻之什·采菽	诗曰："平平左右，亦是率从。"	25	本义	同	同
非相	*小雅·鱼藻之什·角弓	诗曰："雨雪瀌瀌，宴然聿消，莫肯下隧，式居屡骄。"	100	比喻义	异	异
儒效	*小雅·鱼藻之什·角弓	诗曰："民之无良，相怨一方，受爵不让，至于己斯亡。"	100	本义	异	异
富国	小雅·鱼藻之什·黍苗	诗曰："我任我辇，我车我牛，我行既集，盖云归哉。"	100	引申义	同	异

续表

引诗篇目	诗经篇目	《荀子》引文	引诗百分比数据分析（%）	意义应用对比分析	文字引用同异度对比	标点符号引用同异度对比
大略	小雅·鱼藻之什·绵蛮	诗曰："饮之食之，教之诲之。"	8	引申义	同	同
君道	大雅·文王之什·文王	诗曰："济济多士，文王以宁。"	25	本义	同	同
正论	*大雅·文王之什·大明	诗曰："明明在下。"	17	本义	同	异
解蔽	*大雅·文王之什·大明	诗云："明明在下，赫赫在上。"	33	本义	同	同
富国	大雅·文王之什·棫朴	诗曰："雕琢其章，金玉其相，亹亹我王，纲纪四方。"	100	别义	异	异
大略	大雅·文王之什·思齐	诗云："刑于寡妻，至于兄弟，以御于家邦。"	50	引申义	同	同
修身	大雅·文王之什·皇矣	诗云："不识不知，顺帝之则。"	17	比喻义	同	同
仲尼	大雅·文王之什·下武	诗云："媚兹一人，应侯顺德，永言孝思，昭哉嗣服。"	100	比喻义	同	同
儒效	*大雅·文王之什·文王有声	诗曰："自西自东，自南自北，无思不服。"	80	本义	同	异

引诗篇目	诗经篇目	《荀子》引文	引诗百分比数据分析（％）	意义应用对比分析	文字引用同异度对比	标点符号引用同异度对比
王霸	＊大雅·文王之什·文王有声	诗曰："自西自东，自南自北，无思不服。"	60	本义	同	同
议兵	＊大雅·文王之什·文王有声	诗曰："自西自东，自南自北，无思不服。"	60	本义	同	同
大略	＊大雅·生民之什·既醉	诗云："孝子不匮，永锡尔类。"	50	引申义	同	同
大略	＊大雅·生民之什·既醉	诗云："朋友攸摄，摄以威仪。"	50	引申义	同	同
子道	＊大雅·生民之什·既醉	诗曰："孝子不匮。"	25	本义	同	异
礼论	大雅·生民之什·泂酌	诗曰："恺悌君子，民之父母。"	40	别义	异	异
正名	大雅·生民之什·卷阿	诗曰："颙颙卬卬，如圭如璋，令闻令望，岂弟君子，四方为纲。"	100	本义	同	异
致士	大雅·生民之什·民劳	诗曰："惠此中国，以绥四方。"	20	引申义	同	同

续表

引诗篇目	诗经篇目	《荀子》引文	引诗百分比数据分析（%）	意义应用对比分析	文字引用同异度对比	标点符号引用同异度对比
君道	*大雅·生民之什·板	诗曰："介人维藩，大师为垣。"	25	本义	异	异
强国	*大雅·生民之什·板	诗曰："价人维藩，大师维垣。"	25	本义	异	异
大略	*大雅·生民之什·板	诗曰："我言维服，勿用为笑。先民有言，询于刍荛。"	50	引申义	异	同
非十二子	*大雅·荡之什·荡	诗云："匪上帝不时，殷不用旧。虽无老成人，尚有典刑；曾是莫听，大命以倾。"	75	本义	同	异
强国	*大雅·荡之什·荡	诗曰："德輶如毛，民鲜克举之。"	25	引申义	同	同
不苟	*大雅·荡之什·抑	诗曰："温温恭人，惟德之基。"	20	比况义	同	同
非十二子	*大雅·荡之什·抑	诗云："温温恭人，维德之基。"	20	比况义	同	同
富国	*大雅·荡之什·抑	诗曰："无言不雠，无德不报。"	20	引申义	同	同
臣道	*大雅·荡之什·抑	诗曰："不僭不贼，鲜不为则。"	20	引申义	同	同

续表

引诗篇目	诗经篇目	《荀子》引文	引诗百分比数据分析（%）	意义应用对比分析	文字引用同异度对比	标点符号引用同异度对比
君道	*大雅·荡之什·抑	诗曰："温温恭人，维德之基。"	20	引申义	同	同
致士	*大雅·荡之什·抑	诗曰："无言不雠，无德不报。"	20	本义	异	异
儒效	大雅·荡之什·桑柔	诗曰："维此良人，弗求弗迪；唯彼忍心，是顾是复。民之贪乱，宁为荼毒。"	100	本义	异	异
尧问	大雅·荡之什·烝民	诗曰："既明且哲，以保其身。"	25	本义	同	同
非相	*大雅·荡之什·常武	诗曰："徐方既同，天子之功。"	25	比喻义	同	同
君道	*大雅·荡之什·常武	诗曰："王犹允塞，徐方既来。"	25	引申义	同	同
议兵	*大雅·荡之什·常武	诗曰："王犹允塞，徐方既来。"	25	引申义	同	同
王制	周颂·清庙之什·天作	诗曰："天作高山，大王荒之；彼作矣，文王康之。"	67	本义	同	异
天论	周颂·清庙之什·天作	诗曰："天作高山，大王荒之。彼作矣，文王康之。"	58	比喻义	同	同

续表

引诗篇目	诗经篇目	《荀子》引文	引诗百分比数据分析（%）	意义应用对比分析	文字引用同异度对比	标点符号引用同异度对比
礼论	周颂·清庙之什·时迈	诗曰："怀柔百神，及河乔岳。"	13	比喻义	同	同
富国	周颂·清庙之什·执竞	诗曰："钟鼓喤喤，管磬玱玱，降福穰穰，降福简简，威仪反反。既醉既饱，福禄来反。"	50	本义	异	异
荣辱	商颂·长发	诗曰："受小共大共，为下国骏蒙。"	29	引申义	异	同
臣道	商颂·长发	诗曰："受小球大球，为下国缀旒。"	29	引申义	同	同
议兵	商颂·长发	诗曰："武王载发，有虔秉钺；如火烈烈，则莫我敢遏。"	50	引申义	异	异
大略	商颂·那	诗云："温恭朝夕，执事有恪。"	9	引申义	异	同
王霸	逸诗	诗云："如霜雪之将将，如日月之光明，为之则存，不为则亡。"	不计	新义	无	无
臣道	逸诗	诗曰："国有大命，不可以告人，妨其躬身。"	不计	新义	无	无
天论	逸诗	诗曰："何恤人之言兮！"	不计	新义	无	无

引诗篇目	诗经篇目	《荀子》引文	引诗百分比数据分析（％）	意义应用对比分析	文字引用同异度对比	标点符号引用同异度对比
解蔽	逸诗	诗曰："凤凰秋秋，其翼若干，其声若箫。有凤有凰，乐帝之心。"	不计	新义	无	无
解蔽	逸诗	诗云："墨以为明，狐狸而苍。"	不计	新义	无	无
正名	逸诗	诗曰："长夜漫兮，永思骞兮，大古之不慢兮，礼义之不愆兮，何恤人之言兮！"	不计	新义	无	无
法行	逸诗	诗曰："涓涓源水，不雝不塞。毂已破碎，乃大其辐。事已败矣，乃重太息。"	不计	新义	无	无

注：【1】本表的列篇顺序依据今传本《毛诗》篇目次序，因"逸诗"非出于《毛诗》，故列于《毛诗》篇目之后。

【2】在《国风》《小雅》《大雅》《颂》和"逸诗"每一部分中的选篇顺序依据王先谦先生的《荀子集解》的篇目次序。

【3】每一部分中重复征引同一首诗作之处，在原诗篇目之前以＊标记。

一 荀子引诗之历史缘起

荀子"引诗"是荀子文艺实践中一个较为突出的现象，探寻荀子引诗之历史缘起问题，可以综合时代、师承、历史、环境、文化、传统以及个人等诸多因素，笔者希望以复归历史的法则还原这一问题的语境，从而提出自己的看法。

首先，诗歌具有其自身的艺术特质与独特的社会功用。《经典释文》评价说："诗者，所以言志吟咏性情以讽其上者也。古有采诗之官，王者巡守，则陈诗以观民风，知得失，自考证也。动天地，感鬼神，厚人伦、美教化、移风俗，莫近乎诗。"①《尚书·尧典》有云："诗言志，歌咏言。"②《诗大序》云："诗者，志之所之也，在心为志，发言为诗。情动于中而形于言，言之不足，故嗟叹之，嗟叹之不足，故咏歌之，咏歌之不足，不知手之舞之，足之蹈之也。……故吟咏性情以讽其上。"③故陆德明指出："盖情感发物而成言，声成文而为诗；永言谓之歌，播于八音谓之乐。其始本意写哀乐之情，其终或收讽谏之用，所谓言之者无罪，闻之者足以戒，此诗之所由作也。"④这也是"诗"之审美缘起。在此基础上，陆德明进一步指出："盖诗本性情，饥者歌其食，劳者歌其事，循省上下，足以知政教风俗之得失。且诗者文雅以广文，兴喻以尽意，芳臭气泽之所被，足以动人心，优柔厌袄，则随俗雅化。故诗之为物，上摹有风刺之益，下被则有兴观群怨之效。"⑤就是这个意思。在荀子的理论体系中，"诗"是先王"礼乐"的一部分："诗"可以感化人心、移风易俗，也可以抒发情感、传达心意；还可以取象成文、向善育美；总之，"诗"是既有文本意义与教化意义，又有社会意义与审美意义。

其次，荀子在《诗经》等文本的历史传承上表现出天然的优势，特别对以《诗经》《尚书》等为代表的经学文本传统有着极为深入的了解，这一点很多研究者都关注并论述过。其中，在《诗经》《左传》《尚书》《易经》等经学范本的传承和形成上，荀子就扮演着重要的角色，陆德明的《经典释文》以及《汉书·儒林列传》对这一问题有过较为详尽的记载，可以成为这一问题的佐证。据陆德明的《经典释文》记载，荀子对《诗经》的传承和后世经学的发展发挥了重要的作用。《毛诗》乃出于荀子："子夏传曾参，参传魏人李克，李克传鲁人孟仲子，仲子传根牟子，根牟子传赵人孙卿子，孙卿子传鲁人大毛公。"⑥又《汉书·楚元王传》记载："楚元王交，字游，高祖同父少弟也。好书，多才艺。少时常与鲁穆生、白生、申公俱受《诗》于浮丘伯。伯者，孙卿门人也。"⑦而汉代之诗学

① 陆德明：《经典释文》，中华书局2008年版，第69页。
② 孔颖达：《尚书正义》，十三经注疏本，中华书局1980年版，第171页。
③ 同上书，第269—270页。
④ 陆德明：《经典释文》，中华书局2008年版，第69页。
⑤ 同上书，第70页。
⑥ 同上书，第79页。
⑦ 班固：《汉书》，中华书局1962年版，第1921页。

兴盛，传"诗"者有《齐诗》《韩诗》《鲁诗》《毛诗》四家，《经典释文》针对《诗经》之传本问题有"汉兴，传者有四家"①的记述，但《毛诗》流传至今，而证其出于荀子，也彰显了研究荀子诗学对建构荀子文艺观念的重要性，虽"传诗之说"说法不一、不可深信，但却在一定程度上证明荀子之诗学与汉代诗学（《毛诗》）之间的渊源关系。

再次，时代环境的催促也使荀子"引诗"成为其文艺实践中的重要部分。从荀子的生存时代来看，处于战国时期的整个社会在长期的动荡混乱之中，追逐名利的世俗观念不断泛滥，使周代的道德自律文化精神的核心地位受到了前所未有的冲击。荀子洞悉了这一紧迫的时代症结，迫切希望将自己提出的解决方案注入社会现实之中，荀子的治世策略就是要通过提倡用儒家经典作为教材培养人们的品行，并以此为君子修身立德的必要门径，从而建立自身的学术思想体系，而在这个角度上引《诗》为证是最好的说理方式。荀子"引诗"开启了一派学风，大倡"引诗为证"的风气；在一定程度上也对后世的《诗经》学产生了深远的影响，其"引诗"的实践与诗歌理论的创建也成为后世《诗经》学的理论基础。

最后，儒家本就有自己的诗学传统。孔子之删录《诗经》，"既取周诗，上兼商颂，凡三百一十篇"②，开启了儒家的诗学传统；而到孟子提出"知人论世"与"以意逆志"之说，对后世的文学批评理论产生了深远的影响，也为儒家之诗学传统的建构付出了自己的努力。而荀子是在孔子与孟子之后的又一位儒学大师，故对儒家伦理思想的诗教传统也发挥着积极的承继作用。《经典释文》指出："孔子论诗，《雅》《颂》各得其所，时俱在耳。"③而从今传的《论语》《孟子》文本来看，二人也有诸多"引诗""论诗"的实践；而"诗教"之论，"化民之道，始自春秋，至孔子大兴"，在儒家文化的延承序列中可以说"诗教"已经成为一种文化传统。诸子中以荀子引诗独多，而荀子不仅仅引《诗》为证，还常常引《书》为证、引《易》为证；荀子之乐于引诗为证，表达了荀子的审美意愿，也实现了对儒家文化的经学传统的最好诠释。

① 陆德明：《经典释文》，中华书局2008年版，第72页。
② 同上书，第70页。
③ 同上。

二　荀子引诗之文化表征

"赋诗言志"是春秋时代的风尚。《汉书·艺文志》提出"春秋之后，周道浸坏，聘问歌咏不行于列国"① 之论，遂致一代之风随之告绝。但荀子之引诗却是当时文化学界一个突出的现象，曾引起后世许多研究者的关注。郭志坤的《荀学论稿》，杨太辛的《论荀子的学术批评》，董治安的《先秦文献与先秦文学》，袁长江的《孔子、孟子、荀子说〈诗〉之比较》，赵伯雄的《〈荀子〉引〈诗〉考论》以及郝明朝的《〈荀子〉引〈诗〉说》等著作文章，都系统论及了荀子的"引诗"问题，并进行分析、提出一家之见。

笔者认为，在荀子文艺思想与文艺实践中，荀子引诗是一个值得关注的现象。

第一，从征引的数量上来看，几乎在《荀子》著述的每一篇中都有征引诗句之处，《荀子》三十二篇中除《荀子·乐论》《荀子·正名》《荀子·成相》《荀子·赋篇》《荀子·哀公》五篇以外，皆有征引诗句的表现。在征引的数量上看可谓蔚为壮观：每篇少则一两处，如《荀子·王制》《荀子·荣辱》篇等；多则四五处，例如《荀子·君道》《荀子·臣道》篇等；甚或也有十余处的，比如《荀子·大略》一篇共征引诗句十二次之多，为荀子诸篇征引诗句之最。这一点在表 5—1 中体现得十分明显，而从笔者列表的统计中可以看出，荀子全书八十三处征引诗句，已经形成了荀子文论体系中的重要文化表征，也诠释了儒家以伦理思想为核心的诗学传统。另外，笔者还梳理了表 5—2 和表 5—3，用以统计荀子引诗对《风》《雅》《颂》三个部分不同的征引数量、比例以及用字、用义的差异。笔者希望通过列表和分析阐释，不仅对《荀子》的引诗进行量化处理，还要对《诗经》原本也做量化分析并得出比较的结论。荀子"引诗"之中，征引《国风》部分的有十一处，涉及诗歌七首，其中《国风·周南》《国风·卫》《国风·齐》《国风·秦》和《国风·曹》各一首，《国风·邶》两首，而《国风·曹·鳲鸠》一首就被重复征引了四次，征引诗作的段落不同，应用意义略有所差异。征引《雅》的部分有五十七处，其

---

① 班固：《汉书》，中华书局 1962 年版，第 1756 页。

中征引《小雅》为二十五处、共涉及诗作十七首，而征引《大雅》为三十二处，共涉及诗作十六首。征引《颂》的部分有八处，其中征引"周颂"四处、共涉及诗作三首，"鲁颂"未征引，而征引"商颂"四处，涉及诗作三首。从荀子对《风》《雅》《颂》三者的征引数量分析可以得出结论，即征引比例并不是均衡的，荀子将引诗的重点放在《雅》的部分，即"小雅"和"大雅"两部分之上，而对《国风》和《颂》体则征引较少。但这一现象较之荀子之前的学者还是有所突破，荀子开启了儒家诗学对《国风》的关注，这不得不说是一个明显的转变，而难能可贵的是荀子之于《国风》也提出了自己独特的应用原则和理论见解。

第二，从荀子引诗之特点来看，可以说荀子引诗范围之广、数量之丰，堪称先秦诸子之冠。《荀子》全书引诗八十三处，涉及《诗经》中诗作共计五十三首。其中，征引《国风》以及《颂》的并不多，有十九处，而大部分诗句都引自《雅》，尤其以《大雅》篇居多；这一现象与《诗经》文本中《风》《雅》《颂》三个部分的比例相较，《诗经》中《大雅》只有三十一篇，而荀子对其的引用却达到了三十二次，由此我们可以得出结论，即荀子对《诗经·大雅》之篇的谙熟、重视与偏爱。而在具体的引诗中，荀子善于也乐于对相同诗句重复征引或是多次援引。据统计，在《荀子》所引及的五十三篇诗作中，有十九篇是被引用达两次或两次以上，重复援引一首诗作最多者达六次，而此法在《风》《雅》《颂》三个部分皆有应用。比如四次援引《曹·鳲鸠》一首，又在《荀子·不苟》《荀子·非十二子》《荀子·君子》篇三次引用"温温恭人，惟德之基"一句，六次征引《大雅·抑》之篇。说明人性之温厚，道德之基准。在同一诗句的多次引用中，荀子对诗句的运用并不完全一致。有时，诗句分别是一首诗中的不同句子；有时引用诗句部分长短不一或是诗句部分重合；还有的时候索引的诗句完全一致，是"诗句同一"，但形成了"意义"的差异。例如《大雅·抑》之篇，两次引诗，《诗》曰："无言不雠，无德不报。"《荀子·富国》篇援引之取"瓜豆相得"之义，《荀子·致士》篇援引，取叶落于粪土之义，但总在因果相报的情理之中。而从《荀子》所引《诗经》的文字情况来看，引诗内容与今传本之《毛诗》相比，文字全同者占大多数，也有少数与《毛诗》者有差异的，笔者亦对这一问题进行统计，以"同异"之别附于表5—3最后一列，但囿于其中文字上的差异涉及声近通假、同音替换等训诂学、语音学的范畴问题，与本书的论题相去甚远，故不做具体评述。还有一少部分在《毛诗》中无迹可寻，其为"逸诗"，共有七处，笔者将其进行统计列于表5—2之最后。从《荀子》引诗中，可以看到荀子对诗句的理解以及他赋予诗句的崭新意义，荀子以此构建起自己的诗学体系，并诠释其引诗所形成的独特风格。

第三，从荀子引诗的方法应用来看，荀子形成了自己独特的引诗理念。笔者从荀子引诗所发生的文义与《诗》义的关系角度进行分析，将其大致归结为四个类型。其一，"引其本义"。这主要是荀子在解诗的过程中，尊重文本的客观解读。荀子在这个层面上引诗，即是使用诗之原意或本义，笔者已经将其列于表5—3之中，但在统计中笔者发现有少数时候应用诗句的本义但在字句上有些出入，但这一点与本书的内容相去甚远，故不论及。其二，"以诗就我"，即断章取义或应用诗之"引申义"。在这一解诗、用诗过程中，主体根据论述的需要来引述，诗意就会有所变化，"诗"本身发生了诗意义的引申和转移。推及广阔的诗学历史传统，转引、变字，重述诗歌作为一种语言艺术形式，是由有意义的词语所构成的意象，依据表情达意的需要而组成的意象体系。当这些意象被诗人有机地组织到一起之后，它们自身的独立意义随之隐匿，而各以诗篇的有机组成部分，共同体现一个主旨——该诗的诗旨。但是，当这些意象一旦被人为地从体系中剥离出来的时候，其独立意义便即刻复显出来。这正是春秋时期得以"断章赋诗""断章引诗"的主要动因。其三，荀子在引诗、解诗的过程中，很自然地显现出其思想倾向，故荀子偏爱"用诗为喻"之法，实为"借诗喻理"，应用"诗"的比喻意义。而所谓"以诗喻礼"，"以诗行礼"也包含这样的意思。应该说，这是荀子引诗方法中使用的最基本、最普遍，同时亦是最娴熟、最成功的方法之一。对此，学界虽已颇多论及，但笔者以为此种引诗表现方法是荀子引诗之最具审美意义与文化韵味的诠释，也是其文艺实践的重要体现，故笔者在此亦加赘言将其单独列为一点进行论述。其四，"取赋新意"荀子为了阐述自己的观点，有时候征引的诗句，既非用其本义或是比喻义，也非"断章取义"，用其别义或是抛开原有意义的约束为诗句赋予崭新的含义，有时在论述中荀子还以简洁的语言加以注解，以点明诗句与所论问题之间的联系。另外，值得指出的是，"逸诗"也属于这样一类，其在应用的过程只是保留征引的形式，而消解了征引诗句的原意，故"逸诗"在这一过程中扮演着重要的角色。

第四，从荀子引诗之功能目的来看，荀子建构了自身独特的诗学理路。从其功能目的的具体表征来看大致可以分为四个方面：即"以诗为论""以诗为据""以诗论理"和"以诗作结"。荀子以征引诗句完善其论述，是将诗句充当其论述的论点、论据、述理和结论，并在这一过程中实现说理的有效性与价值性。所谓"以诗为论"就是以诗作为其论述的论点，即主要的观点，而此后的论述亦皆围绕其展开。而"以诗为据"就是以索引之诗作为论述的依据，这一点可以是言论上的依据，也可以是事例性的证据，但却在很大程度上成为完善论点的有效手段。又"以诗论理"，即以"诗句"的话语力量与辩说力量来夯实其论述体系，有时候征引诗句进行论述的效果要远远大于论述主体本身的辩说，而这一点也是荀子在征引诗句时"取义于其中"或是"断字取句""断章取义"的根本原因，即为了论述的需要。最后，"以诗作结"就是在每段之后或每篇之后所征引的诗句，这样的处理带来的效果就是以诗句来收束观点、论结观点，依此法可以产生强化观点的"正名"力量。

三　荀子引诗之审美诠释

荀子在自己的著述中对诗句的大量征引，是其文艺思想建构的重要一环，也是其文化策略的重要表现与话语功能的言说方式。笔者关注荀子引诗的审美主题，并在这一主题之下关注其所产生的文化功能，并以"宗经"之先声、权威性证据、论证的逻辑意识、语义语境的转化、引诗的功利目的以及"以古持今"之说为论域，诠释其引诗的文化意义。

第一，荀子引诗诠释了"宗经"的先声。荀子擅长辩说，这也是当时重要的学术风气，而荀子引诗既增加了语言辩说的力量，也增强了逻辑语义的论证效果，可谓巧譬善喻、有理有据，容古典经文于现实论述、赋情感美辞于艺术韵味，是具有巨大的说服力和感染力的，也在一定程度上使他的观点为当时的世人所接受。同时，引诗虽是荀子有意而为之，带有自我论证的意识与主观言说的目的，但在这一层面上也起到了传达美、表现美的积极效果，正如《荀子·非相》篇所言："谈说之术：矜庄以莅之，端诚以处之，坚强以持之，譬称以喻之，分别以明之，欣驩芬芗以送之，宝之，珍之，贵之，神之。如是则说常无不受。虽不说人，人莫不贵。"盖此意也。

第二，荀子引诗诠释了《诗经》作为权威性证据的分量。近百处的引诗涉及了荀子思想体系的各个方面，故引诗在其思想的表达和论证中也起着不可估量的重要作用。儒家思想有着重要的诗学传统，孟子文本中也有征引诗句作为论证证据的文本实践，而荀子在引诗的特点、方式与目的上与孟子基本一致，但在数量上和体积上却有自己的特点，即作为一个具有独特思想体系的思想家来征引《诗经》，并以引诗来佐证其思想，使引诗成为诠释其文艺实践的"佐证"，成为其思想体系的有机组成部分，并将这些迁移到其崭新的语境之中，以显示其权威性证据的论证力量。虽然二重证据法在先秦诸子文本的论述中也有一些人应用过，但如荀子之应用娴熟、得心应手者，引诗数量之多、涉及篇目之广者则不为多见，故荀子的这一实践也诠释了《诗经》范本作为权威性证据本身的分量。

第三，荀子引诗体现了其鲜明的逻辑意识。荀子在自己的论述中大量征引诗句，其核心目的就是使自己的论述更加有力、更加令人信服，故而其在说理论证和正反论证之余，还不忘征引诗书中的原文来支撑自己的论述观点，则在一定程度上是符合逻辑意旨的，而这一点也体现了荀子在论证上立论成据的心思和技巧。应该说，荀子引诗较之荀子以前的儒家典籍是有差异的，其差异的集中体现就是荀子引诗对于《风》《雅》《颂》等不同类别的例子都有所选用，从数量上看也较为平均，以往文本的引诗对于"国风"一类触及较少，荀子的与众不同可能来源于荀子对于《诗经》文化伦理属性的充分认知，而没有出现较为明显的有失偏颇的现象，这也是其逻辑论证周延的表现。

第四，荀子引诗形成了语义的迁移，同时也建构起崭新的语境。荀子在引诗的实践中形成了两个不同的模式序列，即"援引原诗"和"以诗就我"，而从大量引诗中可以看出较之《左传》《孟子》，荀子引诗的附会意义更强，荀子引诗中的大多数只就诗句的字面意思加以援引，而放弃了"诗"的原意，这也导致了其引诗语义的迁移和变化。在引诗发生的时间因素与空间因素的共同作用下形成了新的语境，而原诗语境与引诗内涵的双重作用是"新语境"产生的直接原因；而当两个语境和谐一致的时候就是对诗句的"准确引用"，而当不一致的时候就发生了语义的迁移，即为诗句本身注入了新的元素和更为丰富的内涵，这也是荀子引诗的一个突出特点。

第五，荀子引诗诠释了其对诗歌应用的功利目的。荀子引诗在很多情况下都是征引诗句的字面意思并以此设喻，在具体的应用中其设喻用意与诗之原意相去甚远，而其应用的目的就是要以附会之意来为其所建构的功利教化理论服务，而其引诗当然也具有政治化的倾向，"以诗为教"也诠释了以礼义为教化核心的文化意义，体现了荀子引诗的功利化目的。

第六，谓"以古持今"之说。荀子引诗融入了很多自己的理解，其对诗句的取舍与选用，无论是全段皆选，还是部分截取，荀子形成了自身的理论诉求与建构原则。在对诗句的实际应用与具体阐释中，荀子既注重诗句原文的征引，又能够融入现代理论视野的观照。荀子引诗的"正名"力量在这个大主题之下得以彰显。荀子引诗以古义为证，又赋今义于诗，在增强说理论述效果的同时也显示出荀子对"诗"之审美的独特理解与文化诠释。

第二节 《荀子》论诗与荀子诗学

荀子论诗是一种文学尝试，其审美旨趣与诗歌音乐的文化指向是一致的。荀子诗学是在大量的引诗、论诗和诗论的实践基础上发生的，其形成的内在依据就是对诗和诗歌观念的阐释，而荀子诗学的建构也成为荀子文艺思想的重要组成部分。在荀子的文艺思想体系中，"诗"和"乐"虽然已经呈现为不同的表现序列，但二者并没有截然分开，所谓"诗"之"情志"要"嗟叹之""咏歌之"就是这个意思。而荀子论诗歌音乐，承继与发展了孔子"乐而不淫，哀而不伤"的主题思想，同时也建构了"中和"之美的标准，在具体的论述中要求抒发"性情"能够"适中合度"，达到整体"和谐"的审美意境，从而实现"团结"人群、"和睦"人群的社会作用。

一 荀子论诗之文本呈现

荀子全书共三十二篇，论诗共计有七篇，即《荀子·劝学》《荀子·荣辱》《荀子·儒效》《荀子·王制》《荀子·乐论》《荀子·赋篇》《荀子·大略》，论述触及了"诗"这个文艺的核心问题，在论述中荀子主要谈及了六个问题。

其一，荀子秉承儒家的诗学文化传统，阐释了"诗以言志"的审美主张。《荀子·儒效》篇有云：

> 圣人也者，道之管也。天下之道管是矣，百王之道一是矣，故诗、书、礼、乐之道归是矣。诗言是，其志也；书言是，其事也；礼言是，其行也；乐言是，其和也；春秋言是，其微也。……天下之道毕是矣。①

荀子认为"诗""书""礼""乐"以统一的政令道德约束人，这就是其"道归合一"的观点，而"诗"所言之"志"即为荀子所论之"道"，而这也是"礼义"之"教"的核心环节。

其二，在"诗言志"的审美主题之下，荀子又进一步论述了诗之"中声""节文"的标准。《荀子·劝学》篇有云：

> 故书者，政事之纪也；诗者，中声之所止也；礼者，法之大分，类之纲纪也，故学至乎礼而止矣。夫是之谓道德之极。礼之敬文也，乐之中和也，诗、书之博也，春秋之微也，在天地之间者毕矣。……学莫便乎近其人。礼、乐法而不说，诗、书故而不切，春秋约而不速。方其人之习君子之说，则尊以遍矣，周于世矣。故曰学莫便乎近其人。学之经莫速乎好其人，隆礼次之。上不能好其人，下不能隆礼，安特将学杂识志，顺诗、书而已耳，则末世穷年，不免为陋儒而已。将原先王，本仁义，则礼正其经纬蹊径也。若挈裘领，诎五指而顿之，顺者不可胜数也。……故隆礼，虽未明，法士也；不隆礼，虽察辩，散儒也。②

荀子认为，"诗"作为"中声"是内心情感最真实的表达，也是道德的标准和伦理的准则，将"诗""书"列于"礼""义"之后，指其为学习方法的次选，故"不道礼宪，以诗书为之"只做"散儒"而已。

其三，荀子阐述了先王的"乐"道，即宫廷的大师、乐官等"用诗取

---

① 王先谦：《荀子集解》，中华书局1988年版，第133页。
② 同上书，第11—17页。

乐"的依据。《荀子·王制》篇有云：

> 修宪命，审诗商，禁淫声，以时顺修，使夷俗邪音不敢乱雅，大师之事也。①

《荀子·乐论》篇亦云：

> 故礼乐废而邪音起者，危削侮辱之本也。故先王贵礼乐而贱邪音。其在序官也，曰："修宪命，审诗商，禁淫声，以时顺修，使夷俗邪音不敢乱雅，太师之事也。"②

荀子两次复论其观点，即希望有专职的人员对"诗""乐"进行审查和管理，并制定切实有效的措施对音乐进行控制，达到"使夷俗邪音不敢乱雅"的效果。

其四，荀子对《诗经》中《风》《雅》《颂》各个部分进行了不同的诠释，也完善了不同诗体表现形式的具体实践。如《风》之趋避流荡荒随，亦如《小雅》《大雅》之追求广大深远，又如《颂》之至于齐明通达，皆此意矣。

《荀子·儒效》篇有云：

> 故风之所以为不逐者，取是以节之也；小雅之所以为小雅者，取是而文之也；大雅之所以为大雅者，取是而光之也；颂之所以为至者，取是而通之也：天下之道毕是矣。③

《荀子·大略》篇有云：

> 国风之好色也，传曰："盈其欲而不愆其止。其诚可比于金石，其声可内于宗庙。"小雅不以于污上，自引而居下，疾今之政以思往

---

① 王先谦：《荀子集解》，中华书局1988年版，第167—168页。
② 同上书，第380—381页。
③ 同上书，第133—134页。

者，其言有文焉，其声有哀焉。①

其五，荀子也在自己的论述中思考了"诗"与"礼乐"文化之间的差异关系。"诗""书""礼""乐"虽归是"一道"，但毕竟形成了不同的文化体例。荀子以"诗、书、礼、乐之分"来诠释"先王之道"和"仁义之统"，一方面诠释了"诗"作为独立的文学体式与"乐"的疏离；另一方面也说明了"礼义"之教作为荀子思想体系核心的支配力量。故《荀子·荣辱》篇论述道：

> 况夫先王之道，仁义之统，诗、书、礼、乐之分乎。彼固为天下之大虑也，将为天下生民之属长虑顾后而保万世也。其流长矣，其温厚矣，其功盛姚远矣，非顺孰修为之君子莫之能知也。故曰：短绠不可以汲深井之泉，知不几者不可与及圣人之言。夫诗、书、礼、乐之分，固非庸人之所知也。②

最后，荀子阐发了学诗的重要策略。荀子诗论完善了其对"诗教"观的诠释，这是荀子论诗建构的目的意义，其对核心问题的解决也成为荀子诗论的审美旨归。荀子之学诗必先"隆师重礼"，故"礼义"应贯穿于荀子学诗之中，笔者依此将荀子之学诗理论总结为三个实践层次，首先要"隆礼义而杀诗书"而成为真正的"雅儒"，然后要"善为诗者不说"而至于"仅于器无进于道"的效果，最后实现"天下为治，不陈佹诗"的理想境界。故《荀子·儒效》篇有云：

> 故有俗人者，有俗儒者，有雅儒者，有大儒者。不学问，无正义，以富利为隆，是俗人者也。逢衣浅带，解果其冠，略法先王而足乱世术，缪学杂举，不知法后王而一制度，不知隆礼义而杀诗、书；其衣冠行伪已同于世俗矣，然而不知恶者；其言议谈说已无异于墨子矣，然而明不能别；呼先王以欺愚者而求衣食焉，得委积足以掩其口则扬扬如也；随其长子，事其便辟，举其上客，亿然若终身之虏而不

---

① 王先谦：《荀子集解》，中华书局 1988 年版，第 511 页。
② 同上书，第 68—69 页。

敢有他志：是俗儒者也。法后王，一制度，隆礼义而杀诗、书；其言行已有大法矣，然而明不能齐法教之所不及，闻见之所未至，则知不能类也，知之曰知之，不知曰不知，内不自以诬，外不自以欺，以是尊贤畏法而不敢怠傲，是雅儒者也。①

《荀子·大略》篇有云：

不足于行者说过，不足于信者诚言。故春秋善胥命，而诗非屡盟，其心一也。善为诗者不说，善为易者不占，善为礼者不相，其心同也。②

《荀子·赋》篇亦有云：

天下不治，请陈佹诗：天地易位，四时易乡。列星殒坠，旦暮晦盲。幽晦登昭，日月下藏。公正无私，见谓从横，志爱公利，重楼疏堂，无私罪人，憼革贰兵。道德纯备，谗口将将。仁人绌约，敖暴擅强，天下幽险，恐失世英。螭龙为蝘蜓，鸱枭为凤凰。比干见刳，孔子拘匡。昭昭乎其知之明也，郁郁乎其遇时之不祥也，拂乎其欲礼义之大行也，暗乎天下之晦盲也。皓天不复，忧无疆也。千岁必反，古之常也。弟子勉学，天不忘也。圣人共手，时几将矣。与愚以疑，愿闻反辞。③

荀子在《荀子·儒效》篇、《荀子·大略》篇以及《荀子·赋》篇所论，皆为学诗之重要性所现，也是成为大儒、实现"圣人共手"、成就人生之大略的重要标志。

二　荀子诗论之审美构建

荀子七篇论诗构筑起其较为完整的诗论体系。应该说，荀子的诗论也

---

① 王先谦：《荀子集解》，中华书局1988年版，第138—140页。
② 同上书，第506—507页。
③ 同上书，第480—482页。

是荀子学术思想中的一部分，由于荀子论诗是以"礼"为基准和前提的，荀子乃至整个儒家文化体系都是重"礼"的，故"礼义之道"和"礼乐文化"一直贯穿于荀子"诗论"的主题脉络之中。无论是其"诗"之缘起端始，还是其尾契终结，不管是目的功能，还是性征意义，无不打上了儒家文化之核心——"礼"的烙印。"诗"对于"礼"的向度，对于"美"的追求，都是关涉在荀子思想体系的观照视域之下的。可以说，荀子之引诗、论诗都是为了加强其论证体系本身的功利教化的力量以及由此构建起的和谐美好的社会秩序，这也是荀子诗论之审美建构的真正意义所在。

　　第一，荀子之"诗论"实现了对"文艺的本质追索"。荀子在这一层面上主要论及了两个观点，即"诗，中声之所止也"和"诗，言是，其志也"。所谓"诗为中声所止"意在说明"诗"之本质是一种思想和情感的表达，而其情感指涉与整个儒家伦理思想体系的审美指涉是一致的，"止"代表着文化的准则、发挥着要约的力量，"中声"亦指发自于内心的声音，是内心情感的欲求和表达。可以说，正是这种心灵的声音才能够展现文艺最本质最核心的元素，而"中声"又有"所止"来约束，也是合乎礼义道德之伦理标准的典范，更是君子立德修身以达到"道德之极"的重要途径。在这一层面上，荀子认为《诗经》中的《风》《雅》《颂》都体现了圣人之道的"节文"标准，既能够表达真实的情感和怨怒，又能够有所节制，符合伦理之美学的要求，即便如"国风之于好色"，也能够"盈其欲而不愆其止"，达于真情而合于礼义，可谓儒家诠释之经典，而这一点也与《毛诗序》中的"发乎情，止乎礼义"①之说相互应和。而"诗，言是，其志"也切入了"诗"的本质层面。"诗言志"最早见于《尚书》，有关"诗言志"的表述最早见于《尚书·尧典》，"诗言志"以丰富的内蕴，或一抒个人的心志、情趣与感想，或言说集体的事功、政教与历史，但无论是巫祝卜筮之辞，还是政教美刺之说，抑或是缘情载道之笔，都离不开儒家文化的功利内蕴"礼"的范畴，这一点可以与荀子的诗论互为印证。

　　第二，荀子之诗论诠释了"诗"作为"礼乐文化载体"的附属地位。荀子认为"诗"作为"礼乐"的文化载体，对儒家伦理思想的贯彻与执行发生着辅助性的作用，并处于文化的从属地位。应该说，"礼"所规定的

---

① 孔颖达：《毛诗正义》，十三经注疏本，中华书局1980年版，第272页。

伦理秩序是一个"差序格局",而这就是儒家文化的社会建构理想,也是儒家伦理思想的核心。从这个角度上说,"诗"要表达的精髓依然是"礼",而荀子以"诗教"之说来维护圣人之道、伦理之"礼",自然也建构在"文"的层面上。前面论述提到荀子之论诗以"中声"和"节文"为标准,当荀子"援法入儒"强化了"礼法"的强制规约力量之后,"诗书"则显得力量微弱,故其强调"隆礼义而杀诗书",意在说明"礼义法度"在其社会理想建构中的重要性,当二者发生冲突时"诗书"必然要对"礼"做出"让位",但如果目的一致则处于从属地位的"诗"可以起到辅助建构的作用,而荀子也并没有对诗书给予完全否定。在这一层面上,荀子又进一步论述道,能够做到"隆礼义而杀诗书"的,就是"雅儒",而不知"隆礼义而杀诗书"这一点的就只能是"俗儒"或"俗人"了,在这一观点之下,荀子对社会中的人进行了分类"故有俗人者,有俗儒者,有雅儒者,有大儒者"①。另外,在"诗乐"的问题上,荀子又提出了"雅乐正音之论"。荀子虽然将"诗"与"乐"分别论述,但在其所生存的时代二者并没有截然分开,所谓"诗者,歌也"亦说明当时的诗乐舞是相辅而行的,因而荀子对"乐"的功用的论述也传达了他对"诗"之功能的理解。真正的"诗"不仅仅要合于"礼",还要合于"乐",这也是合于先王之"道"。

第三,荀子之诗论开启了"艺术思维的想象空间"。荀子认为"诗"是先王"礼乐"的一部分,可以感化人心、移风易俗。荀子提出的"善为诗者不说"的观点使其陷入了文化哲学的尴尬,却表达了一个学者特有的学术敏感和艺术的想象力。"诗"之本源于歌者,是在于发声,而这里却"不言说",看似不能展现"诗"之要义,实为洞悉了"诗"之本质,是荀子的审美想象的尝试,意在放弃了"诗"之外在的形体,而领会了"诗"之内在的精神,即已经"弃形悟神""离器入道",可以说这是文学艺术所追求的至高境界,而无论对于"诗",还是对于"易""礼"等其他的文化范本,其功能指向都是一致的,也真切地体现了中国美学传统的艺术追求。

第四,荀子之诗论践行了"诗"之"文学独立性的尝试"。应该说,"诗乐一体"的思想在中国的文化传统中占有重要的地位。在荀子之前的

---

① 王先谦:《荀子集解》,中华书局1988年版,第138页。

儒家著述没有明确论及这个问题。在荀子的论述中，可以看出"诗"和"乐"已经走向了分野，但还没有截然分开。荀子在论述中多次以诗、书、礼、乐并举，并提出了"诗、书、礼、乐之分"的观点，这是荀子将"诗"作为一种独立的文艺样式加以关注的尝试，从一定程度上说这是荀子对诗学理论发展所做出的重要贡献。同时，荀子认为"诗"有诠释人之情感的功能，而"诗、书、礼、乐之分"更是对"先王之道，仁义之统"的实践，而这一点也体现了其"温厚"之旨，其也在"载道"的过程中传达着对伦理核心"礼"的诠释以及自身浓厚的政道功利色彩，而"诗"也以美学理论中一个核心范畴的角色成为后世文学关注的焦点以及文艺批评的依据。

　　第五，荀子之诗论构筑了文艺审美的广阔视野。荀子对《风》《雅》《颂》的评论，及其对《诗》所持的基本观点，是提升至审美层面的，纵使相关学界认为此观点比较牵强，但在先秦之际诗、乐、舞三位一体，可谓"乐不离诗，诗合于乐"。从荀子论"乐"的思想中，似可窥见荀子对于诗的审美属性的认识。故《荀子·乐论》云："夫乐者，乐也。人情之所必不免也，故人不能无乐。"① 为荀子对于"乐"的基本评价并形成了较为集中的认识，即"乐"是人性的必需。又云："先王恶其乱也，故制雅颂之声以道之，使其声足以乐而不流，使其文足以辩而不諰，使其曲直、繁省、廉肉、节奏足以感动人之善心"②，由此可见，荀子认为雅颂之乐有感人之善心之意，从此角度入手谈论荀子论"诗"之审美属性，并间接进入审美之境。诗之配乐，由此观之，荀子"感人之善心"，所谓"天下皆宁，美善相乐"的论断，体现了博大的审美之境，令人叹为观止。故其有云：

　　　　君子以钟鼓道志，以琴瑟乐心，动以干戚，饰以羽旄，从以磬管，故其清明象天，其广大象地，其俯仰周旋有似于四时，故乐行而志清，礼修而行成，耳目聪明，血气和平，移风易俗，天下皆宁，美善相乐。③

---

① 王先谦：《荀子集解》，中华书局1988年版，第379—385页。
② 同上。
③ 同上。

从"感人之善心"到"天下皆宁，美善相乐"之美，体现了一种内心的审美理想。可以说，不论荀子引"诗"、用"诗"，还是论"诗"论"乐"，均可纳于荀子诗论体系之中。荀子诗论体系既是对孔子诗论中美学思想的继承，又彰显了独特的美学价值；既有美感的双重性，又有形式美的法则，也在一定意义上体现出的诗礼传统及其美学内涵。

第三节　荀子诗论与《上博楚简》

将荀子的诗论研究与出土的简帛相互结合，能够较大范围地开启研究的理路，扩大研究思考的空间。回顾相关研究史和考证史，对于《上博楚简》的研究，近年来学界已经取得了一定的实绩，本书在形成的过程中，对这一问题有所关注，参阅了相关出土文献；在具体的研究中，更多的是运用借鉴性的思考，用于开启相关研究的思路，扩大研究的学术空间；但限于时间和功力之不足，本书对这一问题并未形成较为深入而集中的学理论证，期待在今后的研究中尝试性地将这一问题走向深入。

第四节　《荀子》诗学观的核心
探问与审美旨归

荀子著述三十二篇形成了一个较为完整的论证序列，而"诗"作为文艺美学中的核心元素，完善了其文艺思想体系的审美建构，也丰富了其思想体系的核心内蕴与艺术能指。在这一层面上，"诗"成为其功利文艺观的审美旨归。荀子认为，诗乃"中声之所止也"，故"诗"被纳入儒家的政教伦理思想体系，诠释了儒家的"诗教"传统，也铸就了符合"礼义"要求与标准的文艺表现形式；一定程度上说，"诗"成为"礼义"的传承载体，作为向"善"育"美"的表征完成文化意义的诠释，在传达美、表现美、实现美的过程中表现出独特的价值功能。荀子之引诗、荀子之论诗以及荀子之诗论共同构筑起荀子的诗学体系，而荀子之诗学观念也在其文艺观的形成序列中发挥着重要的作用。荀子以"诗"为核心指向，又以"诗"为理论收束，我们向上可对《荀子》著述所形成的功利文艺观进行审美核心的回溯，向下可对两汉诗学以及后世文学的发展产生历史深远的影响，而这些也是荀子诗学建构的真正意义所在。

荀子诗学展示了文献传播的早期实践意义，而其思想体系中的诗乐论更是对汉代的诗学观念的形成和发展产生了深远的影响。应该说，自汉代的司马迁开始学界就已经对荀子的地位给予了充分的肯定。《史记·儒林列传》中有云："孟子荀卿之列，咸遵夫子之业而润色之，以学显于当世。"[①] 可见，荀子在当时儒学思想传播中所发挥的积极作用。其一，荀子之引诗、论诗乃至荀子之诗论，也在一定程度上开启了文学传播的早期实践。汪中在《荀卿子通论》中指出："荀卿之学，出于孔氏，尤有功于诸经。"[②] 又云："毛诗，荀卿子之传也。"[③] 应该说荀子对诗学的发展主要表现在对《诗经》的传承和应用上。而在班固的《汉书》与陆德明的《经典释文》等典籍中对这一点也有较为明确的记载，前面已经论述过这个问题，这里就不在详赘。其二，荀子诗学的文学传播意义在传播主体、传播内容、传播方式上皆有不同程度的体现，同时也表现出一定的功利性特征。荀子之引诗、论诗的目的与传播的主体就是扬己之学、"明己之道"，所要诠释的核心也是"道"，也就是儒家伦理思想的核心"礼"，可以说荀子诗学的本质意义就是传播儒家所秉承的"礼""乐"文化传统，而从传播的内容来看是对儒家经学的审美诠释，"荀子用圣人之'志'说诗，更构成'诗学'向'经学'转变的枢纽"[④]，完善了儒家的经学理路，也在一定程度上强化了诗歌与政治现实的联系，对汉代经学的解释、论诗以及整体的诗学观念的形成产生了直接影响。其三，荀子大量引诗、论"诗"提升了《诗经》的美学地位与文化影响力，也在一定程度上巩固了《诗经》所形成的占主导地位的中国古代诗学传统，对后世诗学理论的形成以及诗歌理念的应用提供了可资借鉴的文化范本。可以说，在文学、思想、理论等各个方面都彰显了其文学传播的文化力量。虽然荀子将《诗经》置于功利视域的压抑和约束之下，但仍展现出其诗学理念独特的

---

① 司马迁：《史记》，中华书局 1962 年版，第 3116 页。
② 王先谦：《荀子集解》，中华书局 1988 年版，第 21 页。
③ 同上。
④ 翁其斌：《中国诗学史》，鹭江出版社 2002 年版，第 16 页。

性征。

应该说，荀子对于春秋战国的诗学理论本身并没有形成完整的理论建构，也没有提出更多独辟蹊径的见解或观点，而是以其大量引诗和对《诗经》文本的独特深入的理解诠释了荀子之诗学，一方面夯实了"诗"的政教基调；另一方面也在论证中为自己的观点提供了切实有效的依据。从儒家思想的历史传承上看，荀子是连接先秦儒学与汉代儒学的桥梁和纽带，"影响汉儒最大"，可以说，诸如《诗经》等先秦经学典籍是经过荀子的传承发展才传于汉代形成蔚为壮观的景象的，故汪中在《荀卿子通论》中论述道："盖自七十子之徒既殁，汉诸儒未兴，中更战国暴秦之乱，六艺之传赖于不绝者，荀卿也。"① 李泽厚指出："荀子上接孔孟，下接易庸，旁收诸子，开启汉儒"②，可以说，荀子之诗学对于汉儒的诗学观产生了深远的影响，而其情性论和诗乐论对两汉诗学的影响最为明显。《白虎通疏证》有云："情生于阴，欲以时念也。性生于阳，以就理也。阳气者仁，阴气者贪，故情有利欲，性有仁也。"③ 汉儒承认了荀子的"性恶"之说，故以"诗言志"为论，而不论"诗言情"，《礼记·乐记》中的"君子反情以和其志"④ 就是这一点的证据，而这一点直至荀子影响削弱的六朝时期才逐渐丧失诗学传统的约束力量。在此基础上，可以发现荀子隆礼重义的"矫饰性情"之说本为治理"性恶"的要约之术，却成为《史记·礼书》中"礼由人起"论述的缘起，反映在《诗大序》中也映射了其"发乎情，止乎礼义"⑤ 的说法，而"乐"之"和合"之论与"雅乐""郑声"之论，都对汉代"诗乐观"的形成产生巨大的影响。《史记·乐书》《汉书·礼乐志》《礼记·乐记》与《白虎通·礼乐》等篇目中多有《荀子·乐论》的痕迹，其观点也大量吸收了《荀子·乐论》的思想，从其现象追本溯源可以得出其为荀学所产生的历史影响的结论，而在另一层面上充分的例证也显示出汉朝诗学在《荀子·乐论》的基础上发展起来的可能性。

① 王先谦：《荀子集解》，中华书局1988年版，第22页。
② 李泽厚：《华夏美学》，天津社会科学出版社2001年版，第52页。
③ 陈立：《白虎通疏证》，中华书局1994年版，第381页。
④ 孔颖达：《礼记正义》，十三经注疏本，中华书局1980年版，第1536页。
⑤ 孔颖达：《毛诗正义》，十三经注疏本，中华书局1980年版，第272页。

第六章 赋谜与文本：荀子《赋》篇及其文艺实践

本章以"赋谜"与"文本"为论域，集中阐发《荀子·赋》篇及其文艺实践的相关问题；具体的分析阐释从文本思想分析、文学文体分析、文学观念与文艺实践分析三个层面展开。将"赋"引入荀子文艺思想体系的观照视域进行阐释，意在诠释"赋"作为荀子文学实践的主旨，并在这一层面上探寻荀子文艺思想体系之整体建构的范畴界域。从荀子文艺思想体系的架构来看，主要包括文学理论主张与具体创作实践两个部分；从现象域来看，则包括集中"显现"的理论主张及散在"表述"的思想实践；而从其实践体系的建构来看，既蕴含关涉功利的主观努力，又容纳着无关功利的客观描述；从研究对象上看，考量留存于荀子著作中的实践体验，则主要出于建构荀子文艺思想体系的需要，另外也有对于荀子所处时代官方学术与主流价值观问题的思考。因此，对荀子思想进行总体性的观照、梳理与把握，特别是《荀子·赋》篇所进行的文艺实践的关注，不仅完成了对荀子文艺观念和文艺实践的整体性、全貌性的展示，也充分实现了对荀学本身的关注，这正是本章设论的意旨所在。

第一节 文本·思想·价值域

文学家的思想体系建构包括两个部分，一部分是他的文学思想和理论主张，另一部分是他的文学创作与具体实践。从文本展示到思想呈现，再到价值域的生成，诠释了荀子文艺思想在其整个思想体系中的作用，特别是明晰了《荀子·赋》篇在其整部著作及思想体系中的地位与价值。荀子设《赋》篇诠释其文学理论，进行具体的文学实践并表达其审美取向，彰显了"赋"自身独特的实践意义与文化价值。应该说，荀子是以尚功利、重实效为其思想的建构宗旨的，因而将对功利文艺观的建构作为其价值观念体系的核心，并以此构筑其文艺实践的主流模式；但在其思想体系的整体观照之下仍然存在着一些无关功利性的元素，它们作为文艺的表征在其思想体系的理论预设之外完成对荀子文艺观的实践，可以说既在荀子的关注"视野之中"又存现于思想体系的"主流之外"。如果说荀子的文艺观是功利性的，那么作为文艺思想主流表征的"功利性征"与以《赋》篇为代表所表现出的"主流之外"的"非功利性征"就构筑起其文艺思想表现的不同理路，而处于"主流之外"的"非功利"部分是否诠释或实践荀子的功利文艺观也成为本节关注的要点。可以说，荀子之《赋》篇是其整部论著中最特别的一篇，也是最具有文艺修养与文学价值的一篇，作品代表了荀子文艺观的实践意识，也成为荀子文艺观论证的有效手段。对荀子之《赋》篇进行研究和考证，能够在一定程度上消解"文学本真的自然显现"与"功利外衣的价值欲求"之间的矛盾，还原其文艺思想的本来面目。

一 荀子"五《赋》"及其文本呈现

《荀子·赋》篇是全书中唯一一篇以文学为主题进行描绘和表达的篇章。荀子之《赋》篇在中国"赋"史的传承以及整个文学史的发展中都是重要的一笔，其影响之大、流传之广亦足以夯实荀子之赋体文学在文学史中的重要地位。

荀子创作的《礼》《知》《云》《蚕》《箴》五篇赋，加之"请陈佹诗"和"诗之小歌"的辅助表达共同打造起整篇《荀子·赋》的艺术架构。在后世文学的传承中，有学者指出荀子的"赋"作并不仅仅是书中所见之五篇，另应有多篇散在之作，《荀子·赋》篇之题解有云："所赋之事，皆生人所切，而时多不知，故特明之。或曰：荀卿所赋甚多，今存者唯此言也。旧第二十二，今亦降在下。"[1] 因对这一问题的考证与本研究的内容相去甚远，故本书对此学界之争亦不再详赘，笔者在具体的研究中以王先谦的《荀子集解》为依据，涉及荀子之"赋"亦以《荀子集解》第二十六篇《赋》

---

① 王先谦：《荀子集解》，中华书局 1988 年版，第 472 页。

为基础，只对《礼》《知》《云》《蚕》《箴》五篇赋进行分析研究。

在《荀子·赋》一篇的开篇，荀子就将其伦理文化秩序的"礼"作为一个重要的范畴置于其文艺思想乃至学术思想的核心，并以"赋谜"的形式将"礼"的问题抛了出来：

> 爰有大物，非丝非帛，文理成章。非日非月，为天下明。生者以寿，死者以葬。城郭以固，三军以强。粹而王，驳而伯，无一焉而亡。臣愚不识，敢请之王。王曰：此夫文而不采者欤？简然易知而致有理者欤？君子所敬而小人所不者欤？性不得则若禽兽，性得之则甚雅似者欤？匹夫隆之则为圣人，诸侯隆之则一四海者欤？致明而约，甚顺而体，请归之礼。礼。①

荀子以文学笔法描绘"礼"的形象与社会作用，将抽象之理念化为有形之具体。荀子在这篇赋的建构之初就已经明确了"礼"这个社会秩序的核心范畴，作为文化的表征，荀子将"礼"列于"五赋"之首，实为复"礼"之举，也是其功利文艺观的隐性实践。紧接着，荀子又以"知"设赋，建构"君子"应修习真正的"知"的文化理念，并肯定了"知"在认知领域、诠释领域、文化领域以及审美建构领域所发挥的积极作用：

> 皇天隆物，以示施下民，或厚或薄，常不齐均。桀、纣以乱，汤、武以贤。涽涽淑淑，皇皇穆穆。周流四海，曾不崇日。君子以修，跖以穿室。大参乎天，精微而无形。行义以正，事业以成。可以禁暴足穷，百姓待之而后泰宁。臣愚不识，愿问其名。曰：此夫安宽平而危险隘者邪？修洁之为亲而杂污之为狄者邪？甚深藏而外胜敌者邪？法禹、舜而能弇迹者邪？行为动静待之而后适者邪？血气之精也，志意之荣也，百姓待之而后宁也，天下待之而后平也。明达纯粹而无疵也，夫是之谓君子之知。知。②

荀子以文学的建构方式集中描绘了"知"存在的客观状态。"知"并

---

① 王先谦：《荀子集解》，中华书局1988年版，第472页。
② 同上书，第473—474页。

不是"均一而齐"的，荀子在具体的描述中以"桀纣之乱"和"汤武之贤"为例证，指出"知"的重要性，并进一步强调"知"是"君子"必修的课程，只有习"知"才能"大参乎天，精微而无形。行义以正，事业以成"，也只有"君子之知"方可成就"血气之精""志意之荣"，使"天下""百姓"得以"有待"而进入"明达纯粹毫无瑕疵"的高妙境界。

上述两段荀子所描述的对象都是"抽象"的理念，而后三篇赋所描述的则是具象的事物。但在这里荀子之赋并不是要指称具象事物本身的功能和意义，而是以物作喻，言明更深层次的道理。第三段，荀子以自然之天象"云"设赋：

> 有物于此，居则周静致下，动则蓁高以钜。圆者中规，方者中矩。大参天地，德厚尧、禹。精微乎毫毛，而充盈乎大寓。忽兮其极之远也攡兮其相逐而反也，卬卬兮天下之咸蹇也。德厚而不捐，五采备而成文。往来惽惫，通于大神，出入甚极，莫知其门。天下失之则灭，得之则存。弟子不敏，此之愿陈，君子设辞，请测意之。曰：此夫大而不塞者与？充盈大宇而不窕，入却穴而不偪者与？行远疾速而不可托讯者与？往来惽惫而不可为固塞者与？暴至杀伤而不亿忌者与？功被天下而不私置者与？托地而游宇，友风而子雨。冬日作寒，夏日作暑。广大精神，请归之云。云。①

在这里"云"不是简单的积聚水汽的自然天象，而是一种托地而游宇的广袤自由、博大的精神。荀子在描述"云"时极具文艺美学建构中的想象意义：忽而大，忽而小，忽而圆，忽而方，忽而远，忽而近，忽而高，忽而低，甚为奇妙。在设"云"赋的同时荀子也再一次强调了"文"的观念，所谓"五采备而成文"方为"云"之极美之象，也从另一个层面强化了其"尚文"的功利观念。在荀子的审美设喻之下，赋之骈俪、云之美象，是可以达到"往来惽惫，通于大神"的神奇之境。承接第三段的第四段，荀子以普泛之生物"蚕"设赋，"蚕"虽然只有短暂的生命，但可以至死不渝地贡献自己的价值，实为"身死而化美"的象征：

---

① 王先谦：《荀子集解》，中华书局1988年版，第475—477页。

有物于此，蠢蠢兮其状，屡化如神。功被天下，为万世文。礼乐以成，贵贱以分，养老长幼，待之而后存。名号不美，与暴为邻。功立而身废，事成而家败。弃其耆老，收其后世。人属所利，飞鸟所害。臣愚不识，请占之五泰。五泰占之曰：此夫身女好而头马首者与？屡化而不寿者与？善壮而拙老者与？有父母而无牝牡者与？冬伏而夏游，食桑而吐丝，前乱而后治，夏生而恶暑，喜湿而恶雨，蛹以为母，蛾以为父，三俯三起，事乃大已。夫是之谓蚕理。蚕。①

荀子在"蚕"赋的建构之初就对其情状进行了描述，对"蚕"的功用亦极尽铺排予以赞美，在荀子的描摹中"蚕"可以"屡化如神，功被天下，为万世文"，亦可以"功立而身废，事成而家败。弃其耆老，收其后世"，荀子在看似生命轨迹的描述中包孕了对"蚕"的高度评价。荀子以此设喻意在展示出"蚕"牺牲自我、成就后世、建功立业的博大精神；而荀子揭出"蚕理"，意在言明"真理"，即"大道之理"。

第五段，荀子以家常之用具"箴（针）"设赋：

有物于此，生于山阜，处于室堂。无知无巧，善治衣裳。不盗不窃，穿窬而行。日夜合离，以成文章。以能合从，又善连衡。下覆百姓，上饰帝王。功业甚博，不见贤良。时用则存，不用则亡。臣愚不识，敢请之王。王曰：此夫始生钜，其成功小者邪？长其尾而锐其剽者邪？头铦达而尾赵缭者邪？一往一来，结尾以为事。无羽无翼，反复甚极。尾生而事起，尾遭而事已。簪以为父，管以为母。既以缝表，又以连里。夫是之谓箴理。箴。②

荀子以文学的笔法描绘"针"，意在设喻明理："细微之物，通于大理"即是这一段的核心要义。荀子以正反两面的对比关系建构了"针"的具体功能，即"无知无巧，善治衣裳。不盗不窃，穿窬而行"，又通过类比和联想建构起"针"文化功能"日夜合离，以成文章。以能合从，又善连衡"，在此基础上，荀子还以推论的形式建构起"针"强大的社会功能

① 王先谦：《荀子集解》，中华书局1988年版，第477—479页。
② 同上书，第479—480页。

"下覆百姓，上饰帝王。功业甚博，不见贤良"，最后荀子以"针"之"时用则存，不用则亡"为其赋作结。而"针"之可以"既以缝表，又以连里"，故"箴理"当为治世之良方。

第六段，荀子讲述"天下不治，请陈佹诗"一段，虽是论诗，但安排在《荀子·赋》篇之中也与"赋"有一定的关联，其"佹诗"一段也如"赋"之"隐语"：

> 天下不治，请陈佹诗：天地易位，四时易乡。列星殒坠，旦暮晦盲。幽暗登昭，日月下藏。公正无私，见谓从横，志爱公利，重楼疏堂，无私罪人，憼革贰兵。道德纯备，谗口将将。仁人绌约，敖暴擅强。天下幽险，恐失世英。螭龙为蝘蜓，鸱枭为凤凰。比干见刳，孔子拘匡。昭昭乎其知之明也，郁郁乎其遇时之不祥也，拂乎其欲礼义之大行也，暗乎天下之晦盲也，皓天不复，忧无疆也。千岁必反，古之常也。弟子勉学，天不忘也。圣人共手，时几将矣。与愚以疑，愿闻反辞。①

佹诗开头两句是："天下不治，请陈佹诗。"唐代的杨倞注云："荀卿请陈佹异激切之诗，言天下不治之意也。"② 可知"佹诗"是在反诘语气之上建构起的具有特定指涉意义的诗，其建构的目的则是感于"天下不治"而发。在具体的表达中，荀子以"列星殒坠，旦暮晦盲。幽暗登昭，日月下藏"起兴，进而批评"道德纯备，谗口将将。仁人绌约，敖暴擅强"等一系列社会丑恶现象，面对这样的混乱局面荀子以"欲礼义之大行"和"弟子勉学"之说提出了自己的希望，也以"圣人共手，时几将矣"之慨叹表达了自己深深的无奈。从全段的文学表述来看，荀子的说理言意并非直言表达，而是透射着荀"赋"所兼具的"隐语"特征。虽然从表面上看，"佹诗"出现在此处似有拼接之嫌，言辞表达也怪戾激切，但却在字里行间蕴含了许多"隐晦言说"的表达元素，故笔者以为此处有后世整理之说实不可信，荀子将其列于《赋》篇之下的原因亦在"隐语"之用。而"小歌"一段虽是又一转笔，但却和"佹诗"一段在隐语的应用上有异曲同工之妙，这里就不再详赘。

---

① 王先谦：《荀子集解》，中华书局 1988 年版，第 481—482 页。
② 同上书，第 481 页。

应该说，荀子之《赋》篇是具有开创意义的一篇作品，其开启了赋体文学在汉代蔚为大观的繁荣局面。清人王芑孙在《读赋卮言》中说："相如之徒，敷典摛文，乃从荀法"，其也秉承了"赋"作为《诗》之六义承继了《诗》之"托物言志"的传统。即通过具象的"物"阐发抽象的理念、意志和精神。荀赋前两篇所论为抽象概念，后三篇则表现出明显的"托物言志"的性质。无论对象如何改变，其"体物写志"的目的就是赋予"赋"一种独具特色的"骈俪之美"，实现其对"华美"之"文"的追求；在具体的句式表现上，"赋"文以四言为主、杂以五七言或多言；在语韵的排列上，能够做到善用排比而致"韵散间出"；在艺术手法上，也呈现出铺陈回环、绘声绘色的特点。可以说，荀子之"赋"形成了一种"骈文之丽"的美感效果，其延续并实践了"尚文"的美学传统，表达了"华美"的文艺审美诉求。

二　"晦隐"之言与艺术审美的独特表述

应该说，作为诗歌写作手法的赋与作为文体的赋是有差别的。作为诗歌写作手法的"赋"是一个诗学术语，也是"诗"之"六艺"之一。汉代郑玄在《周礼》注中指出："赋之言铺，直铺陈今之政教善恶。"① 可见"赋"之本身与儒家的政教观相关涉，只是在具体的表达中才表现得相对隐晦、含蓄、婉转。为荀子所应用的这种隐晦婉转的语意表达是"赋"的独特语言表达形式，即"隐晦言说"的形式。"隐晦言说"是赋体文学的特征性表现，从文学体式上说就是"赋语"。而"赋语"也是一种"隐语"，就"隐语"本身而言其是"隐晦言说"的表征。《文体明辨序说》亦称荀赋"工巧深刻，纯用隐语"②，一定程度上诠释了荀子对"隐语"的广泛应用。以荀子的文本为例，《荀子·赋》篇之体制实际上就是五首"隐"所构筑的。

第一，从"隐语"的发生学角度来看，"隐晦言说"开启了一种隐逸的思维想象，以思维之想象来表征文艺本身就是一种实践的方式，思维之无形、想象之驰骋构筑了广袤的艺术世界，又孕育了表意层次之下的深层意蕴。应该说，"隐语"本身就充满了无限的文学意味，从激发想象的层

---

① 贾公彦：《周礼注疏》，十三经注疏本，中华书局1980年版，第796页。

② 郭绍虞：《文体明辨序说》，人民文学出版社1982年版，第101页。

面来看确是内蕴无穷。以《荀子·赋篇》为例，其以"隐语"形式写成的咏物小赋就极具这种表现力。在"箴"赋一段中荀子描述道："无知无巧，善治衣裳；不盗不窃，穿窬而行。"① 这里荀子没有直接言明其物，而是以辩证的观点从正反两方面阐释了缝衣针的特点和功用，在语言表达上不是简单的说明，而是具有文学性征的描述，从而为普遍常见的生活物件打上了文学的烙印，呈现出学术特质。当然，荀子的这种阐释观念在其他篇章中也有所见，如《荀子·荣辱》篇有云："则是人也，而曾狗彘之不若也。"② 也是类似的例子。

第二，从"赋"所产生的文学效果和对后世文学的影响来看，很主要的就是形成了所谓的"赋谜"，"赋"很像现代民俗文化中的"谜语"，虽然在《左传》等文本中也可以找到大量谜语的例子，但荀子之"赋"却以自身的特异性开启了崭新的意义，而其文体尝试也包含了一种隐喻的意识。从其赋语的结构来看，主要包括"设辞"与"射覆"两部分；而从隐语的表意层面来看，又包括设问和对答两部分：其"赋语"实为一种谜面，其赋语之结论实为一种"谜解"。比如在荀子的五篇《赋》作中，皆先有一段描述，其相当于一个谜语的谜面部分，而在谜面极尽铺排的描摹之后，荀子还以对答的形式揭晓谜底，《荀子·赋》篇中以"礼""知""云""蚕""箴"五字为收束，一方面揭晓谜底、明晰观点；另一方面也使每段论证达到周延并构筑一个完整的谜语命题。笔者以为，"问"与"答"是以不同身份人物的"对文"形式存在的，可以产生两个猜想：其一，两部分不是由荀子一人所作，对答部分应是射覆者之作，从功能上看此当为谏说君主之用；其二，这种表现方法是荀子"有意而为之"，其用意是要强调"谜底"，寻物之"理"并求得真正的答案。但不管是哪种猜想都印证了同一个问题，就是荀子之设"赋"解"谜"是有其功利目的的，荀子之"赋谜"作为一种隐性的概念以特殊的形式进行言说，虽然在思想理路上存在一定的差异，但直言功利的初衷却"隐"于其中。

第三，"赋"之独特的文学特征还表现为描摹铺排。应该说，"赋"善铺陈。《艺概·赋概》中有云："赋起于情势杂沓，诗不能驭，故为赋以铺

① 王先谦：《荀子集解》，中华书局1988年版，第479页。
② 同上书，第55页。

陈之。"①"铺陈"是一个重要的诗学概念，是"为将物体呈现在听众和观众面前而作的生动描述"，而这一观点虽来源于与汉语表意体系迥异的语言表述体系，但意义指涉是一致的。"铺陈"曾被广泛地应用在雕塑、绘画等艺术品的批评视野之中，也对欧洲的文学理论和文学创作产生了重要的影响，而在中国古典文论体系中其早就表现出文学的趋势，刘勰说荀子与宋玉二人"集声貌以成文"也是这个道理，"赋"之"铺陈"打造了一个绘象的历史，具有文学艺术的审美意义与价值。而"赋"也在描摹铺排的过程中自然形成了辞藻华丽、繁华膏腴之美学姿态，这在一定程度上也是符合荀子之功利文艺美学观的，在"赋"之铺陈所伴生的善于描写叙述，生动细致、文辞美丽、精练恰当的表现也展现了赋尚"文"的性征，这一点与荀子的功利文艺观的理路是一致的，也是"赋"作为叙事文学文体的本质所在。总之，善于造境成象的辞赋"铺陈"确实在荀学思想的建构中发挥着重要作用。

第四，就是"随物赋形"。荀子之"赋"具体说是一种"咏物赋"，在《诗经》《左传》《楚辞》等文本中也有大量的状物细腻的"咏物赋"。"咏物赋"的突出特征就是要做到"随物赋形"，谓"千态万状，层见叠出，吐无不畅，畅无或竭"②。而章太炎也在《国故论衡·辨诗》中称："屈原言情，孙卿效物"，指出了荀赋与后世部分体物之赋的血脉关联。所谓"随物赋形"就是极尽"赋"之描摹之能事。字句工整、语义相对，极尽所描摹之物的情貌，从"物"的本质、性征、样貌、颜色、功能、影响等对多个侧面进行说明，又通过环境、条件、比照对象等不同外在因素的综合作用来描述，比如写蚕赋就展示了"蚕"在不同环境下的不同情态。咏物赋发端于荀子的《赋》篇。《荀子·赋》篇分咏五种事物，每种事物都铺陈描写一番它的功用情状，最后才说出这一事物的名称，如其中说"箴（针）"的一段："有物于此，生于山阜，处于室堂。无知无巧，善治衣裳。不盗不窃，穿窬而行。日夜合离，以成文章。以能合纵，又善连衡。下覆百姓，上饰帝王。……簪以为父，管以为母。既以缝表，又以连理。夫是之谓箴（针）理。"③ 从荀子的描述中可以发现，荀子所作的虽

① 刘熙载：《艺概》，上海古籍出版社 1978 年版，第 121 页。
② 同上。
③ 王先谦：《荀子集解》，中华书局 1988 年版，第 479—480 页。

是"咏物之赋",但却是"物尽其意"之举,起以"吟咏物体"之说而行"传达思想"之实,而其所传达的思想自然与其所秉持的功利观是一致的,可以说,这也从一个侧面展示了荀子的文艺思想与观念。

三 "赋"的文学价值与史学意义

在荀子的著述中,《赋》篇是以纯粹的文学作品的姿态出现的,就其作为文艺作品本身而言是无关功利的,因而也不具备功利价值的目的与意义。荀子著述中唯一的一篇文学作品《赋》是否完成了文艺的实践呢?笔者以为,这是一个值得探讨的问题。在整体关注文本并集中阐发这一问题的同时研究也实现了对"赋"之文本价值的观照,力图挖掘出文本本身所呈现出的美学价值与文艺精神,以此建构起荀学文艺实践的理论自觉。

回顾文学史可以发现一个通例,理论的建构是一个哲理思辨的过程,而文学的创作是一个将感受与理论相结合的实践过程。对于文学家而言,文学创作与文学主张是发生在实践和理论这两个不同的序列之下的,而在理论建构的实践中有的人是统一的,有的人是不统一的。有一部分文学家在建构其文艺思想体系过程中提出了文学理论主张,并自觉按照其文艺理论进行文学创作,开启以诗、赋、词为表现形式的文学实践;还有另外一部分文学家虽在这一过程中建构了自己的文学主张,但在具体的文本实践中却与原初的建构意识形成差异,未能将其理论贯彻到具体的文学实践中。荀子的《赋》篇的建构过程是其对文学思想的实践过程,"赋"之出现并被引入功利文学观照的体系恰恰形成了"赋"自身独特的实践意义与文化价值,即"赋"是荀子文学观的一种实践,这一点与荀子文艺观的具体实践相互应和。在具体的实践中,由于"赋"的篇幅较小、内容较少、与社会的接触面也比较少,故其未能展开对荀子功利文艺观的全面实践,只能体现某些点和面;但"赋"作为一种文学体式,形成了自身的文学史意义与实践意义,这是毋庸置疑的。

从一定意义上说,荀子对"赋"的尝试更多在于实用性,较之汉大赋在文学性的表达上有着较大的差异。如果说荀子之于"赋"是一种尝试的话,那么《赋》篇的建构就表达了荀子世界观的建构,荀子也以此完成了一次从世界观到文艺观再到实践观的思想跨越。因而可以说,荀学思想的整体回溯就是对其所建构的功利文艺观的审视,既有历史维度,又有文学维度，更杂容了荀子的思想维度。本书在研究中发现，学术界对荀子之"赋"的研究中并没有走向深入，相关理解认识只停留在一个狭义的层面上，而没有在一个广阔的历史层面上对"赋"进行重新审视，也没有重新认识赋本身所表现出的审美意义与文化内蕴。学术界对这一问题重视程度的缺乏，一定意义上影响了"赋"之文本本身价值的挖掘，也难以诠释"赋"这一文学实践与荀子文艺理论之间的关系。较之抒情文学的惯常表达方式而言，"赋"作为一种艺术的表现技巧或是文学的文体，其以叙事性见长，内蕴丰富、表现力厚重，但感染力和抒情气韵较弱，这也在一定程度上影响了"赋"这一文体的艺术表现力和传达力；在文艺欣赏的过程中，不免落上繁复冗长之嫌，这一点与古人之力求精练简约之文理相对，难以达到"一语切中要害"的精妙效果。

需要着重指出的是，荀子之"赋"是一种具有特殊意义的文学实践。这个特殊意义是关涉"功利"的。如果说荀子的文艺思想是以功利化为目的的，那么其《赋》篇作为荀子的文学实践是否具有功利性征呢？又是否在其功利视域之下对附丽之美表现出欣赏与认同呢？这些有关功利性征的讨论是值得我们在今后研究中深思的问题。荀子在构筑其思想体系的同时也呈现出一种观望的态度，其尝试以自己的具体实践来建构功利文艺观，而《赋》一篇既是文学实践，又是对其所建构的功利观念的隐性诠释。从一定意义上说，荀子的功利思想与其文学实践在观念、内质上是趋于一致的，但观念不是独存的，要有具体的文本依托，而体式不同的文学表征恰恰充当了这一媒介。可以说，"赋"篇的具体实践在思想上是复"礼"的，而在表现形式上是新鲜的，在具体的表达上是尚"文"的，而在理路的应用上却是同功利本身相悖的。如果按"赋"取"隐喻"之说来推论，那么"隐则不发"就会导致"喻则曲解"，故"隐于外而发于内"。本书尝试论证的观点是，荀子之"赋"的实践代表了其理论实践的自觉意识，将"赋"纳入荀子文艺思想的观照视域，可以诠释荀子尚"文"的功利实践，其《赋》篇的建构实绩也体现了荀子向这一方向的努力，但其《赋》篇之文学表达与文采铺排较之汉大赋却并未能使华丽臻于极致，只能说是对"文"的实践的一种尝试，而展现的是一种对华美的追求与文化向度。

第二节　"谜"及其文学文体的尝试

谜语是一种语言现象，一般由三部分构成：谜面、谜目和谜底。其中，谜面是谜语的主要组成部分，是谜语的已知部分，提供解谜所需的线索；谜目为猜谜者提供了谜底所属的范围；谜底就是谜语的答案。可以说，谜语在中国文化的历史谱系中源远流长；谜语是一种思考与认知的机制，作为文学的体式谜语熔铸了民俗学、修辞学、语言学的要素，展示了推理的乐趣，也凸显了语言的魅力。回到文本，可以发现荀子的"赋"篇既有谜语的内蕴，又饱有赋文的外形；从一定意义上说，其容纳了"谜"这种文体内在的隐逸的思维想象，也可以说，荀子创作的《礼》《知》《云》《蚕》《箴》五篇赋就是一种"谜"，其是作为民俗文化内核所进行的一种文体尝试，也是文化传承的符码。

一　设覆与作答：文本的实践

由于诗歌和赋文具有同源性，即诗赋同一性要素十分明显，故从这一角度上说，对文结构的形成也是一个"互通"的过程，即前文与结语的对文互通。从体式与形态上来看，"谜"是一种由对话结构衍生而形成的对文结构，即"谜语"中谜面与谜底的对文。谜面多源于生活，使用通俗的语言。即使是成句，也是平易近人的。

回到荀子的文本，在《荀子·赋》一篇中《礼》《知》《云》《蚕》《箴》五篇赋文，从内容上看皆是一种谜语，其有谜面也有谜底，都是先铺陈叙述谜面，然后再揭晓谜底，即以射覆（谜面）与作答（谜底）相结合的形式，实现二者的对文，从而完成文学文本的实践。

首先，来分析赋文的射覆部分，也就是谜面部分。《荀子》全书五篇赋，在谜面的叙述中，也多采用对话结构来完成，这就是对文的实践。在《荀子·赋》的开篇"礼"赋中，谜面是用对话方式呈现的。比如"礼"赋一段，以臣子和王的对话构成谜面，集中展示了"礼"的形象与社会作用，对话以天地万物之玄妙大理开启，指出了"礼"存在的重要性和必要性，日、月、丝、帛、生、死、军事、政治等概念的引入，进一步将抽象的"礼"的理念具体化了；同时，王的回答层层深入、反复诘问，更说明了施行"礼"对社会稳定、民生安乐的积极作用。而在"知"赋一段，其谜面依然以对话形式展开，在对话中，以"桀纣之乱"和"汤武之贤"构筑"知"发挥社会功能的文化历史背景与客观条件，强调"知"是"君子"的必修课程，进一步阐发"君子"应修习真正的"知"的文化理念，只有"君子之知"方可成就"血气之精"、"志意之荣"，指出"君子"需做到"跖以穿室""精微而无形"，这样才能"行义以正，事业以成"；之后就以"臣愚不识，愿问其"为契机，以臣子自谦的问名，导引出君的对答，以反复诘问的方式阐发"知"在认知领域、诠释领域、文化领域以及审美建构领域所发挥的积极作用，集中描绘了"知"存在的客观状态，指出"知"的重要性，强调"知"是使"天下""百姓"得以"有待"而进入"明达纯粹毫无瑕疵"之高妙境界的有效依据。《礼赋》与《知赋》两篇，荀子以"抽象"的理念作为所描述的对象，而后面三篇赋以具象的事物作为所描述的对象。内容上皆是以物作喻，言明更深层次的道理，进一步指称具象事物的功能与意义，形式上依然沿用对话的方式。第三段，荀子以自然之天象"云"设赋，谜面用对话加以呈现："云"赋一段的谜面，首先阐发尧、禹之德厚，进而强调"圆者中规，方者中矩"的普遍规则，以"忽兮其极之远也鼃兮其相逐而反也，卬卬兮天下之咸蹇也"的形象化描述极力铺陈"德厚而不捐，五采备而成文"的大盛美德。在此基础上，连臂设喻，将物象与社会政治生活紧密结合，阐发"失之则灭，得之则存"的天下大治之法；再以"弟子不敏，此之愿陈，君子设辞，请测意之"之语引出对答，并用层层诘问的方式阐释治理天下的方法，期待以"往来惽惫，通于大神"的神奇之境而达到"托地而游宇，友风而子雨"的美好效果。承接上一篇赋文，荀子以普泛之生物"蚕"设赋，其谜面依然以对话的形式展开：对话以"有物于此"的技巧铺陈展开，极言其情状，而对其功用亦极尽铺排赞美，称其可以"屡化如神，功被天下，为万世文"①，亦可以"功立而身废，事成而家败。弃其耆老，收

---

① 王先谦：《荀子集解》，中华书局1988年版，第477页。

其后世"①，推而广之则可"礼乐以成，贵贱以分，养老长幼，待之而后存"②，打造其成为"身死而化美"的象征。在充分论述的基础上，荀子以"臣愚不识，请占之五泰"③的谦语引出下面的对文。对文以"此夫身女好而头马首者与?"④到"屡化而不寿者与?"⑤到"善壮而拙老者与?⑥"再到"有父母而无牝牡者与?"⑦的层层深入式诘问，在反复铺陈描述中表达了对"蚕"的高度评价。所谓"冬伏而夏游，食桑而吐丝，前乱而后治，夏生而恶暑，喜湿而恶雨，蛹以为母，蛾以为父，三俯三起，事乃大已"⑧揭出的是"蚕理"，意在言明"真理"，即"大道之理"；谜面也以此设喻意在展示出"蚕"牺牲自我、成就后世、建功立业的博大精神。第五段，荀子以家常之用具"箴（针）"设赋，谜面的对文结构依然沿用前述方法：谜面开头，以文学的笔法设喻明理，谓"细微之物，通于大理"⑨即是这一段的核心要义，从正反两面的对比关系建构了"针"的具体功能，即"无知无巧，善治衣裳。不盗不窃，穿窬而行"⑩，又通过类比和联想建构起"针"文化功能"日夜合离，以成文章。以能合从，又善连衡"⑪，在此基础上，以推论的形式展示了描写对象强大的社会功能。对答的部分，以"夫始生钜，其成功小者邪？长其尾而锐其剽者邪？头铦达而尾赵缭者邪？"⑫三个问题开启，可谓"下覆百姓，上饰帝王。功业甚博，不见贤良"⑬，可见，"箴理"当为治世之良方。

而答案部分，则展现了对文结构的另一个重要的部分，即谜底。

---

① 王先谦：《荀子集解》，中华书局 1988 年版，第 478 页。
② 同上。
③ 同上。
④ 同上。
⑤ 同上。
⑥ 同上。
⑦ 同上。
⑧ 同上书，第 479 页。
⑨ 同上书，第 480 页。
⑩ 同上。
⑪ 同上。
⑫ 同上。
⑬ 同上。

第一赋文：

致明而约，甚顺而体，请归之礼。礼。①

第二赋文：

血气之精也，志意之荣也，百姓待之而后宁也，天下待之而后平也。明达纯粹而无疵也，夫是之谓君子之知。知。②

第三赋文：

托地而游宇，友风而子雨。冬日作寒，夏日作暑。广大精神，请归之云。云。③

第四赋文：

夫是之谓蚕理。蚕。④

第五赋文：

既以缝表，又以连里：夫是之谓箴理。箴。⑤

五篇赋文，五个谜底，即"礼""知道""云""蚕""箴"，这也是五个射覆的作答部分。其对文结构清晰明了。而如果按照这样的逻辑思维出发：人有所颂祷，用诗歌进呈给神；神有所暗示，也用诗歌传达给人；这种神秘玄奥的传达方式，大多是隐语，民间诗歌是这样，一些庙堂诗歌更是这样，各个时代的诗人也受其影响。从诗歌创作心理和读诗者的心理

---

① 王先谦：《荀子集解》，中华书局1988年版，第476页。
② 同上书，第477页。
③ 同上书，第478页。
④ 同上书，第479页。
⑤ 同上书，第480页。

来看，突然看到事物中不寻常的关系，而加以惊赞，是一切美感态度所共同的。正如文中所言："血气之精也，志意之荣也，百姓待之而后宁也，天下待之而后平也。明达纯粹而无疵也。"此处的谜语，是广义的"谜语"，既包含了事物谜和文义谜。又包含了民间谜语，儿童谜语及猜谜形式的歌谣、灯谜等。作为学术研究对象的谜语，不仅仅是作为语言现象来探讨的，更是一种学科交叉融合的文化现象，而对这一问题的研究也具有尝试意义。

二 "谜"之隐逸与思维的想象

谜语是一种非常普遍的语言现象。谜语一般由三部分构成：谜面、谜目和谜底。在谜语的文本实践中，谜面能够含隐谜底，这是对谜面的内在规定。谜面必须隐匿谜底，是对谜面的最低要求。谜语的隐逸思维作为一种认知机制，催促了思维想象的发生，其在谜语的构建与解读过程中扮演着重要角色。在谜语中隐喻的建构与解读形成了认知运作机制，并进一步完成空间的建构与指涉。先秦、两汉是隐逸诗的滥觞期，此时隐逸诗具有明显的不成熟性，但它们所开创的隐逸主题既是中国传统文化的重要组成部分，也是隐逸思想的文学源头，对后世具有极其深远的影响。而无论是游仙隐逸诗、招隐诗、田园隐逸诗、山水隐逸诗、佛理隐逸诗、吏隐诗，还是后世隐逸诗，都是从社会秩序、思想基础、士人心态、隐逸传统等方面阐述了隐逸精神高扬的社会根源和历史根源，也是一种隐逸的实践。

首先，在探讨这一问题时，可以发现隐逸思维在谜语中呈现出不同的实践类型。从隐逸思维的集中化思考中，可以发现谜语中的隐逸思维是普适性的。荀子的五篇赋文皆是例子，从实践的角度上说还没有形成完整意义上的谜语，而是在借用谜语的主题形式应用了隐逸思维，也驰骋了想象。其次，在谜语中隐逸思维与想象力是充分融合的，也就是说隐逸思维能够体现出丰富的想象力。谜语源自于现实生活的观察和体验，通过认知思维完成猜谜的过程。隐逸思维作为一种在艺术创造中的参与要素，具有不可或缺性，能够在更大意义上发挥"思维"的指导性作用。作为艺术思维的隐喻具有强烈的情感性、稳定的整体性和丰富的象征性，这些特点是让隐逸思维成为艺术必备思维的决定性因素。最后，荀子的五篇赋文充分展示了一条明确的隐逸思维语言构链。荀子五赋的结构构成，形成了独特的隐逸思维构链。即"隐说——铺桥——诘问——显说"，而这里所谓的"铺桥"就是搭建了显在与隐逸之间的桥梁，从而体现出认知思维的共性与隐逸思维饱藏的内蕴与张力。从隐逸思维的宏观思考角度出发，"谜"是一种体式与形态上的对话结构或对文结构，而"谜语"中谜面与谜底的对文也呈现出一种矛盾，即"隐逸"与"显在"的矛盾，而二者也是对立统一在同一篇谜语或赋文之中的；因此，隐逸思维的存在强化其寓意的表现，更展现了谜自身的特质，即由隐逸到显在的思维勾连，同时大量想象、象征等手法的运用更增加了艺术的表现力。

三　"隐喻"：一种游戏

隐喻就是使用比喻性语言来阐释和传达人们的思想和往是心理对外界客观事物的体验和延伸。在这里，情感的施放是通过比较含蓄的言语来传达更加强烈、更加生动的语境，诗人在诗歌中借助"隐喻"来阐释美、传递美，读者从隐喻中理解美、感受美。诗中，常常借助隐喻，把对外界的感知和心理上的体验贯通起来，就产生了一种审美体验，而这种审美体验传递给读者，就能唤起读者对美的思考和情感的共鸣。隐喻阐释、隐喻现象在我们的生活中普遍性地存在，让我们反而很难感觉到它的存在。诗歌中的隐喻与日常语言中的隐喻有近似性特征，而谜语作为特征明确的独立文学体式拥有独特的思维方式与思维空间。

而实际上，作为"谜语"，无论是事物谜，还是文义谜，抑或是灯谜和民间谜语，都是一种语言现象，谜语的隐喻是认知语言学层面的思考，正如《荀子·赋》篇之中论述"佹诗"一段即是隐喻的一种表达：

在《荀子·赋》篇中，以"佹诗"阐述天下之理、公正之道，正如文中所述"昭昭乎其知之明也，郁郁乎其遇时之不祥也，拂乎其欲礼义之大行也，闇乎天下之晦盲也"①，故其气势与游戏的基调就此展现端倪。朱光潜试图挖掘一些民间歌谣创作上的谐、隐、文字游戏作为立论的依据，从非主流文学对主流文学的特征进行说明，是不够充分的。而从这个意义上分析，隐喻为藏匿提供了一个很好的视角。隐喻的基础是人类共同的经验，而从某种意义上说，隐喻是一种心理映射，是人们将对此事物的认知

① 王先谦：《荀子集解》，中华书局1988年版，第480页。

映射到彼事物上，形成了始源域向目标域的跨越。需要指出的是，隐喻的心理映射可能牵涉此事物与彼事物的内在特性的关联，也可能牵涉两者兼二有之的关系。

从谜语的思维逻辑可以窥见语言的体验性和隐喻的共性，可以说谜语并非我国或中华民族独有的语言现象，它是人类共同的思维机制、文化现象。语言与文化紧密相连，在人类相通的普适性思维下不同语言文化载体形成了语言文化的产品，而谜语是人类先民共同的文化产品。可以说，在没有文字以前就已经有谜语了。"谜面＋谜底"，谜面是隐喻的部分，谜底是谜面所指的事物，民间节祀的猜谜、问答体歌谣甚至祭歌或宗教歌谣等等都是谜语文化的精髓和表现样式；在很多情况下，其与人们生活的实际需要直接相关。因此，谜语不仅说明了语言的体验性特征，更是人类语言和认知思维的共性体现。

第三节　文学观念的确立与理论实践的自觉

荀子的文艺思想形成了一个较为完整的审美价值体系，综观其思想脉络，可以发现其思想体系中存在着"功利"与"非功利"两层价值因素，而对其文艺思想的整体把握与审视，也可以明晰"功利"与"非功利"之间的价值功能与逻辑关系。荀子文艺观的"功利"性征在前述五章的论述实绩说明，其占据荀子文艺思想的主流地位，也是荀子文艺思想的核心部分。而"非功利"的因素，是指无关功利的部分，其在荀子的思想体系中客观存在着，是荀子文艺思想体系中的"非主流"部分，也是被排斥在"主流之外"的部分，虽然其在荀子的思想体系中只占据很小的一部分，但作为"主流之外"的部分却与"主流表现"之间存在着隐性的关联，二者共同构筑起荀子文艺思想观念与价值体系。在完善荀子文艺思想体系的建构过程中，可以窥见荀学在整个儒家文化思想体系中的历史地位，也能够进一步探寻荀子其人及荀学在一定历史时期内被排斥在儒学"主流"之外的深层历史动因。

荀子注重实效，因而他援法入儒，以"礼法"为旨归建构起功利的价值体系。应该说，荀子功利观的建构是以人性之恶为发端，以政道之施为旨归的；而在具体的建构中，荀子也保留了儒家之传统文化的核心思想，即以礼乐文化为核心的文艺思想亦形成了价值观念体系，荀子之功利价值观既不同于传统儒家如孔子之"中庸适为"，也不同于道家之"清静无为"，更不同于墨法两家之"隆功重为"，而是杂糅所长、兼去其蔽、集一大成完善其价值体系。从一定意义上说，荀子实现了对先秦诸子文艺观的超越，也展现出其功利文艺观的价值独异性。

当然，荀学思想中的人心之善、人性之美、群体之美、社会之美、复礼之"文"、诗乐之象，无不是荀子对文学艺术的理解和诠释。应该说，荀子以"功利目的"来诠释"审美"，完成文化实践的学术理想，从而建构起以儒家"礼""乐"文化为积淀的学术观照体系。在《赋》篇对文艺理论的不自觉的实践层面之上，荀子的整部著作也呈现出一些特有的文学表征。荀子著述中的一些非功利性征的表现，是以文艺为目的的具体文学表征。

本书在研究中，形成了对"对文结构"的集中关注。笔者以为对文结构就是由两个部分所构成的相对或相近或同一的问题，其意义应用近似于我们今天的"对比"修辞。荀子在整部著作中对"对文"的应用是十分广泛的：大如文题、小如语辞，广如"范畴"之"立"、杂如观点之"对"等。本书在研究论述中将这些问题归入"语式对文"和"思想对文"这两个具体的表现序列。"语式对文"的表现就是以一问一答的形式展开的，比如《赋》篇中最具代表性的五篇设赋之论就是非常有代表性的例子，还有在《荀子》文本的其他篇章之中大量存在的孔子与荀子的对话、墨子与荀子之间针锋相对的辩论都是"对文语式"的表现。荀子文本中这样的例子很多，这里就不再详赘。而"思想对文"则表现在具体的语义范畴和论述观点的建构中。

荀子著述中最明显最直接的体现就是"篇目名称"的"对文"诠释，如《荀子·荣辱》篇之"荣"与"辱"、《荀子·解蔽》篇与《荀子·正名》篇之"蔽"与"名"等。而在具体的论述中涉及"对文"的范畴就更多了，比如"义"与"利"、"君子"和"小人"、"荣"与"辱"、"贵"与"贱"、"是"与"非"等；也有论证观点上的"对文"，比如荀子的"立乐观"与墨子的"非乐观"。除此之外，还有论证事例本身的"对文"，如《荀子·解蔽》篇之"蔽塞之祸"与"不蔽之福"就是不同对文的例子。应该说，荀子的整部著作也呈现出积极的文化建构意识与昂扬向上的美学精神。荀子之思想博大精深，其著述亦形成了较为完整的理论实践体系，他饱有积极的文化建构意识，突出的表现就是荀子对以"人性"为基础的"教化"理论和以"礼""乐"文化的积极建构；而荀子对"尚文"的推崇，对"礼""乐""诗""赋"的积极实践，也表现了他对艺术的追求与对"美"的向往。可以说，品读荀子的作品就能够感受到荀子的文化态度、人生态度以及他可贵的文学精神。

第七章 争鸣与差异：荀学思辨的文化维度

本章以"争鸣"与"差异"为观照视域，集中阐发荀学思辨的文化维度及其相关问题；具体的分析阐释从先秦学术视界总论、"善""恶"之维、"礼""乐"之美、"文""质"之观、"有待""无待"之间、"义""利"之辨六个层面展开。在分析研究中，将焦点置于先秦诸子学术思想的文化视界中，一方面多层次、多角度地展现先秦学术视界思辨、交融的文化样态，阐发正处于批判、裂变与整合中的学术视界本质；另一方面，通过思想观念的比较，形成以荀子思想为轴心的辐射性研究。在具体的论证与阐释中，将荀子与孟子的人性观、荀子与墨子的礼乐观、荀子与韩非子的文质观、荀子与庄子的"道"范畴、荀子与经学传统的比较等作为研究向度，在学术批判交融的传统维度中明晰荀子与诸子思想比较的学术指向及意义，并进一步确证荀子及其学术思想在中国文化谱系中的地位与价值，从而构筑起中国思想史研究的整体观照与文化维度。

第一节 批判、裂变与整合的先秦学术视界

历史上的先秦时代正处在文化变革的特殊时期，批判、裂变与整合既是先秦学术视界的发展脉络，也是先秦学术视界的时代特征。文化沿革的学术争极带来了思考以及更多的反思，这种思维世界的理论提升就形成了先秦学术视域的批判与学术思想的分野，儒家、道家、墨家、法家、杂家、纵横家皆出于此一时期，而各家思想与各家文化体系的整合也从一个侧面证明了其间差异的存在。通过对批判、裂变与整合的先秦学术视界进

行梳理研究，能够对先秦学术视界形成总体概览，而这也正是研究先秦文化与学术的时代徵件。

一 先秦学术视界概观

从荀子著述的文本表现可以感受到他作为文学家的一种理论潜质与文化积淀，亦足见其对世事的关注所形成的独到观念与理论识见。笔者考察荀子思想之观念、价值、体系的生成路径，意在以此建构对荀子的思想体系的评价，实现对荀子思想体系的整体性把握与宏观的审视。在具体的分析研究中，荀子的学术思想体系由紧密关联的四个层面构成。其一，是批判儒家裂变趋势、整合儒家文化的层面；其二，是学术思想理论建构的基础层面；其三，是文艺思想的专属层面；其四，是文艺思想的实践层面。

孔子之后，儒家思想离析为八派，出现了不同的学说指向，学术思想的分野在一定程度上削弱了儒家思想在整个社会政治文化环境中的地位影响，这也在一定程度上使儒学的发展面临新的困境与问题。在儒学之"圣道"下，儒家各派的异端显现出来，周代礼乐文化的持续性影响使得战国百家争鸣走向学术交融的历史趋势，在这一过程中荀子也构筑了其在儒学体系中的核心地位。荀子的思想充满了事功精神，在建构文化政道空间的前提下，其关注社会、关注现实的人性，以"礼""仁"等为核心，提出"教化"理论，以诗教、乐教、言教、礼教等不同的教化方式来实现教化以"立说明道"的理论向度，与此同时，其学术思想理论建构之主动、文化阐释之自觉、理论思想之文艺实践等，都是十分务实的，这些也都在先秦学术思想体系的诠释与构建中发挥着重要的作用。

二 荀子与诸子思想比较研究的学术功能

对于荀子学术思想的把握在横向与纵向两个序列中，其主体路径亦由诸多要素共同构成，即历史性、必然性、主体性、策略性等。而在多维视界下，对诸子的学术思想进行比较研究，一方面能够更加明确荀子学术思想的时代意义；另一方面也可以充分看到历史·思想·文化的融合研究的学术功能。从荀子其人其思来看，无疑是儒家思想文化传承中拓进转型的重要开拓者，对其思想的比较研究实践对于先秦学术思想的整体建构尤为重要，也在一定层面上也可为荀学思想的文化研究找到新的生长点。

其一，从比较研究的历史性上看，体现为政权迁变与历史机缘。荀子是一位学理深厚的思想家，司马迁在《史记》中独以孟子荀卿并传，可见当时荀子地位之高。历史上对荀子、《荀子》文本以及荀子学术思想的研究构筑起荀学的研究传统，而荀学的研究荀子的文化精神对现代社会的建构意义与文化价值也在研究中逐步显现出来。笔者力图从《荀子》文本的细读入手，从《荀子》文本本身出发，还原荀子的时代背景与历史语境，在对《荀子》文本追本溯源的论证过程中阐释荀子学术思想的历史发生与文艺表达、学术的生存样态与审美的艺术追求，以多元的视角展示荀子思想的发展脉络与文化语境，以期实现对荀子的全面关注。

其二，从比较研究的必然性上看，表现为审美承延与时代催促。面对战国思想交融又纷繁复杂的历史环境，功利思想的发生可以说是一种必然。儒家的人世之道与道家的人格理想都是构筑先秦世人精神视野的重要要素，而面对当时的社会生活实际，很多思想家都渴望著书立说，用自己的言行影响社会生活的诸多层面，甚至为当时诸侯争霸的统治者所用，这一点也是学术争极与碰撞的一种必然，作为时代的特征，这一点的发生也是时代催促的结果。

另外，作为审美视野的沿承序列，文化意旨在生成过程中，伴生着一系列预留于文化母题中的文化符码，文化在传承中会形成一系列相对稳固的规则脉络，在传承与实践中会根据这些有所选择。回顾先秦的学术视界，无论是孔子孟子的儒家文化一脉，抑或是老子庄子为代表的道家文化一脉，还是韩非子所代表的法家以及墨子所代表的墨家间或杂家、纵横家等，对一思想或一学风、一流派的研究都需要深入细枝末节，特别是其所生成的社会功能，不宜进行笼统的承认和否定，应具体问题具体分析，而所谓"论甘而忌辛，好丹而非素"① 即为此理，亦可算通达之论。而对于如何进行思想体系性把握和文化完备性的研究，审美的催促力量和时代文化的催促性在其发生的过程中发挥着重要的作用。

其三，从比较研究的主体性上看，表现为危机意识与理想人格。先秦世人作为社会的文化推动者，其理想人格的塑造主要在于两个方面：其一

① 据（清）胡克家《文选考异》，见李善注《文选》胡刻本附录，中华书局（影印）1977 年版。

是普遍的忧患意识，其二是世人的入世追求。忧国忧民既是先秦儒家忧患意识的核心内涵，也是儒学思想积极入世的重要特征，这一点的形成与儒家学人关注人生、关注群体、关注国家和社会的前途命运息息相关。先秦儒家，一方面把国家和社会的利益放在首位；另一方面也积极追求安邦定国、匡济天下的社会理想；与此同时，也可以确证这些也是理想人格塑造中不可或缺的重要因素。

其四，从比较研究的策略性上看，表现为欲望规训与意义表达。对于比较研究的学术方法而言，是具有直面问题与分析问题的策略性的，而其比较研究的价值性与功能性也得以显现。将荀子的学术思想与老子、庄子、孔子、孟子、孟子、韩非子等人的学术思想进行比较研究，可以多维度、多视角地展示荀子的学术思想，借以窥见荀子思想的全貌，并以宏观的视野展现先秦学术视界的广泛维度。儒家的那种乐生入世、积极进取、关切世事、洞悉历史进程的文化传统，先秦儒家对现实世界的肯定，对生命的敬重，对人生意义和价值的深入思索，对国家、社会和民生的深深忧患之情，分体现了儒家的救世精神，这就是先秦儒家所主张的在改造现实、维护国家整体利益中实现个人的人生价值的宗旨所在，也是它之所以赢得全民族成员心理认同并历久不衰的根本原因。孔子曾说："未知生，焉知死？"[1] 明显地体现了儒家对死亡的回避搁置态度。孟子也曾在自己的著述中指出："人之所欲，生甚矣；人之所恶，死甚矣；然人有从生成死者，非不欲生而欲死也，不可以生而可以死也。"[2] 在儒家的文化谱系中，一种较为普遍性的观点认为，人只有在现实世界中创造生命的社会价值，才能达到对死亡的真正超越，寻求到生命的永恒意义，而这一点也成为儒家的精神旨归。从这一个层面上来看，荀子思想的缘起在于"性恶观"，是与生命的本质与存生的意义相互关涉的，其发生是源于人性有各种不同的欲望，而提升人性之修养、规避人性之恶也成为欲望规训的缘起。在先秦的学术视界中，将荀子思想同诸子思想进行比较，可以更深入地剖析荀子的思想根源，而进行诸子思想比较研究的策略性也在文化意义的诠释与表达中得以彰显。

---

① 孔颖达：《论语注疏》，十三经注疏本，中华书局 1980 年版，第 2469 页。
② 焦循：《孟子正义》，中华书局 1987 年版，第 125 页。

第二节　"善""恶"之维：以荀子、孟子人性观为例

在功利与审美的纠葛中，"人性"问题成为思辨的缘起。"人性"的"善""恶"之辨，是儒家文化伦理的价值思考。将荀子与孟子的"人性观"及其思想进行比较，并不是一个崭新的课题，但在"人性"层面之下进行生命语义的文化观照，却另辟蹊径地将研究对象纳入崭新的理论视野之中，则开辟了广阔的文化论域空间。荀子认为"人性"的本质为"恶"，而孟子则认为"人性"的本质为"善"；荀孟二人文论体系的论辩焦点就在"人性的本质"与"生命存生的不同方式"这两个问题上，而这正与本章的论述主题相适，将二者的"人性"观进行比较在一定层面上实现了主题阐释的拓展和延伸。本节重点关注孟子与荀子的"人性"观的差异呈现以及差异衍生之下的审美的悖辩，分析以七个层面展开。

一　人性之思

所谓"世易则时移，时移则备变"，生存策略的疏离与改变，其原因的归属都是生存环境发生了更易和变化。生存境遇的改变为儒家的入世思想的实践提出了新的生存课题，在这一层面上，儒家本身所固有的思想性质与承继脉络也决定了其以生存需要为目的而进行的"和适"的修正与改变。由于孟子与荀子皆处于儒家思想的传承序列，故二者皆推崇儒家以"入世"为目的的文化传统，因而二者的功利指向是一致的；但由于他们所处的生存时代具有相继性、具体的环境也发生了变化，所以他们对生存方式的选择也有所差异。孟荀二人的思想体系在审美体悟、认知取向、文化心理、表达方式、艺术追求等方面都存在差异，这也是形成孟子与荀子思想"人性"观差异的根本原因。

孟子认为"人性"的本质是"善"，而荀子认为"人性"的本质是"恶"，故二者的差异集中表现在"人性"的本质属性层面上。无论是人性之"善"还是人性之"恶"，都是对"人"的属性特征的概括，都是对

于"人"的生命性征追本溯源的阐释，而对"人性"问题的探究也是文学史研究中一个既有传统底蕴又有现代意义的文化主题。在中国历史的长河中，已经形成了对"人性"的诠释传统，但将其纳入文化观照视野并给予理论定位的应首推孟子。孟子在《孟子·滕文公上》篇中，明确提出了"性善"之说，并进行了较为集中的论述：

> 滕文公为世子，将之楚，过宋而见孟子。孟子道性善，言必称尧舜。世子自楚反，复见孟子。孟子曰："世子疑吾言乎？夫道一而已矣。"成谓覵齐景公曰："彼丈夫也，我丈夫也，吾何畏彼哉？"颜渊曰："舜何人也？予何人也？有为者亦若是。"公明仪曰："文王我师也，周公岂欺我哉？"今滕，绝长补短，将五十里也，犹可以为善国。书曰：若药不瞑眩，厥疾不瘳。[1]

而荀子在自己的文论中也对其"性恶"观展开了集中论述，并且集中大量的阐发了"性恶"的抗辩观点，《荀子·性恶》一篇有云：

> 凡性者，天之就也，不可学，不可事。礼义者，圣人之所生也，人之所学而能，所事而成者也。不可学，不可事，而在人者，谓之性。[2]

又云：

> 今人之性，目可以见，耳可以听；夫可以见之明不离目，可以听之聪不离耳，目明而耳聪，不可学明矣。[3]

在此基础上，荀子篇进一步阐发道：

> 今人之性，生而离其朴，离其资，必失而丧之。用此观之，然则

---

① 焦循：《孟子正义》，中华书局 1987 年版，第 315—321 页。
② 王先谦：《荀子集解》，中华书局 1988 年版，第 435—437 页。
③ 同上。

人之性恶明矣。①

故云：

> 用此观之，人之性恶明矣，其善者伪也。②

因此，二者皆有对于人性问题的深入思考，也都进行了相关的论述，直陈观点，而人性问题的思考焦点也就此产生。

二　善恶之质

孟子在《孟子·告子上》的第六语段中也对"人性善"的问题进行了集中的阐释：

> 公都子曰："告子曰：'性无善无不善也。'或曰：'性可以为善，可以为不善；是故文武兴，则民好善；幽厉兴，则民好暴。'或曰：'有性善，有性不善；是故以尧为君而有象，以瞽瞍为父而有舜；以纣为兄之子且以为君，而有微子启、王子比干。'今曰'性善'，然则彼皆非与？"
>
> 孟子曰："乃若其情，则可以为善矣，乃所谓善也。若夫为不善，非才之罪也。恻隐之心，人皆有之；羞恶之心，人皆有之；恭敬之心，人皆有之；是非之心，人皆有之。恻隐之心，仁也；羞恶之心，义也；恭敬之心，礼也；是非之心，智也。仁义礼智，非由外铄我也，我固有之也，弗思耳矣。故曰：'求则得之，舍则失之。'或相倍蓰而无算者，不能尽其才者也。诗曰：'天生烝民，有物有则。民之秉夷，好是懿德。'"③

此外，《孟子》文本的其他篇章也兼及对人性的问题进行了论述。在

---

① 王先谦：《荀子集解》，中华书局1988年版，第435—437页。
② 同上。
③ 焦循：《孟子正义》，中华书局1987年版，第748—758页。

上述引文中，孟子的观点指向明晰，孟子认为"人性"之"善"是人性的基本，其以对话展开论述并彰明观点，他指出人性之善以"尧舜"之美誉"必称"，这样一方面为自己的理论发生找到历史的依据；另一方面又为自己的人性观"释疑"。面对世人的存疑，孟子以类比论证的方式一一拆解，将自己的人性观置于宏大的社会历史文化视域中进行求证，并得出"犹可以为善国"的结论。孟子在论述中援引《尚书》之语"若药不瞑眩，厥疾不瘳"为自己的"性善观"正名；而在《孟子·告子》篇中，孟子则从反驳告子"性无善无不善"之论中阐发自己的观点。孟子首先标榜"乃若其情，则可以为善矣，乃所谓善也"之说，对告子的"然则彼皆非与"进行抗辩，孟子指出如果"人性"不能表现为"善"，那么就是一种"非才之罪"了。紧接着，孟子从正面角度指出所谓"倾恻隐忍之心境""羞耻厌恶之心境""谦恭尊敬之心境""明辨是非之心境"皆是"人皆有之"，从"人性"之层面为"善"诠释；而"恻隐之心""羞恶之心""恭敬之心"和"是非之心"作为美善意愿的文化表达，正是"仁""义""礼""智"等社会伦理规约的集中表现；孟子对"仁""义""礼""智"的崇尚，也是对儒家伦理文化中的中正思想的诠释。最后，孟子以"求则得之，舍则失之"的诉求原则建构起"人性"向"善"、趋"礼"于"崇"的生存逻辑，并援引"诗"之"天生烝民，有物有则。民之秉夷，好是懿德"和"孔子"的"为此诗者，其知道乎！故有物必有则，民之秉夷也，故好是懿国德"作结，以此表达其诗礼规范下的艺术理想，完备其"性善"观。

而荀子在自己的文论中也对其"性恶"观展开了集中论述，并且以"以破为立"的论辩方式对孟子的"性善"观进行了积极的抗辩，《荀子·性恶》一篇有云：

> 孟子曰："今之学者，其性善。"
> 曰：是不然。是不及知人之性，而不察乎人之性伪之分者也。凡性者，天之就也，不可学，不可事。礼义者，圣人之所生也，人之所学而能，所事而成者也。不可学，不可事，而在人者，谓之性；可学而能，可事而成之在人者，谓之伪。是性伪之分也。今人之性，目可以见，耳可以听；夫可以见之明不离目，可以听之聪不离耳，目明而耳聪，不可学明矣。

孟子曰："今人之性善，将皆失丧其性故也。"

　　曰：若是则过矣。今人之性，生而离其朴，离其资，必失而丧之。用此观之，然则人之性恶明矣。所谓性善者，不离其朴而美之，不离其资而利之也。使夫资朴之于美，心意之于善，若夫可以见之明不离目，可以听之聪不离耳，故曰目明而耳聪也。今人之性，饥而欲饱，寒而欲暖，劳而欲休，此人之情性也。今人见长而不敢先食者，将有所让也；劳而不敢求息者，将有所代也。夫子之让乎父，弟之让乎兄，子之代乎父，弟之代乎兄，此二行者，皆反于性而悖于情也；然而孝子之道，礼义之文理也。故顺情性则不辞让矣，辞让则悖于情性矣。用此观之，人之性恶明矣，其善者伪也。①

　　荀子的论述集中阐释了其"性恶"观。荀子针对孟子的"性善"观进行针锋相对的论述，层层拆解、逐一击破，在阐发"性恶论"时展现了非凡的论辩色彩。由于"人性"之"恶"的问题在本章的前半部分已经有详细的论述，故不再详赘。笔者期待从二者伦理思想的比较中，考量他们"人性观"的建构意义与理论价值。

三　本质之辩

　　孟子与荀子的文论体系，在"人性"问题的本质属性层面上存在着差异。考证孟荀二人思想体系的本质差异可以透射二者文论的核心，也可以建构文艺研究的本质意义与原初意义。孟子认为"人性"的本质就是"善"的，他以情性、心境之美誉为证，提出"恻隐之心""羞恶之心""恭敬之心"以及"是非之心"是"人皆有之"的文化设想，阐发并得出人有辨别好恶的能力以及追求美的理想的结论。孟子认为对"仁义礼智"的崇尚，以礼义来规约"人性"，能够实现"人性善"的完满表达，进而构筑其互证式的论辩逻辑。而荀子的观点与此则恰恰相异，荀子认为"人性"是"恶"的，他指出"人之性恶，其善者伪也"，又说"凡人之欲为善者，为性恶也"，"人情甚不美"，并多次在论述中以"用此观之，人之性恶明矣，其善者伪也"来明晰自己的论点。在具体的论述中，荀子以情

_____

① 王先谦：《荀子集解》，中华书局 1988 年版，第 435—437 页。

甚不美和欲望不止为证，认为人之性善是作为性恶之伪的一种审美取向与外在表征，而非人性之本质，但要实现性善之美就要通过教化来达到向善育美的理想与目的，荀子以此构筑了其反证式的论辩逻辑。

应该说，孟荀二人的"人性"本质观形成了二者思想体系的本质差异。但值得关注的是，孟荀二人同属于儒家思想的传承序列，为什么在这一问题的认识上表现得迥然相异呢？本书在研究中将原因归结为三点。第一，从荀子学术思想产生的历史背景来看，荀子的思想体系产生于以孔孟为代表的伦理思想之后，当时孟子的言论已经是"盈盖天下"，这一点有荀卿、韩非之言为证；而在战国风尚中，非有新义不足以著述立说，故荀子"自易于务反孟子之论，以立其说"①，面对孟子的"人性"观念、"人世不得"的"治世"遭遇以及脱离现实的理想缺憾，荀子提出了与孟子完全相对立的"人性"观念。第二，从儒家思想的发展理路来看，孟荀二人同置于儒家思想的伦理视域之中，其功利目的和对主流文化传统的传承是一致的，因而他们都表现出强烈的"入世"观念，都在社会生存的观照中竭尽全力加入社会政治序列之中，以期实现济世治国的生命理想，这也就决定了荀子在自己的理论思想中做出适时的调整也是学术生存的需要。第三，荀子提出"性恶论"，虽是立反孟子之言，但并不是为了彰明"人性"之"恶"，而是为了使"人性"趋于"善"，从而为其思想体系的整体架构夯实基础。在这个层面上，荀子的理论却面临了一个新的问题，他从社会现实出发阐明的"人性"之"恶"怎样与"尊崇礼义"的"美善"理想趋于一致呢？如果说"人性"是"恶"的，那么以此推论"人"势必不会走向"礼义"规约之下的"澄明之境"，但荀子的学术体系貌似牵强缺陷之处恰恰是其完备逻辑语义表征的实践，荀子以"人性"之"恶"为逻辑推演的伊始，以"教化"之功而行"人性"之"善"，展现了"礼义"与"教化"的必要性，进一步创造审美契机。

四　心性之辩

孟子与荀子二人在其"人性"观的建构中，都不约而同地触及了"人"的"心性"问题，并阐发了由"心性"所派生的思维观念的迥异及

① 傅斯年：《中国现代学术经典》，河北教育出版社1996年版，第140页。

审美判断的差别。在文艺美学的研究中，文艺作品形成审美的同感力有多重复杂的原因，而其中很重要的一层原因就是实现了创作主体与欣赏主体的审美契合，达成一种"心理默契"，或者说是所谓的"神交"吧。孟子在阐述自己的"性善"观时，以"恻隐之心""羞恶之心""恭敬之心"和"是非之心"举隅，完成审美意愿的文化表达。正是因为"人"的性情中有这样的感同身受的普泛力量，才使"性善"文学观的审美意旨得以彰显。在此基础上，孟子阐发了在"恻隐之心""羞恶之心""恭敬之心"和"是非之心"的践行之下所形成的"仁""义""礼""智"的文化伦理与审美理想，全面展现了其"境由心生，性缘心属"的审美逻辑。而对于荀子而言，在阐释其"性恶"文学观时，也对"心"之"性"这个核心论域进行了关注。荀子在《荀子·性恶》篇有云：

> 所谓性善者，不离其朴而美之，不离其资而利之也。使夫资朴之于美，心意之于善，若夫可以见之明不离目，可以听之聪不离耳，故曰目明而耳聪也。……若夫目好色，耳好听，口好味，心好利，骨体肤理好愉佚，是皆生于人之情性者也；感而自然，不待事而后生之者也。……今使涂之人伏术为学，专心一志，思索孰察，加日县久，积善而不息，则通于神明，参于天地矣。①

荀子认为"心性"亦是"人性"之展现。荀子"心意之于善"的审美诉求将"心境"的向善之美展现出来，又由理想复归到现实，指出"心之好利"是"性恶"的根本，进而阐释了"性之美"需由"心辩知"，确立了"心性"在审美视野里的认知与定位功能。应该说，孟子与荀子"心性"观的差异就在于他们分别展示了"心性"的两个不同侧面，并以此为自己的人性观念正名。孟子集中展现了"心性"的谦恭明辨的积极的一面，表达了人心向善的审美理想；而荀子则重在建构"心性"的好利向欲的一面，展现了人性之恶的功利缘起；二者虽然都以"心"为自己的思想体系起证，在一定程度上诠释了"心"作为主体元素在艺术思维中的建构作用，也从一个侧面展现了孟荀二人将"心"纳入社会伦理观照视野中所传达出隐逸的文学心声。

---

① 王先谦：《荀子集解》，中华书局1988年版，第435—443页。

五 情欲之辩

在孟子与荀子对"人性"的论述中，表现了他们对"情欲"迥然相异的认知态度。孟荀二人学术态度的差异，集中体现在两个方面，一个是"人情"对"人性"所构筑的审美表现的差异，另一个是"欲望"对"人性"所形成的类属关系的差异。孟子在"人性"视域之下对"情"和"欲"的问题进行了充分的论述，建构了其"治性观"。《孟子·告子上》有云：

> 孟子曰："乃若其情，则可以为善矣，乃所谓善也。若夫为不善，非才之罪也。"①

而《孟子·尽心下》亦有云：

> 孟子曰："口之于味也，目之于色也，耳之于声也，鼻之于臭也，四肢之于安佚也，性也，有命焉，君子不谓性也。仁之于父子也，义之于君臣也，礼之于宾主也，智之于贤者也，圣人之于天道也，命也，有性焉，君子不谓命也。"②

上述两段，为孟子关于"情"和"欲"问题的论述例证。孟子指出，人之"性情"是"可以为善"的表现，"人"之"本性"如此，与后天的才能无关，而在这个角度上"人性"之"善"是一种天然的未加雕琢的人性表现。另外，孟子也阐释了"欲望"在"人性"层面中的存在意义与价值，孟子认为嘴巴对于口味的欲望，眼睛对于颜色的欲望、耳朵对于声音的欲望、鼻子对于味道的欲望……皆是人的本性的表现，是生命体自身的功能需要与实践表征，而真正的"君子"不能只将自己的目标置于这些普通的功能之上，而需要节制这些欲望，以期达到"礼""义""智""圣"的审美规约之下的理想情境，这就是孟子的"治性观"。

---

① 焦循：《孟子正义》，中华书局 1987 年版，第 752 页。
② 同上书，第 990—991 页。

而在荀子的文本著述中，对于情欲的观念，则表现为一种"适性观"。荀子认为"人性"之"恶"，表现为"情甚不美"，而"口""耳""目""心"之"偏好喜恶"则"皆生于人之情性"，是"人性"之自然而然的表现，所以荀子提出了"夫好利而欲得者，此人之情性也"的观点。可以说，在荀子的"人性"视野中，"情"和"欲"的概念是趋于一致的，荀子呼唤"人"之"情性"，也正视"人"之"欲望"，他提出"矫饰情性""扰化情性"的功利策略，并不是"趋礼义而抑情欲"，将人的正常的"情感"和"欲望"扼杀掉，而是希望建立一种"适"的基本氛围，使"人性"的存生状态更合于整体的社会秩序，使"欲望"趋于合理化而引导向善。应该说，荀子以此完成一场"教化"的审美实践。

综上所述，孟子的"治性观"与荀子的"适性观"呈现出对"人性"之"情欲"观念的不同态度，建构了二者情欲观的审美差异，也从对象性的角度为文学视野的理论观照拓展了空间。

六　存生之辩

孟子、荀子二人以生存方式为核心的论辩，代表了一种由"生存理想"向"生存现实"的转向。社会生存的实际告诉我们，解决生命的存生问题是人类建构社会并求得整体发展的根本问题，卢梭在《社会契约论》中曾表现出对这一问题的认同，指出"人性的首要法则，是要维护自身的生存，人性的首要关怀，是对其自身所应有的关怀"。孟子在生命的"存生"的角度上，提出了"人性"的"生存"策略。孟子主张"法先王"，即效法先王的美誉及德行。在具体的论述中，孟子凡论及"人性"之"善"，则必及"唐尧""虞舜"之"三代之美"。应该说，孟子所体现的是一种鲜明的"学古"之风，表达了其"治世存生"的文化理想。而荀子在积极回应历史的层面上提出了"法后王"的理念，作为其"存生"的策略。这一点司马迁在《史记·六国年表》中最早进行了论述："然战国之权变亦有可颇采者，何必上古。秦取天下多暴，然世界异变，成功大。传曰'法后王'，何也？以其近已而俗变相类，议卑而易行也。"[1] 应该说，荀子在对"法后王"生存观的建构中并没有完全否定孟子，而是表现出对

---

① 司马迁：《史记》，中华书局 1959 年版，第 686 页。

孟子的一种承继与发展。荀子的"法后王",既包括"法先王"又包括
"法后王"。效法先王先德,传承古老优秀的文化传统,一直是儒家所标举
的入世理想,荀子作为儒家思想的承继者,从未放弃这一理想并始终为这
一理想而付出艰苦卓绝的努力,从这一点上看,二者的文化指向是一致
的。但荀子作为时代的后继者,他所面临的生存境遇已经发生了巨大的改
变,而其理论思想也必须融入崭新的元素才能与时代相契,基于这一需要
荀子在孟子"法先王"的基础上增加了"法后王"的成分,使其理论更关
注生存的客观现实,更注重实践的时效性,理论视野更为广泛。综合来
看,"法后王"的思想在荀子的整个思想中占据更重的分量,荀子深谙孟
子思想的缺憾与入世不得的遭遇,故荀子援法入儒又借鉴墨家显学注重实
效之观念,兼收并蓄博采众长,形成了自己独特的学术思想体系。在"争
于力"的战国时代,"富国""强兵"就是当务之急,荀子对于当今时代
英明君主的效法与学习,较之孟子需几代之功才建构起的长远利益追索,
更易于使君主接受,也更具现实意义,这也是荀子"学今"之风的文化缘
起。可以说,"法后王"的思想为荀子的治世理想的生存带来了崭新的契
机,也为其求新之变以争儒学之正统奠定了坚实的基础。

七 标的之辩

孟子与荀子二人对王者"霸"道的生存问题进行了针锋相对的抗辩。
荀子对王者之"霸道"持有一种肯定的态度,而孟子则对王者之"霸道"
持有一种否定的态度,这是不同的生存方式产生不同结果的论辩。孟子在
对"王霸"这一施政策略进行了集中的论述。《孟子·公孙丑上》有云:

> 孟子曰:"以力假仁者霸,霸必有大国,以德行仁者王,王不待
> 大。汤以七十里,文王以百里。以力服人者,非心服也,力不赡也;
> 以德服人者,中心悦而诚服也,如七十子之服孔子也。"①

《孟子·告子下》亦有云:

---

① 焦循:《孟子正义》,中华书局 1987 年版,第 221—222 页。

孟子曰："五霸者，三王之罪人也；今之诸侯，五霸之罪人也；今之大夫，今之诸侯之罪人也。……五霸者，搂诸侯以伐诸侯者也，故曰：五霸者，三王之罪人也。五霸，桓公为盛。葵丘之会诸侯，束牲、载书而不歃血。初命曰：'诛不孝，无易树子，无以妾为妻。'再命曰：'尊贤育才，以彰有德。'三命曰：'敬老慈幼，无忘宾旅。'四命曰：'士无世官，官事无摄，取士必得，无专杀大夫。'五命曰：'无曲防，无遏籴，无有封而不告。'曰：'凡我同盟之人，既盟之后，言归于好。'今之诸侯，皆犯此五禁，故曰：今之诸侯，五霸之罪人也。长君之恶其罪小，逢君之恶其罪大。今之大夫，皆逢君之恶，故曰：今之大夫，今之诸侯之罪人也。"[①]

孟子的观点非常明晰，他认为"王霸"不可取，对王者之"霸"的治世之政予以了否定。孟子的论述逐层展开，他首先假想了一个"假仁者霸，霸必有大国"的命题，在此基础上明晰了真正的王者是以修明德行彰显仁义为主旨的，并不在于追求国土疆域的广阔；进而指出"以力服人"并不是真正的"服"，只有"以德服人"才是真正的"心悦诚服"；最后，孟子以春秋五霸为例，阐明了"王霸"的罪恶。应该说，孟子所强调的是一种"礼"制，他信奉的是在"仁""义""礼""智"之下的"亲亲"之责，在强调"知人论世"的审美旨域中建构起以社会生命个体为核心的"礼义"之"制"的文化理想。

而荀子则不同，不仅仅强调"礼义之制"，还在此基础上加入了"法治"和"强制"的成分，荀子以"礼义之制""法度之治"和"强效之制"而构筑了其"王霸"的整体思想，也明确了其伦理文化的标的指向。荀子对这一观点的论述在《荀子·王制》《荀子·王道》《荀子·王霸》等篇章中皆有所论及，谓"故用国者，义立而王，信立而霸，权谋立而亡"[②]，表达了其对"王霸"所形成的王道国政与信权谋立的向往，荀子以此展现了呼唤新的社会秩序、寻求社会进步的文化理想。

正所谓"命自天降，而受之者人；性自天降，而赋之者人"[③]。本书

① 焦循：《孟子正义》，中华书局 1987 年版，第 839—849 页。
② 王先谦：《荀子集解》，中华书局 1988 年版，第 202 页。
③ 傅斯年：《中国现代学术经典》，河北教育出版社 1996 年版，第 71 页。

此节对荀子之思想体系中的"人性"问题和"生命"的存生问题所进行的研究与思考,是一个回溯历史的过程,也是一个审美发生的过程。在"人性"层面之下对"生存"价值的考量,代表了荀子对生命现实的关注;其间所传达出的审美意旨具有文学思维的延展性与承继性,对后世文学中"汉儒的天人之学""宋儒的性命之论"的建构也意义深远。可以说,荀子对"人性"与"生命"的文化观照实为其文学先行的足音。

第三节 "礼""乐"之美:以荀子、墨子礼乐观为例

"礼"和"乐"是儒家和墨家共同关注的研究对象,也是荀子和墨子所共同关注的文化主题。对于荀墨二人学术思想的差别,荀子论述道:"故人苟生之为见,若者必死;苟利之为见,若者必害;苟怠惰偷懦之为安,若者必危;苟情说之为乐,若者必灭。故人一之于礼义,则两得之矣;一之于情性,则两丧之矣。故儒者将使人两得之者也,墨者将使人两丧之者也,是儒墨之分也。"① 论述虽为荀子一家之言,但足以揭示出问题的核心。对于"礼乐"的施行与应用,荀子与墨子二人持截然相反的态度。荀子主张"施礼而用乐",认为"礼乐"是其伦理思想体系和审美思想体系所建构的文化基础与实践理想,没有"礼"的规约,一切社会活动将无从开展;而墨子主张"尊王尚贤使能",应"礼仅存而乐弃用"。墨子认为能否产生真正的功用效果才是其思想体系的核心问题,而在其学术理想的追求与功利目标的实践中,"礼"在其思想体系中只是作为一种客观存在的"末"节,对于"乐"墨子则从节用的角度出发,否定了"乐"的化育功能和审美怡情的作用,认为其是损耗浪费的表现,没有切实的实际功用,因而可以弃之不用。

---

① 王先谦:《荀子集解》,中华书局 1988 年版,第 349 页。

一 "非乐"与"乐教"

传统文化评价体系认为荀子对"乐"的阐发可谓开一代之先，因而荀子关于"乐"的阐释对后世文学也形成了巨大而深远的影响。在"乐"的施行与文化政道的建构中，荀子和墨子有着根本的差异。荀子认为"乐"是能够对人产生巨大影响的，对于整个社会的文明秩序的建构也具有一定的意义，因而"乐"可以以"教化"的形式，化人于外，形成美好的人情、健康的人性，并在一定程度上肯定"乐"的社会作用与审美的同化作用。而墨子的观点则正好相反，墨子以功利为其学术思想的第一要义，以实用为实践准则，因而其主张"非乐"。墨子认为"乐"只是一种附属的生活方式，其对于整个社会的建构与政道秩序的生成没有任何作用，甚至认为用乐是一种资源浪费。墨子在《墨子·非乐》篇指出：

> 是故墨子之所以非乐者，非以大钟鸣鼓，琴瑟竽笙之声以为不乐也，非以刻镂华美文章之色以为不美也，非以刍豢煎炙之味以为不甘也，非以高台厚榭邃野之居以为不安也。虽身知其安也，知其甘也，目之其美也，耳之其乐也，然上考之不中圣主之事，下度之不中万民之利，是故墨子曰：为乐非也。①

从论述中可以看出墨子并不是完全否认"乐"的文艺功能，而是认为"乐""不中圣主之事""不中万民之利"，故在具体的社会实践中"乐"无法形成具体的功能建构，故墨子主张"非乐"。而在荀子的理论体系中则着重阐释了"礼乐"之于社会建构的重要作用，因此他站在"礼""乐"交互为用的立场上对墨子的"非乐"展开批评。《荀子·乐论》篇有云：

> 故乐在宗庙之中，君臣上下同听之，则莫不和敬；闺门之内，父子兄弟同听之，则莫不和亲；乡里族长之中，长少同听之，则莫不和顺。故乐者审一以定和者也，比物以饰节者也，合奏以成文者也；足

① 孙诒让：《墨子间诂》，中华书局2001年版，第251页。

以率一道，足以治万变。是先王立乐之术也，而墨子非之，奈何！

故听其雅、颂之声，而志意得广焉；执其干戚，习其俯仰屈伸，而容貌得庄焉；行其缀兆，要其节奏，而行列得正焉，进退得齐焉。故乐者，出所以征诛也，入所以揖让也；征诛揖让，其义一也。出所以征诛，则莫不听从；入所以揖让，则莫不从服。故乐者，天下之大齐也，中和之纪也，人情之所必不免也。是先王立乐之术也，而墨子非之，奈何！①

荀子以"而墨子非之，奈何"的反诘之问开启论述，阐述了"乐"以"和睦"的审美作用，提出"雅颂之声"的陶化规约力量以及"乐"之于人带来的身心愉悦和审美享受。紧接着，荀子又就"墨子"所阐发的观点逐一批驳：

墨子曰："乐者，圣王之所非也，而儒者为之，过也。"君子以为不然。……故曰：乐者、乐也。君子乐得其道，小人乐得其欲。以道制欲，则乐而不乱；以欲忘道，则惑而不乐。故乐者，所以道乐也。金石丝竹，所以道德也。乐行而民乡方矣。故乐也者，治人之盛者也，而墨子非之。……穷本极变，乐之情也；着诚去伪，礼之经也。墨子非之，几遇刑也。明王已没，莫之正也。愚者学之，危其身也。君子明乐，乃其德也。乱世恶善，不此听也。于乎哀哉！不得成也。弟子勉学，无所营也。②

从荀子的"乐"论体系来看，其虽承继了儒家思想的文化主题，但却表现出明显的重实效、尚功用的功利特征。荀子重视"乐"、提倡"乐"，根本的出发点就是"乐"是有用和有效的，"乐"并不是无用的附属品。荀子认为"音乐"能起到和谐君臣、父子、兄弟、乡族、长少关系的作用，也可以实现巩固政权、族权等宗法等级制度的政治功能，更可以将音乐这一艺术形式和社会伦理的政道规范紧密结合在一起；"乐"可以谐和节奏、激动人的思想意志，可以庄严人的容貌、整齐人的步伐，可以提高

---

① 王先谦：《荀子集解》，中华书局 1988 年版，第 379—380 页。
② 同上书，第 381—383 页。

士气、武装人的精神，可以使人心志清明、血气和平，亦可以使风俗优美，社会安宁。总之，"音乐"本身的功能是十分强大的，有了音乐之陶冶，人民便找到前行的方向。荀子认为墨子没有看到"乐"的积极作用，因而其观点有失偏颇。

二 "节用"与"功用"

在具体的论证中，荀子与墨子以"乐"之有用和"乐"之无用进行论辩，虽然二者在这一问题上持截然相反的观点，甚至在论述中互相批驳、针锋相对，但二者学术思想的功利指向是一致的。二人建构学术思想体系的重要一环就是实践策略的实用性或者说是功能性，即是否"有用"：荀子认为"乐"对于建构良好的社会格局具有导向作用，施行"乐"是社会建构的需要，因此要行"礼乐"之教化为其"有用"正名；但墨子以功利目的为前提，从"节用"的角度出发对"乐"进行判断，认为"乐"是无用的，既然是"无用"的那么就不必耗时间和财力来进行这种不具效果的实践，而墨子的相关论述也主要是针对儒家过于重视"乐"而未产生效果来进行的。在《墨子·非乐》篇中有云：

> 子墨子言曰："仁之事者，必求兴天下之利，除天下之害，将以法乎天下。利人乎，即为；不利人乎，即止。且夫仁者之为天下度也，非为其目之所美，耳之所乐，口之所甘，身体之所安，以此亏夺民衣食之财，仁者弗为业。"①

墨子在论述中明确指出，仁者处事"必求兴天下之利"，"利人乎即为，不利人乎即止"。作为仁者，要"为天下大事"考虑，那些"上考之不中圣王之事，下度之不中万民之利"的事情就应该非之不用。在此基础上，墨子认为"乐"为"厉民自养"的享乐之策，不若"舟用之水，车用之陆，君子用于足之息焉"者有实际的功用，同时"乐"之无益于饥者寒者劳者，亦不能解食饥衣寒之危乱；所以墨子认为行"乐"无利，其指出：

---

① 孙诒让：《墨子间诂》，中华书局2001年版，第251页。

民有三患，饥者不得食，寒者不得衣，劳者不得息。三者，民之巨患也。然即当为之撞巨钟、击鸣鼓、弹琴瑟、吹竽笙而扬干戚，民衣食之财，将安可得乎？即我以为未必然也。①

墨子的论述饱含了清醒的现实观照意识，认为在没有满足基本生活需要的基础上大肆歌舞音乐，对国家发展、人民生活毫无裨益，这样做是错误的。墨子认为"乐"用之说是儒家思想在传播中将"乐"的作用扩大化和绝对化了，这无疑是与儒家"乐"论针锋相对的观点。在此基础上，墨子论述道：

今人固与禽兽、麋鹿、蜚鸟、贞虫异者也。今之禽兽、麋鹿、蜚鸟、贞虫，因其羽毛，以为衣裘；因其蹄蚤，以为绔屦；因其水草，以为饮食。故唯使雄不耕稼树艺，雌亦不纺积织纴，衣食之财，固已具矣。今人与此异者也，赖其力者生，不赖其力者不生。君子不强听治，即刑政乱；贱人不强从事，即财用不足。今天下之士君子，以吾言不然；然即姑尝数天下分事，而观乐之害。王公大人，蚤朝晏退，听狱治政，此其分事也。士君子竭股肱之力，殚其思虑之智，内治官府，外收敛关市、山林、泽梁之利，以实仓廪府库，此其分事也。农夫蚤出暮入，耕稼树艺，多聚叔粟，此其分事也。妇人夙兴夜寐，纺绩织纴，多治麻丝葛绪，捆布参，此其分事也。今惟毋在乎王公大人，说乐而听之，即必不能蚤朝晏退，听狱治政，是故国家乱而社稷危矣。今惟毋在乎士君子，说乐而听之，即必不能竭股肱之力，殚其思虑之智，内治官府，外收敛关市、山林、泽梁之利，以实仓廪府库，是故仓廪府库不实。今惟毋在乎农夫，说乐而听之，即必不能蚤出暮入，耕稼树艺，多聚叔粟，是故叔粟不足。今惟毋在乎妇人，说乐而听之，即不必能夙兴夜寐，纺绩织纴，治麻丝葛绪，捆布参，是故布参不兴。曰：孰为大人之听治，而废国家之从事？曰："乐也。"②

---

① 王先谦：《荀子集解》，中华书局 1988 年版，第 253 页。
② 孙诒让：《墨子间诂》，中华书局 2001 年版，第 257—259 页。

墨子还认为，所有的人都应有自己的职责。国王大臣应处理国家大事，农夫妇人应耕田纺织，但如果一味沉湎于"乐"，不尽己之职责，就会废男女之耕织，废君子之所治而贱人之从事。"乐"不能生财以利人，而只是耗人之财以自利；故与禽兽动物相比，人没有毛皮遮体，没有水草为饮食，就必须稼穑纺绩，才能衣食固具，只有赖其力生，方能为之命存。最后墨子提出自己的结论："耽于乐者必亡。"谓"今天下士君子，请将欲求天下之利，除天下之害，当在乐之为物。将不可不禁而止也"。

　　而荀子则提出相反的观点，荀子认为"乐"是一种陶化人性、和睦人群的理想范式，重视"乐"之本身可以为功利社会的建构找到一个有效的平台，施行"乐"的教化功能可以起到导引社会的良好效果；反之，如果不实行"乐"，就会引起天下混乱、人民生活贫瘠。荀子认为，这也是墨子"非乐"观错误的根本所在。《荀子·富国》篇有云：

　　　　天下之公患，乱伤之也。胡不尝试相与求乱之者谁也？我以墨子之"非乐"也则使天下乱，墨子之"节用"也则使天下贫，非将堕之也，说不免焉。墨子大有天下，小有一国，将蘁然衣粗食恶，忧戚而非乐。若是则瘠，瘠则不足欲，不足欲则赏不行。墨子大有天下，小有一国，将少人徒，省官职，上功劳苦，与百姓均事业，齐功劳，若是则不威，不威则罚不行。赏不行，则贤者不可得而进也；罚不行，则不肖者不可得而退也。贤者不可得而进也，不肖者不可得而退也，则能不能不可得而官也。若是则万物失宜，事变失应，上失天时，下失地利，中失人和，天下敖然，若烧若焦。墨子虽为之衣褐带索，嚽菽饮水，恶能足之乎？既以伐其本，竭其原，而焦天下矣。①

　　荀子之观点显在意明，"墨子之言昭昭然为天下忧不足。夫不足非天下之公患也，特墨子之私忧过计也"盖此意也。而从"乐"的功能本身来看，好的音乐可以为统治者施行政绩以及良好的社会秩序提供帮助，也会对人性产生潜移默化的导引修正作用；人对于"乐"的欣赏只要做好选

————————————
① 王先谦：《荀子集解》，中华书局1988年版，第185—186页。

择、有所节制，在正常范围内是不会影响其他社会生活的，那么按照上述逻辑推论就不会出现墨子所担忧的情况，而"乐"的教化功能与审美作用也能够得到充分发挥。

三　克己复"礼"与"礼"的超越

儒家隆"礼"重"乐"，对"礼"克己奉行、尊尊以守，将一切社会活动都复归于"礼"的序列之中，对生命个体和社会群体都提出了积极的要求。荀子之"礼"论，将"礼"的要求置于其思想的核心，并且在儒家"礼"化思想脉络的基础上将"礼"的规约属性绝对化和神圣化了，而墨子并不像荀子这样将"礼"推之于文化思想的核心之地，只将"礼"作为一种客观的存在，并不强调"礼"的功利效果的社会效应。从二者的比较可以得出结论，荀子是重"礼"隆"礼"的，他将"礼"作为其思想体系的根基，并推之于历史文化的最高地位，在"克己复礼"的文化序列中，实现了对"礼"范畴本身的超越。

第一，荀子创造性地提出"礼法"的概念，实现了"礼"之文化语义的超越。荀子"援法入儒"，以"礼法"并举，使伦理之"礼"、功利之"法"与"化善"之"美"紧紧结合在一起。这样一方面为"礼"的范畴注入了"法"的功效性成分，强化了"礼"的功利效果；另一方面也将"法"的强制性意义弱化，较之墨子之绝对功利而多了一种人性化的关怀，同时也使其"礼"论体系更完善、更全面、更切近生活现实，实现一种"向善""向美"的生存逻辑。

第二，荀子赋予了"礼"以绝对性的特征意义，实现了对"礼"之原始伦理性征的超越。在荀子的思想体系中，"礼"是一个起决定性作用的因素，也是审美体系中的伦理文化基础。荀子说："且乐也者，和之不可变者也；礼也者，理之不可易者也。乐合同，礼别异。礼乐之统，管乎人心矣。穷本极变，乐之情也；著诚去伪，礼之经也。"[1] 可以说，在荀子的理论体系中，"乐"之和与"礼"之理具有不可变更性，都是封建礼义道德所要求的重要原则，而"礼"也实现了其道德性征的超越。

---

[1] 王先谦：《荀子集解》，中华书局1988年版，第382页。

第三，荀子的"礼"打开了历史和文本之间的界限，突破了时代的拘囿，形成了对"礼"自身的超越。荀子以"礼"作为思忖的层面，将思考的重心转移到了主体日常生活的外在实践层面上。荀子之"礼"可谓融时代之新而成一代之新"礼"，它已经不仅仅局限在文本的教化示范之领域内，而是构筑了中华民族延续了几千年的"礼"学风范与文化历史体系，可以说，荀子对"礼"的强化打开了历史承继与文本阐释这两个不同序列之间的界限，也为文本与历史之间文化圆融之境的生成做出了独具超越性的历史贡献。

第四节　"文""质"之观：以荀子、韩非子文质观为例

以荀子、韩非子的学术思想进行比较，对先秦诸子之学的研究意义深远。荀子与韩非子皆为战国末期的大思想家，二者之间既有师承的渊源，又有学派的差异。对于师承问题具体时间已不可考，但在司马迁的《史记》中我们可以找到这一问题的证据。《史记·孟子荀卿列传》有云："而荀卿三为祭酒焉。齐人或谗荀卿，荀卿乃适楚，而春申君以为兰陵令。春申君死而荀卿废，因家兰陵。李斯尝为弟子，已而相秦。荀卿嫉浊世之政，亡国乱君相属，不遂大道而营於巫祝，信机祥，鄙儒小拘。"① 《史记·老子韩非列传》亦有云："韩非者，韩之诸公子也。喜刑名法术之学，而其归本於黄老。非为人口吃，不能道说，而善著书。与李斯俱事荀卿，斯自以为不如非。"② 二者可以互为证据，佐证荀韩二人的师承关系，而韩非子作为荀子的学生，受到荀子的影响是必然的，他继承了荀子兼收并蓄的学术风格，也沿用了荀子治学入世的理性精神。可以说，这些都是荀子与韩非子的相似之处；但二者的学术思想也存在着明显的差异。《汉书·艺文志》将荀子列于"儒家"，而将韩非子置于"法家"。荀子尚"文"重"礼"，而韩非子则弃"德"尚力，二者对"文""质"之论所阐发的

---

① 司马迁：《史记》，中华书局1959年版，第2351页。
② 同上书，第2146页。

不同观点，是其学术思想差异的本质所在，也是本节论述的核心问题。

一　本体之辩："重质轻文"与"重文尚饰"

儒家本就有重"文"的传统，从孔子的"文质彬彬"到"绘事后素"，从《周易》对"文"的推崇到《礼记》对"文"的描述，都是这一点的体现。在传统的艺术范畴里，"文"代表了一个意旨丰富的范畴总域，既有"文"的原始意义，又有文艺的关涉意义，其间还包含了"诗文"的衍生意义。可以说，对于"文"的取舍，荀子与韩非子表现出明显的分歧，这也是二者思想差异的根本所在。韩非子"重质轻文"，认为"质"是"美"的建构中的核心元素；荀子则"重文尚饰"，认为"文饰"是展现美的重要性征。韩非子指出"文"是"滥于富丽"的"无用"之"饰"，"文"的存在会影响"质"的表现，这一点其在《韩非子·亡徵》篇中论述道："喜淫辞而不周于法，好辩说而不求其用，滥於文丽而不顾其功者，可亡也。"韩非子的论述意在说明，"文辞""修饰"会使事物的本质改变，使其本身的功用"消亡"，可以说是经"文饰"而"质"衰，弃"文饰"则"质至美"。《韩非子·解老》篇有云：

> 道有积而积有功；德者，道之功。功有实而实有光；仁者，德之光。光有泽而泽有事；义者，仁之事也。事有礼而礼有文；礼者，义之文也。故曰："失道而后失德，失德而后失仁，失仁而后失义，失义而后失礼。"礼为情貌者也，文为质饰者也。夫君子取情而去貌，好质而恶饰。夫恃貌而论情者，其情恶也；须饰而论质者，其质衰也。何以论之？和氏之璧，不饰以五采；隋侯之珠，不饰以银黄。其质至美，物不足以饰之。夫物之待饰而后行者，其质不美也。[1]

论述表明，韩非子是舍弃"文"的，其重"质"尚"法"。荀子虽然援"法"入"儒"，在"法"的引进上先于韩非子迈出了第一步，但其没有将"法"置于其思想的核心，对"法"的重视亦远远不及对"文饰"之"崇尚"。可以说，荀子与韩非子对"文""质"的争辩，恰恰体现了

---

[1] 王先谦：《韩非子集解》，中华书局 1988 年版，第 132—133 页。

二者学术思想的差别。

二 功用之辩："以文害用"与"文质至备"

从文艺表现的功能和社会发展的理路来看，荀子的观点与韩非子的观点也有所不同。韩非子认为"文""饰"的存在是没有实在意义的，而其本身对于事物的表现和功能也没有太多价值，甚至"文"的存在还会影响"质"之"内蕴"的表达，最终只会导致"以文害用"的不利后果；反之则以"质""至美"而省去"文"之"繁缛"，就可以达到审美建构的理想效果。故《韩非子·外储》篇有云：

> 楚王谓田鸠曰："墨子者，显学也。其身体则可，其言多而不辩，何也？"曰："昔秦伯嫁其女于晋公子，令晋为之饰装，从衣文之媵七十人。至晋，晋人爱其妾而贱公女。此可谓善嫁妾而未可谓善嫁女也。楚人有卖其珠于郑者，为木兰之椟，薰以桂椒，缀以珠玉，饰以玫瑰，辑以翡翠。郑人买其椟而还其珠。此可谓善卖椟矣，未可谓善鬻珠也。今世之谈也，皆道辩说文辞之言。墨子之说，传先王之道，论圣人之言，以宣告人。若辩其辞，则恐人怀其文，忘其直，以文害用也。此与楚人鬻珠、秦伯嫁女同类，故其言多不辩。"①

韩非子认为，人之于"文饰"就如同"郑人买其椟而还其珠"一样，是毫无实际意义的，在过分关注装帧修饰的同时就会导致忘记事物实际功用的后果，所谓"人主览其文而忘有用"就是这个意思。在这一层面上韩非子阐发了自己的担忧，即担心过分重视"文"而忽略事物本来的"质"（"直"），这就是"以文害用"了；在此基础上，韩非子又进一步提出了"文辩辞胜而反事之情""艳乎辩说文丽之声"而致"不谋治强之功"的论断，并由此做出了逻辑推论，得出过于重"文"就会陷入"国乱而主危"之不利局面的结论。韩非子征引诗语："既雕既琢，还归其朴"，又说"举事于文，顾失其实"，都表达了他对于"质"的重视以及对于"文"的摒弃。

----

① 王先谦：《韩非子集解》，中华书局1988年版，第266页。

而荀子与韩非子不同，他提出"文质至备"的观点，即"文质合一"观，荀子以"文""质"之相互辉映、互为表里，完善其审美逻辑建构。《荀子·礼论》有云："礼者，谨于吉凶不相厌者也。……远者可以至矣，百求可以得矣，百事可以成矣；其忠至矣，其节大矣，其文备矣。……皆使其须足以容事，事足以容成，成足以容文，文足以容备，曲容备物之谓道矣。"①《荀子·臣道》亦有云："忠信以为质，端悫以为统，礼义以为文，伦类以为理，喘而言，臑而动，而一可以为法则。"② 从其论述中可以发现，其提出了证据，这一问题在本书的前半部分已经详尽论述了，囿于篇幅所限此处只做简单举例，亦不再详赘。

三　主体之辩："修身之饰"与"法度之约"

荀子与韩非子虽然都强调功利，注重事件发生的实际与文化策略的效果，但二者是有不同的，相较而言，可以说荀子的思想世界更"理想化"，韩非子的思想世界更"现实化"。对于社会主体"人"的导化、规约，荀子强调"修身之饰"，即以"礼"作为基本的规定与尺度，以内在修化与外在文饰相结合的策略建构主体之"善"，人性之"美"。在这一过程中，荀子充分肯定了"文饰"对于主体建构的重要作用，认为"文"足以完成人性向善育美的任务，而"文"的点缀、加饰也可以辉映主体自身的审美建构效果，使"人性"之"美"相得益彰。

而韩非子则与荀子不同，他在主体的审美建构中强调"法度之约"，但由于韩非子并不重视社会个体的修身养性和自我完善，更为注重富国强兵、建功立业等社会整体的政道建构，因而韩非子非常重视"法"在整个社会秩序建构中的作用。韩非子认为"法"是上层建筑的尺度，具有普遍的规约力量，只有"法"才能维系整个社会秩序的稳定，"法"的有效性、强制性与不可或缺性成为一种统摄和保障，文化传统、生命个体、社会群体皆在其序列之下，所谓"民本，法也"就是这个道理。韩非子重"法"治，并提出了自己的例证，《韩非子·难势》篇有云：

---

① 王先谦：《荀子集解》，中华书局 1988 年版，第 375 页。
② 同上书，第 256 页。

夫贤之为势不可禁，而势之为道也无不禁，以不可禁之势，此矛楯之说也；夫贤势之不相容亦明矣。且夫尧、舜、桀、纣千世而一出，是比肩随踵而生也，世之治者不绝于中。吾所以为言势者，中也。中者，上不及尧、舜，而下亦不为桀、纣。抱法处势则治，背法去势则乱。今废势背法而待尧、舜，尧、舜至乃治，是千世乱而一治也。抱法处势而待桀、纣，桀、纣至乃乱，是千世治而一乱也。①

论述表明各代君主的执政能力是有差别的，而像"尧舜"那样的明君或如"桀纣"那样的暴君，都只是千年才出现的少数，大多数都是"中主"，他们没有更好的方法建功立业、维持世袭的君主制度，这样就必须依靠"法"治才能使社会得到治理。而"法"在这一层面上也被空前强化了，在韩氏思想体系的建构中"法"的规约原则不仅适用于君主，还适用于生存在社会中的每一个生命个体，《韩非子·难三》篇指出："法者，编著之图籍，设之于官府，而布之于百姓者也。"而《韩非子·定法》篇亦云："法者，宪令著于官府，刑罚必于民心，赏存于慎法。"可以说，韩非子希望用"法"来使整个社会归于治，使民众的生活拥有普遍的依据和准则，是积极的，也是韩非子立"法"的本质所在。

四 政道之辩："隆礼重德"与"轻德尚力"

荀子的思想彰显了一种以"礼"为基础的社会关系，而韩非子则趋向于建构一个以"力"为基础的社会关系。荀子崇尚"礼"，认为"礼"是社会秩序与社会文明的基础，君臣、父子、夫妻、兄弟、姐妹等一系列政治关系、伦理关系都复于"礼"的宏大规约之下，进而完成差序格局的建构。韩非子崇尚"力"，认为无论是家庭成员之间的关系还是君臣之间的关系都是建构在"利"的基础上的功利关系，家庭成员之间以"功利之心"相互对待是一种常态，而君臣之间则是一种"互利互用"的"上下相待"，而在这一层面上，"力"则成为具有决定性质的元素，发挥着核心的功能与重要的力量。

应该说，荀子以隆"礼"重"礼"构成其伦理思想的核心，也是整个

---

① 王先谦：《韩非子集解》，中华书局1988年版，第392页。

儒家文化思想的核心。荀子认为只有"隆礼重德",整个社会才能"向善育美",这是不可商榷的唯一途径,并且荀子对韩非子所推崇的"力"也给予了否定。《荀子·乐论》篇有云:

> 乱世之征:其服组,其容妇。其俗淫,其志利,其行杂,其声乐险,其文章匿而采,其养生无度,其送死瘠墨,贱礼义而贵勇力,贫则为盗,富则为贼。治世反是也。①

论述表明了荀子的立场,即"重文采""贵礼义""贱勇力",这样方可为行"盛世之征",成"养生之治";如果反其道而行"文章匿而采""养生无度""贱礼义而贵勇力"就则会导致"乱世之征""治世之反"的不利后果。

而韩非子的重"法"思想也表现出于荀子截然相反的态度,"礼"和"德"皆为韩非子所看轻。由于"礼""义""道德"并不具有绝对的约束力量,而"道德"又只是一个"软"的尺度,不同于"法"之"硬"性规定,没有强制的约束力,故韩非子提倡轻"道德"而重"法力"。《韩非子·显学》指出:

> 夫严家无悍虏,而慈母有败子。吾以此知威势之可以禁暴,而德厚之不足以止乱也。②

《韩非子·六反》亦有云:

> 母之爱子也倍父,父令之行于子者十母;吏之于民无爱,令之行于民也万父母。父母积爱而令穷,吏用威严而民听从,严爱之筴亦可决矣。且父母之所以求于子也,动作则欲其安利也,行身则欲其远罪也;君上之于民也,有难则用其死,安平则尽其力,亲以厚爱关子于安利而不听,君以无爱利求民之死力而令行。③

---

① 王先谦:《荀子集解》,中华书局 1988 年版,第 385 页。
② 王先谦:《韩非子集解》,中华书局 1988 年版,第 418 页。
③ 同上书,第 408 页。

韩非子认为父母对子女的溺爱犹如君主对国民的厚德，一味骄纵会宠坏他们，而软化的"道德"其规约效果只能防患于未然，效果远远不及威严的"法令"，这也就决定了施法而治势在必行，而"力"在这一层面上成为"法"发挥令行禁止之作用的有效保障。《韩非子·显学》有云："力多则人朝，力寡则朝于人，故明君务力。"《韩非子·饬令》亦有云："国多力则天下莫之能侵。"上述论述皆说明韩非子对"力"的崇拜，也是其对"力"所产生的决定力量的认同。综上所述，将荀子与韩非子的文质观在本体层面、功用层面、主体层面与政道层面进行比较研究，可以明晰二者的差异，亦具有学术论争的历史文化意义。

第五节 "有待""无待"之间：以荀子、庄子"道"范畴为例

将"孙卿"其人与庄子进行比较，阐释二者思想的差异，具有历史意义与文化意义。二者的比较可以诠释老庄的道家思想文化与荀子的伦理文化思想渊源之深厚，关系之密切，影响之巨大。荀子与庄子在所生存的时代大体相近，思想又有许多相通之处，因而将二者进行比较则更具文学价值和史学价值，对研究二人对于各自学派学术思想的承继也具有深远的意义。综观《荀子》与《庄子》的元典，可以发现二者的学术思想差异直指"道"义的核心问题，也就是说二者的思想体系都有自己的核心指向"道"，但具体的内涵意旨是有差异的。荀子期望以"有待"而行"教化"之实，进入一种的"入世"的生命秩序；庄子期望以"无待"而成"逍遥"之态，完成一种"超世"的生命理想。荀子认为必须借助外界条件，才可以达"道"，故其有"教化"之方；而庄子认为无须借助外界条件，也可以达"道"，故其指称"道本自现"。由于荀庄二人对"道"的阐释不同、审美追求也不同，也就造成了二者在体道方式、生命诠释、审美指向等方面的差异，这也是本节设论的关键所在。

一 "天为"与"人为"：释"道"之辩

荀子作为儒家文化的传承人与道家思想代表庄子的生存时代大体相近，其学术思想亦诸多相近或相离之处，将二者进行比较对先秦诸子研究具有重要意义。"道"是荀子与庄子学术体系的核心，二者亦皆强调"道"，但他们对"道"有自己不同的诠释。庄子认为"道"是一种生命超越的实践语境，其在对社会规约的否定中完成社会价值系的消解与颠覆；荀子认为"道"是"礼"的高度深化，是在礼法之下对社会本体性的彰明与显要。庄子的"道"将审美与功利视为一对无法调和的矛盾，在纠缠之余完成超越功利性的审美欲求；荀子的"道"满注着功利意义，兼具有功利性和审美性的价值。庄子认为"道"是先天的，是抽象的，是一种远避现实的自然之"道"，是一种复归质朴的超世之"道"；而荀子认为"道"是后天的，是具象的，是一种关注现实的社会之"道"，是一种积极求存的人世之"道"。这也就是二者的"道"的本质差异，由此也构筑了二者的释"道"之辩。

《庄子·大宗师》篇论"道"有云：

> 夫道，有情有信，无为无形，可传而不可受，可得而不可见；自本自根，未有天地，自古以固存；神鬼神帝，生天生地；在太极之先而不为高，在六极之下而不为深，先天地生而不为久，长于上古而不为老。①

庄子在论述中对"道"的本质进行了诠释，"道"是一种"有情有信"的真实存在，是一种"无为无形"的生存样态，表达了"古以固存"的先在意识，建构了"无所不在"的存生泛义。这种"道本自根"的绝对精神的核心就是那种逍遥无极、自由自在的神"游"状态，而庄子的审美理想也就此生成，即追求艺术创作的内敛的精微之境，这一点既是庄学的审美原则，又是其思想的总纲。而庄子的"道"也超越了"天地""六极"，上升到一种无法企及的最高境界。

---

① 郭庆藩：《庄子集释》，中华书局1961年版，第246—247页。

而荀子的"道"论体系却熔铸了更多现实主义的元素，《荀子·君道》篇论"道"有云：

> 道者，何也？曰：君之所道也。君者，何也？曰：能群也。能群也者，何也？曰：善生养人者也，善班治人者也，善显设人者也，善藩饰人者也。善生养人者人亲之，善班治人者人安之，善显设人者人乐之，善藩饰人者人荣之。四统者俱，而天下归之，夫是之谓能群。不能生养人者，人不亲也；不能班治人者，人不安也；不能显设人者，人不乐也；不能藩饰人者，人不荣也。四统者亡，而天下去之，夫是之谓匹夫。故曰：道存则国存，道亡则国亡。①

《荀子·解蔽》篇亦有云：

> 何谓衡？曰：道。故心不可以不知道。心不知道，则不可道而可非道。②

又云：

> 曰：心知道，然后可道；可道然后守道以禁非道。以其可道之心取人，则合于道人，而不合于不道之人矣。以其可道之心与道人论非道，治之要也。何患不知？故治之要在于知道。③

荀子的论述意旨鲜明，他认为"道"就是一种"君道"，就是一种带有明显的政治功利目的之"道"，"道"能够形成"养生向善"的艺术导向，也能够达成"可以群"的教化作用，从而实现社会秩序的井然与生命价值的"平衡"。可以说，荀子没有像庄子那样将"道"打造成一个高不可及的神秘世界，而是以外释的表现方式营造了"道"的实用效果。荀子及其所代表的整个儒家思想是非常重视"道"所产生的社会规约作用，这

---

① 王先谦：《荀子集解》，中华书局1988年版，第237—238页。
② 同上书，第394页。
③ 同上书，第394—395页。

也就形成了文艺的社会导向作用。应该说，在荀子看来，"仁义礼乐"就是对"道"最好的诠释，荀子在论述中也数次以"礼义之道"并举，并且认为"礼"就是"治辨之极"，就是"强国之本"，就是"施道之行"，就是"功名之总"。而其思想体系得以实践的最本质依托就是"道"，因此可以说是"由其道则行，不由其道则废"。

在天人关系的序列中，庄子的"道"表现出一种"天为"的成分，其明道观是承继了道家先哲老子的"有无相生说"，即"道无为无不为"之观点。从这个层面上说，其"天为"也是"无为"，是对"人为"之外的其他动力性因素予以肯定并纳入观照视域之主流范畴。庄子的"道"饱含了一种素朴而天下莫能与之争美的超世理想，因而其将"天"寓于"客观规律"的层面，赋予其以"道"的本质和本身的意义就可以得到合理的解释，同时也为其反对人为的束缚与雕饰、反对外在的虚伪和矫饰找到了美学依据。庄子于《庄子·天地》《庄子·天道》《庄子·天运》三篇集中表现了自己的天道意识，《庄子·天道》篇有云：

> 天尊，地卑，神明之位也；春夏先，秋冬后，四时之序也。万物化作，萌区有状；盛衰之杀，变化之流也。夫天地至神，而有尊卑先后之序，而况人道乎！宗庙尚亲，朝廷尚尊，乡党尚齿，行事尚贤，大道之序也。语道而非其序者，非其道也；语道而非其道者，安取道！是故古之明大道者，先明天而道德次之，道德已明而仁义次之，仁义已明而分守次之。分守已明而形名次之，形名已明而因任次之，因任已明而原省次之，原省已明而是非次之，是非已明而赏罚次之。①

而荀子的"道"表现出一种"人为"的成分。荀子在《荀子·天论》篇亦阐明自己的观点：

> 故水旱未至而饥，寒暑未薄而疾，祆怪未至而凶。受时与治世同，而殃祸与治世异，不可以怨天，其道然也。故明于天人之分，则

---

① 郭庆藩：《庄子集释》，中华书局 1961 年版，第 469—471 页。

可谓至人矣。①

天不为人之恶寒也辍冬，地不为人之恶辽远也辍广，君子不为小人之匈匈也辍行。天有常道矣，地有常数矣，君子有常体矣。君子道其常而小人计其功。诗曰："何恤人之言兮！"此之谓也。②

百王之无变，足以为道贯。一废一起，应之以贯，理贯不乱。不知贯，不知应变，贯之大体未尝亡也。乱生其差，治尽其详。故道之所善，中则可从，畸则不可为，匿则大惑。水行者表深，表不明则陷；治民者表道，表不明则乱。礼者，表也。非礼，昏世也；昏世，大乱也。故道无不明，外内异表，隐显有常，民陷乃去。③

应该说，荀子的思想中也吸收了一定的道家思想成分。荀子对天地等自然元素在整个社会建构中不可变更性的认同与肯定是其与庄子在审美领域里的一致性表现，因而二者既有针锋相对之处，又有合理的承继与共同的脉络指向。荀子还指出"人"在整个功利视域与审美视域中对"道"的建构作用，在历史上第一次提出了"人定胜天"的理念，表达了对生命主体的肯定。荀子在关注文艺教化的社会作用的同时，也将最具动力性元素的"人"及"人之善者——君子"的"体道"作用进一步强化，并将其置于功利教化观的审美观照之中。

二　"类"与"游"：体"道"之辩

荀子与庄子皆钟情于对宇宙人生的探索，对文学艺术有着天然的情感，他们的思想中凝聚着对生命意识的关注，也饱含着对人性主体的关怀，这可以说是他们身上的共性和一致性因素。正是由于这一点，许多研究者开始质疑荀子其人学术思想的归属关系，认为其应列入名家抑或黄老之学，但笔者以为二者之共性的主要表现在关注对象的相同性上，但在具体问题的分析与指涉上，他们的观点是有差异的。

在"体道"问题的阐释中，荀子强调对于主体"人"的规约与教化，

① 王先谦：《荀子集解》，中华书局1988年版，第308页。
② 同上书，第311页。
③ 同上书，第318—319页。

生命个体须经过教化而方可成为体道之主体，才能合于整个社会秩序的和谐建构而达到审美的趋同。在这个意义下，荀子将体道主体的生命样态概括为一个"类"字，物与人都要形成自己的类属与分质，从而构成相适的社会群体，并构筑起社会本位下的差序格局。《荀子·劝学》篇有云：

> 物类之起，必有所始。荣辱之来，必象其德。肉腐出虫，鱼枯生蠹。怠慢忘身，祸灾乃作。强自取柱，柔自取束。邪秽在身，怨之所构。施薪若一，火就燥也，平地若一，水就湿也。草木畴生，禽兽群焉，物各从其类也。是故质的张，而弓矢至焉；林木茂，而斧斤至焉；树成荫，而众鸟息焉。醯酸，而蚋聚焉。故言有招祸也，行有招辱也，君子慎其所立乎！①

《荀子·不苟》篇亦有云：

> 君子小人之反也：君子大心则天而道，小心则畏义而节；知则明通而类，愚则端悫而法；见由则恭而止，见闭则敬而齐；喜则和而理，忧则静而理；通则文而明，穷则约而详。②

荀子在论述中建构了"类"这个主体生命意象范畴，其具有广泛的生命指涉与普泛的生命意义。水火风云、花草树木、鸟兽鱼虫，无论是自然界的植物还是动物，无论是有形的生命体还是无形的物质世界，皆有自己的类属与本质的区分，他们有不同的欲望与审美的追求，而其中尤以君子之"类"为审美之大同，而"类"也是君子通明"道"的最有效方式，"类"的发生要以"有待"为依托，即进行后天的"教化"而方能实现。应该说，荀子并不认同人所表现出个体性与自由，相对更支持人形成与整个社会一致的向心性与趋同性，他希望在合力的作用下使整个社会向真、善、美的方向发展。因此，荀子的整体观照意识提升了审美主体的使用价值，但却带来了对审美个体差异性的消解，这一点与美的多元性诉求相比呈现出明显的差异。

---

① 王先谦：《荀子集解》，中华书局1988年版，第6页。
② 同上书，第42页。

而庄子的"体道"观点则表现出对个性自由的浪漫元素的崇尚。庄子将体道主题的生命样态概括为一个"游"字。《庄子·天运》篇有云：

> 古之至人，假道于仁，托宿于义，以游逍遥之虚，食于苟简之田，立于不贷之圃。逍遥，无为也；苟简，易养也；不贷，无出也。古者谓是采真之游。以富为是者，不能让禄；以显为是者，不能让名；亲权者，不能与人柄。操之则慄，舍之则悲，而一无所鉴，以窥其所不休者，是天之戮民也。怨恩、取与、谏教、生杀，八者，正之器也，唯循大变无所湮者为能用之。故曰，正者，正也。其心以为不然者，天门弗开矣。①

《庄子·逍遥游》篇有云：

> 若夫乘天地之正，而御六气之辩，以游无穷者，彼且恶乎待哉！故曰：至人无己，神人无功，圣人无名。②

庄子在论述中指出，"游"作为统摄《逍遥游》全篇的灵魂是生命存生的最完美状态，其无拘无束、无为无形、无欲无求，营造了一种"汪洋恣意以自适"的自由之境，它是摆脱世俗礼法与教条的生命状态的纯真表达，是不为名利权势习俗所干预的生命性情的真诚书写，荀子更将"游"打造成形神具备的最高境界：赋道于其中，化我于无物的审美状态。而综观《庄子》全书，"游"的明确表述共计一百一十三处，内篇以《逍遥游》为开端，外篇以《知北游》为收束，其余各篇"语不及游者殆鲜矣"③，可谓"一'游'字足以尽之"。而在《庄子·天下》篇庄子亦自道其学，则曰："彼其充实不可以已，上与造物者游，而下与外死生、无终始者为友。"④ 应该说，庄子以"逍遥无极"作为"游"的范畴意义与审美诠释，体现了庄子的自由精神与审美旨归。庄子积极建构体道主体在审美视域中的个体性、差异性与自由性，相对于儒家追求文艺的社会作用，

---

① 郭庆藩：《庄子集释》，中华书局1961年版，第519—521页。

② 同上书，第17页。

③ 钟泰：《庄子发微》，上海古籍出版社2002年版，第4页。

④ 郭庆藩：《庄子集释》，中华书局1961年版，第1099页。

以庄子为代表的道家思想更重视文学艺术的本质之美，更注重对生命主体的关注，以自然而未加雕琢的原生状态来展现个性解放的光芒，而庄子也在对自由的向往中建构自己的美学思想体系。"游"作为其思想的核心，使《庄子》的美学范畴的理论建构获得更广阔多元的生存空间。

三 "群分"与"自适"：存"道"之辩

在"分""适""群"的意象序列建构中，体道主体的生命结构问题成为论辩的核心，将之置于合理的生命生存序列之中，才能形成"道"之所"存"的最高境界，只有"存道"才能发挥"道"的审美建构作用和社会规约作用，使社会结构与生命结构和谐有序，展现真善美的主题。而在这一过程中，个体与群体之间微妙复杂的关系成为辩证体系的核心元素，无论是从个体到群体的内美升华，还是从群体到个体的审美自觉，都为建构"道"的意象范畴做出了积极的努力。在庄子与荀子的思想体系中，其"存道"问题之审美预设是趋于一致的，即指出"分"这个独特的意象范畴。《荀子·富国》篇明确提出"兼足天下之道在明分"的论断，而《庄子·齐物论》一篇论述道：

> 无物不然，无物不可。故为是举莛与楹，厉与西施，恢恑憰怪，道通为一。其分也，成也；其成也，毁也。凡物无成与毁，复通为一。[1]
>
> 夫道未始有封，言未始有常，为是而有畛也，请言其畛：有左，有右，有伦，有义，有分，有辩，有竞，有争，此之谓八德。[2]

庄子的论述阐明了"分"在其"明道""通道"价值体系中的重要作用。在"分"的前提下建构"道"的生存结构，无论是个体主义，还是集体主义，抑或是熔铸现代元素充满了民族想象的共同体主义，都表现出了积极的意识与向美的追求。庄子在"分"的前提下，阐发了"分而自适"的主张，集中建构了生命个体的价值意义。《庄子·骈姆》篇有云：

---

[1] 郭庆藩：《庄子集释》，中华书局1961年版，第69—70页。
[2] 同上书，第83页。

> 夫不自见而见彼，不自得而得彼者，是得人之得而不自得其得者
> 也，适人之适而不自适其适者也。夫适人之适而不自适其适，虽盗跖
> 与伯夷，是同为淫僻也。余愧乎道德，是以上不敢为仁义之操，而下
> 不敢为淫僻之行也。①

这里的"自适"是一种超世之人的生存语义，他们正是"游"范畴的
承载主体：至人、真人、神人和圣人，形成了超越世俗、超越功利、自由
自在的审美理想。这种"自然"的诉求在"自由"的象域展开，传达了
"虚无"的理想，也建构了"忘我"的境界。而庄子在《庄子·秋水》篇
中也有"且夫知不知论极妙之言而自适一时之利者"的论述，明人陆长庚
所举"游，谓心与天游也。逍遥者，汗漫自适之义。夫人之心体本自广
大，但心意见自小，横生障碍"②的阐释，都成为"分而自适"的论证依
据。正是因为有了"自适"之体，才产生了"无己"的至人的审美理想，
才形成了形体消逝的"虚无"状态，这也是真正的畅游主体的生存状态，
主体审美尝试的意义与旨归由此实现。

荀子在"分"的前提下，阐发了"分而后群"的主张，集中建构了生
命个体的社会价值与文化意义。《荀子·议兵》篇有云：

> 明道而钧分之，时使而诚爱之，下之和上也如影向，有不由令者
> 然后俟之以刑。故刑一人而天下服，罪人不邮其上，知罪之在己也。
> 是故刑罚省而威流，无它故焉，由其道故也。③

荀子认为，人的体力素质从客观方面来说是不够强大的，因而必须结
成"群"以集体的行动来获得力量，从而达到"道"的本质规约力量，这
也是"分"所产生的积极社会意义。《荀子·王制》篇有云：

> 力不若牛，走不若马，而牛马为用，何也？曰：人能群，彼不能

---

① 郭庆藩：《庄子集释》，中华书局1961年版，第327页。
② 陆醒：《南华真经副墨》，中华书局2012年版，第12页。
③ 王先谦：《荀子集解》，中华书局1988年版，第284页。

群也。人何以能群？曰：分。分何以能行？曰：义。故义以分则和，和则一，一则多力，多力则强，强则胜物，故宫室可得而居也。故序四时裁万物，兼利天下，无它故焉，得之分、义也。故人生不能无群，群而无分则争，争则乱，乱则离，离则弱，弱则不能胜物，故宫室不可得而居也，不可少顷舍礼义之谓也。能以事亲谓之孝，能以事兄谓之弟，能以事上谓之顺，能以使下谓之君。君者，善群也。群道当则万物皆得其宜，六畜皆得其长，群生皆得其命。①

论述中荀子集中阐释了"分"后而所以"群"的生存逻辑，对"群"所产生的合理有效的社会功用效果、君子"善于群"的美好品行以及"群"所营造的社会环境的和序、宁静之美予以充分肯定，指出"群道当，则万物皆得其宜，六畜皆得其长，群生皆得其命"。而"分"以能行的"义"则是裁制事物、调节社会伦理关系的原则："义者，内节于人而外接于万物者也，上安于主而下调于民者也"，而荀子也将其视为道德的根本，他在《荀子·强国》篇指出："然则凡为天下之要，义为本而信次之"②，都成为"分而后群"的审美依据。可以说，荀子的观点"合群定分"，能够抑制混乱，形成良好的社会秩序并和睦人群。依据"圣王"制作的"礼义法度"进行教化，施行礼法之治以"明分使群"，从而达到"群居和一"的目的。

四　"言教"与"不言"：明"道"之辩

"言语"的建构作用就是为一切提供道路，它是最原初的"道"。以"言""立学""明道"是以文学介入的观照方式来关注"言"的文学处境，将"言"本身所具备的审美元素的作用发挥到极致，也为"言"传达美、表现美、彰溢美之目的指向做了崭新的诠释。荀子与庄子二人对"言"都表现了一种认同的态度，对"言"给予学术的正视与观照：反对逃避，敢于面对，乐于言说。因而"言"在二者的学术思想体系中成为一个重要的范畴，同时他们也不约而同地建构了"言""道"之间密不可分

---

① 王先谦：《荀子集解》，中华书局1988年版，第164—165页。
② 同上书，第305页。

的关系。庄子指出："道隐于小成，言隐于荣华"，荀子认为："君子言有坛宇，行有防表，道有一隆"，而《荀子·劝学》篇亦集中阐释了"言""道"合一观：

> 故必由其道至，然后接之；非其道则避之。故礼恭，而后可与言道之方；辞顺，而后可与言道之理；色从而后可与言道之致。故未可与言而言，谓之傲；可与言而不言，谓之隐；不观气色而言，谓瞽。故君子不傲、不隐、不瞽，谨顺其身。①

虽然荀子和庄子都对"言"以"明道"的观点予以认同，但二者对"言"的具体应用方式是不同的，在"言"的性征归属与位置判定上亦有所差异。第一，在对象与工具的争辩中，庄子的言道观表现为一种对象性的思维，主张行"不言之教"即将"言"视为文艺审美的对象，亦不将"言"作为明道的根本，《庄子·知北游》篇有云：

> 夫知者不言，言者不知，故圣人行不言之教。道不可致，德不可至。仁可为也，义可亏也，礼相伪也。故曰：失道而后德，失德而后仁，失仁而后义，失义而后礼。礼者，道之华而乱之首也。②

《庄子·德充符》篇亦有云：

> 立不教，坐不议，虚而往，实而归。固有不言之教，无形而心成者邪？③

庄子在现实层面追求言辞表现的周延完美，又在思想文化层面主张行"不言之教"，在文学与艺术的传承中突破了"语言"独标一格的方式局限，而打造了超越语言形式本身的"不言""无言"的自然教化状态。荀子的言教观表现为一种工具性的思维，荀子视"言教"与"辩说"才是

---

① 王先谦：《荀子集解》，中华书局 1988 年版，第 89—90 页。
② 郭庆藩：《庄子集释》，中华书局 1961 年版，第 731 页。
③ 同上书，第 187 页。

"明道"的有效策略，诗、书、礼、乐皆以言表其美、传其质，而"言"也是其立学修身的重要依据。可以说，荀子将言语教化的审美意旨发挥到极致。

第二，在"辩说"的问题上，庄子提倡"大辩不言"的审美哲学，《庄子·齐物论》篇有云：

> 春秋经世先王之志，圣人议而不辩。故分也者，有不分也；辩也者，有不辩也。曰：何也？圣人怀之，众人辩之以相示也。故曰辩也者，有不见也。夫大道不称，大辩不言，大仁不仁，大廉不嗛，大勇不忮。道昭而不道，言辩而不及，仁常而不成，廉清而不信，勇忮而不成。五者圆而几向方矣。故知止其所不知，至矣。孰知不言之辩，不道之道？①

从论述中可以看出，庄子与荀子的观点是相异的，荀子主张"君子必辩"的功利策略，他认为辩说是一种能力，也是形成君子之美所必需的。因这一问题在本书的前文已经详尽论述过，这里就不再详赘。

第三，在言意关系的问题论域中，二者的差异就更为明显。庄子展现了自己的言语逻辑，即"言不尽意""得意而忘言"。《庄子·外物》篇有云：

> 筌者所以在鱼，得鱼而忘筌；蹄者所以在兔，得兔而忘蹄；言者所以在意，得意而忘言。吾安得夫忘言之人而与之言哉！②

这里由"忘筌""忘蹄"而"忘言"，由"忘言"而"无言"，从而达到忘却"言"这个外在形体的束缚，实现主体"明道"之行有迹而"游"无穷。庄子以"卮言日出，和以天倪"以及"谬悠之说，荒唐之言，无端崖之辞"等一系列"言"的判断，打造了一个"言有尽而意无穷"的审美境界，主体在这里忘却语言的规约方可达到自由遨游的"明道"之境，以主题之"游"的审美外延催促"言"的离俗去形，在诙谐

---

① 郭庆藩：《庄子集释》，中华书局1961年版，第83页。
② 同上书，第944页。

机趣之余形成对传统言语策略的颠覆。

而荀子在这一问题上则表现了对"言"审美达意的充分认同，他秉承儒家"辞达而已矣"的审美观，认为"言"以达"道"是最好最有效的方式。《荀子·非相》篇有云：

> 故君子之于言也，志好之，行安之，乐言之，故君子必辩。凡人莫不好言其所善，而君子为甚。故赠人以言，重于金石珠玉；观人以言，美于黼黻、文章；听人以言，乐于钟鼓琴瑟。①

司马迁说："荀卿嫉浊世之政，亡国乱君相属，不遂大道而营于巫祝，信禨祥，鄙儒小拘，如庄周等又滑稽乱俗，于是推儒墨道德之行事兴坏，序列著数万言而卒。"② 这一评述可以说是对荀子一生的最好总结，也可以看作对荀子与庄子思想比较的最好总结。荀庄二人的文学思想在比较阐释中所形成的文学史史学价值，亦将在后世文学的传承中闪烁出熠熠光彩。

第六节　"义""利"之辩：以荀子 与经学传统为例

荀子的学术思想涉及层面较为复杂，从现代文论研究的视域看可以说既有哲学价值、史学价值，又有文学价值、经济学价值，其思想涉及了社会生活的许多方面，亦将在文化序列的传承中闪烁出熠熠光彩。以"义""利"之辩，阐发富国、强兵等经济思想，并完成对经学传统与文化伦理的转向，通过文化序列的构成分析与"宗经"传统的回溯，实现思想关联性的重新评估与相互关涉的学理考量，从而形成对伦理与价值等原文化思维、理念的重新定位。

---

① 王先谦：《荀子集解》，中华书局1988年版，第83—84页。
② 司马迁：《史记》，中华书局1959年版，第2348页。

一 尚"义"与先秦文化的伦理基点

聚焦义与利的内涵，在不同的历史阶段有不同的回答，作为概念本身，它的内涵是随着时代的变迁而变迁，一直在不断演变。同样，即使是在同一历史时期，不同的学派，不同社会地位的人对于义利的概念也会有不同理解。回顾文化的历史，义利关系是中国哲学史与文化史的基本问题，在中国传统文化史上占据着重要地位。阐发荀子的功利文艺观，必然迁想到"义"与"利"的价值内涵，而由此发生的关涉经济文化的思考也对其学术思想的研究有重要意义。

朱熹曾说，"义利之说，乃儒者第一义"[1]。以孔子、孟子、荀子为代表的先秦儒家，主张"义以为上""见利思义""义利两有"，是我国传统伦理思想的重要组成部分，对于塑造中华民族精神产生过重要影响。义与利的辩证统一，对于弘扬价值观与荣辱观，提升道德境界，促进社会主义精神文明与物质文明协调发展，妥善处理个人与社会的矛盾，维护社会稳定必将产生积极作用。在构建和谐社会过程中，先秦儒家义利观启示我们，必须以经济建设为中心，大力提高人民群众的物质生活水平。先秦儒家认为，义利是辩证统一的，义是在利的基础上产生的。一般说来，物质生活水平的提高，为人的道德发展和精神生活的丰富提供了物质保障。不讲利，义就会失去物质基础，对利益的追求和向往，是任何时代任何国家的人们的普遍心态。先秦儒家指出追求富贵、追求物质利益是人的天性，人们应该保持一种进取精神，大胆地追求物质利益。社会要重视经济发展，个人也要积极地去创造和获取财富，这样做，可以说就是于国于己，利莫大焉。人不可能孤立地专注于道德的修养，与精神生活相比，物质利益有时与社会生活关涉更为紧密。从一定意义上说，社会的进步，经济的发展，物质的丰富，生活水平的提高，是道德水准不断提升的前提和基础。

（一）逻辑指涉与文化依归

儒家义利观及其理论形成了自己的逻辑指涉与文化依归，其认为"义"与"利"皆有自己的文化根源，而在这一层面上可以说，"利"源于"弊"，"义"源于解"蔽"。挖掘儒家义、利观的发生以及逻辑内在依

---

[1] 《朱文公集》，卷24（清）朱墒：《朱文定公集》，清（1644—1911）影印本，中华书局。

据，荀子的文本，特别是《荀子·解蔽》篇提供了可以借鉴的部分。其《荀子·解蔽》篇有云：

> 故为蔽：欲为蔽，恶为蔽，始为蔽，终为蔽，远为蔽，近为蔽，博为蔽，浅为蔽，古为蔽，今为蔽。凡万物异则莫不相为蔽，此心术之公患也。[1]

作为论述之发端，文中阐述了各种"弊"发生的原因，并指出"凡万物异则莫不相为蔽，此心术之公患"[2] 的道理《荀子·解蔽》篇又进一步阐发了这一观点：

> 凡人之患，蔽于一曲，而暗于大理。治则复经，两疑则惑矣。天下无二道，圣人无两心。今诸侯异政，百家异说，则必或是或非，或治或乱。乱国之君，乱家之人，此其诚心，莫不求正而以自为也。妒缪于道，而人诱其所迨也。私其所积，唯恐闻其恶也。倚其所私，以观异术，唯恐闻其美也。是以与治虽走，而是己不辍也。岂不蔽于一曲，而失正求也哉！心不使焉，则白黑在前而目不见，雷鼓在侧而耳不闻，况于使者乎？德道之人，乱国之君非之上，乱家之人非之下，岂不哀哉！[3]

论述中，荀子阐发了对"凡人之患"的隐忧，而"凡人之患"也会导致"蔽于一曲，而暗于大理"的结果，因此需要以"一道"加"一心"来慎重对待这个问题，以诚心治乱、明辨是非，不避其恶，不偏其私，则可求之大美；然反之而行，"心不使""白黑在前而目不见"等等，就会形成相互对立的另一番镜像。在此基础上，荀子对需去之"蔽"的文化镜像进行了较为集中的梳理和相对具体的论述，其有云：

> 昔人君之蔽者，夏桀殷纣是也。桀蔽于末喜斯观，而不知关龙

---

① 王先谦：《荀子集解》，中华书局 1988 年版，第 387—388 页。
② 同上。
③ 同上书，第 386—387 页。

逢，以惑其心，而乱其行。桀蔽于妲己、飞廉，而不知微子启，以惑
其心，而乱其行。故群臣去忠而事私，百姓怨非而不用，贤良退处而
隐逃，此其所以丧九牧之地，而虚宗庙之国也。桀死于鬲山，纣县于
赤旆。身不先知，人又莫之谏，此蔽塞之祸也。成汤监于夏桀，故主
其心而慎治之，是以能长用伊尹，而身不失道，此其所以代夏王而受
九有也。文王监于殷纣，故主其心而慎治之，是以能长用吕望，而身
不失道，此其所以代殷王而受九牧也。远方莫不致其珍；故目视备
色，耳听备声，口食备味，形居备宫，名受备号，生则天下歌，死则
四海哭。夫是之谓至盛。诗曰："凤凰秋秋，其翼若干，其声若箫。
有凤有凰，乐帝之心。"此不蔽之福也。①

在引文中，其首先以"人君之弊"为契机展开论述，举出历史上君主
施政的不同实例，层层深入地展开论证，并形成"蔽塞之祸"与"不蔽之
福"的不同结论。接下来，又以"人臣之蔽"与"学者之蔽"为论域分
别展开论述，故《荀子·解蔽》有云：

昔人臣之蔽者，唐鞅奚齐是也。唐鞅蔽于欲权而逐载子，奚齐蔽
于欲国而罪申生；唐鞅戮于宋，奚齐戮于晋。逐贤相而罪孝兄，身为
刑戮，然而不知，此蔽塞之祸也。故以贪鄙、背叛、争权而不危辱灭
亡者，自古及今，未尝有之也。鲍叔、宁戚、隰朋仁知且不蔽，故能
持管仲，而名利福禄与管仲齐。召公、吕望仁知且不蔽，故能持周公
而名利福禄与周公齐。传曰："知贤之为明，辅贤之谓能，勉之强之，
其福必长。"此之谓也。此不蔽之福也。②

其篇亦云：

昔宾孟之蔽者，乱家是也。墨子蔽于用而不知文。宋子蔽于欲而
不知得。慎子蔽于法而不知贤。申子蔽于势而不知知。惠子蔽于辞而
不知实。庄子蔽于天而不知人。故由用谓之道，尽利矣。由欲谓之

---

① 王先谦：《荀子集解》，中华书局 1988 年版，第 388—390 页。
② 同上书，第 390—391 页。

道，尽嗛矣。由法谓之道，尽数矣。由势谓之道，尽便矣。由辞谓之道，尽论矣。由天谓之道，尽因矣。此数具者，皆道之一隅也。夫道者体常而尽变，一隅不足以举之。曲知之人，观于道之一隅，而未之能识也。故以为足而饰之，内以自乱，外以惑人，上以蔽下，下以蔽上，此蔽塞之祸也。孔子仁知且不蔽，故学乱术足以为先王者也。一家得周道，举而用之，不蔽于成积也。故德与周公齐，名与三王并，此不蔽之福也。①

　　因此，在相关论述的基础上可以得出结论，谓"圣人知心术之患，见蔽塞之祸，故无欲、无恶、无始、无终、无近、无远、无博、无浅、无古、无今，兼陈万物而中县衡焉"②，故"是故众异不得相蔽以乱其伦也"③。面对这样的局面，《荀子·正名》篇也进一步提出方略："性之好、恶、喜、怒、哀、乐谓之情。情然而心为之择谓之虑。心虑而能为之动谓之伪；虑积焉，能习焉，而后成谓之伪。正利而为谓之事。正义而为谓之行。"④ 或云"辞让之节得矣，长少之理顺矣；忌讳不称，袄辞不出。以仁心说，以学心听，以公心辨。不动乎众人之非誉，不治观者之耳目，不赂贵者之权势，不利传辟者之辞。故能处道而不贰，咄而不夺，利而不流，贵公正而贱鄙争，是士君子之辨说也"⑤。可以说，在荀子的相关著述中，其论证更多地表现为从有效的逻辑指涉中寻求相应的解决之道，也就是文化依归，而这种文化依归的回溯其实还是指涉到经济文化伦理的层面，这一问题在后文中进行了相应的详细论述。

　　（二）修身尚义与伦理前提

　　可以说，尚"义"是中国文化伦理的基点。过去人们把孔子"君子喻于义，小人喻于利"两句作为他"重义轻利"的根据，但从上面引用的许多言论看，孔子认为利是人人都追求的东西，他并不反对君子取利。能否明义，即能否用"义"来约束自己的取利行为，或曰"君子义以为质"，应该"见利思义"，否则"放于利而行，多怨"，然"见利思义"是最好

---

① 王先谦：《荀子集解》，中华书局 1988 年版，第 391—394 页。
② 同上书，第 394 页。
③ 同上。
④ 同上书，第 412—413 页。
⑤ 同上书，第 414 页。

的注解。而在荀子的思想世界中，尚"义"是同对"礼"的无限崇尚结合在一起的，可以说，"礼"的文化价值不仅仅是荀子美学思想的核心，更是儒家文化理想的中心，"礼"所带来的差序格局和"君君、臣臣、父父、子子"的伦理美学已经构筑起中国文化的审美旨归。在《荀子·富国》篇、《荀子·强兵》篇的论述中，强化了"义"在集体先民文化品行塑造中的重要作用，故《荀子·富国》篇有云：

> 故不教而诛，则刑繁而邪不胜；教而不诛，则奸民不惩；诛而不赏，则勤厉之民不劝；诛赏而不类，则下疑俗险而百姓不一。故先王明礼义以壹之，致忠信以爱之，尚贤使能以次之，爵服庆赏以申重之，时其事，轻其任，以调齐之，潢然兼覆之，养长之，如保赤子。①

引文将"义"与"礼"并举，明确表达了对"义"的崇尚，并以"明礼义以壹之，致忠信以爱之，尚贤使能以次之"②的递进式阐发，环环相扣地提出将尚"义"作为政治文化统治以及治理国家的重要前提，这种对"义"的强化对儒家文化以及整个社会文化的发展提供了有效借鉴，从一定程度上说，也将"义"置于儒家文化的支撑和基础地位。在此基础上，《荀子·修身》篇论述道：

> 志意修则骄富贵，道义重则轻王公；内省而外物轻矣。传曰："君子役物，小人役于物。"此之谓矣。身劳而心安，为之；利少而义多，为之；事乱君而通，不如事穷君而顺焉。故良农不为水旱不耕，良贾不为折阅不市，士君子不为贫穷怠乎道。③

引文一方面强调"志意修则骄富贵，道义重则轻王公；内省而外物轻矣"④；另一方面又指称"利少而义多，为之"⑤才是"君子役物"的首要前提，义对于衡量君子的标准以及整个儒家文化的价值体系建构都发挥着

---

① 王先谦：《荀子集解》，中华书局 1988 年版，第 191 页。
② 同上。
③ 同上书，第 27 页。
④ 同上。
⑤ 同上。

重要的作用，故所谓"体恭敬而心忠信，术礼义而情爱人"①，方可"横行天下，虽困四夷，人莫不贵"②，亦能"横行天下，虽达四方，人莫不弃"③。成为真正的君子，"拘守而详""劳苦之事"，则能够达到修身成君子的美好效果，而在此基础上，儒家文化域发生并得以生成，故"义"当为儒家文化发生的伦理前提。

单襄公说："义者，文之制也。"内史兴有云："义所以节也"，又云"义节则度"。故"义"是一种具体的德行，是人们能够合宜的制断事物的品德。义作为人的道德观念，是受到礼的制约的。所以，"行礼不疚，义也"。不疚，即内心无所愧疚，是指行礼合于礼的规范要求，亦即合于礼之宜。行礼的合宜，可以表现在各国方面，而无论是哪一方面的合宜，都可以称为义。因此，义作为一般的伦理观念，具有极大的包容性，可以包含其他诸多德行。因此，忠、信、贞皆为义的表现。凡是合于礼的各种德行都可以视为义的体现，是义观念的一大特点。这与义的合于节度之宜的伦理特点是相一致的。故君子以"义"修身，导化并不断向善，并以此来约束自身言行。在君子修身的过程中，德、信、礼、义，都是不可或缺的要素，而"义"又以独特的旨归指涉君子修身的实践层面，成为导化向善、成就真君子的有效途径和要素。故《荀子·强国》篇有云：

> 夫义者，内节于人，而外节于万物者也；上安于主，而下调于民者也；内外上下节者，义之情也。然则凡为天下之要，义为本，而信次之。古者禹汤本义务信而天下治，桀纣弃义倍信而天下乱。故为人上者，必将慎礼义，务忠信，然后可。此君人者之大本也。④

这里将"义"在君子修身的要素性作用加以诠释。那么什么是真正的"义"呢？指称"内节于人，而外节于万物"⑤者为"义"，而天下万物的要领，"义"是最为本真的，如果有"义"，并积极地加以施行，那么就是最本质的"义"，也就能够实现天下长治久安的效果，而如果背信弃义，

① 王先谦：《荀子集解》，中华书局1988年版，第28页。
② 同上。
③ 同上。
④ 同上书，第305页。
⑤ 同上。

没有认真推行"义",那么就会亡国乱政,甚至导致天下大乱。因此,可以得出结论,"义"是君子修身过程中不可或缺的重要因素,故应"慎礼义,务忠信",然后才能成为真正的君子,也是君子实现人生理想的本质所在。

二 趋"利"与价值理想的原思维

价值观是一种评价性的机制与思维,它既涉及现实社会的意义,又指向理想的境界,而归根溯源,这个问题的核心就是探讨价值理想的元思维。作为一种高于自然的人的存在,儒家也提出过自己的看法,即人应该通过自然的陶化达到自我通明的境界,而对于自然的人文存在,文化与文明的实现需要以基本的价值原则为依归。

先秦的儒家,始提出"仁"人的观念,并将其作为儒家文化的核心视域,具有多重含义,而从价值观上看,其基本的规定则是"爱人",即追随一种朴素的人道原则,在此基础上,形成对人本身价值的关注,即人的最基本的价值机制与文化取向,也就是认知本真是趋于"利",这种"利"不是单纯的利益,而恰恰是人之性得以彰显的内在需要。孟子由仁学引出"仁政"论,也是充分展示以德施政,强化人的价值,反对暴力;而至荀子论"仁",则是以性恶之观,展现人之欲望,而这也是最原始的"利"。通过对先秦时期思想家的著述进行整理分析,可以发现"义""利"之间存在着密不可分的关系,那么在对"义"的追慕中,对"利"的趋向化特征也更加明显,故进一步考辨"义""利"之间的关系有其价值与意义。细致分析,可以看到"义""利"之间的关系主要表现在两个方面,一是派生关系,一是矛盾关系。派生关系则体现为利由义所生,义是利之本。故云:"夫义以生利也……不义则利不阜","义以生利","德义,利之本也","思义为愈","义,利之本","夫义者,利之足也;贪者,怨之本也"①。由上述的实例可以看出,春秋时期民众较为集中地将"义"视为"利"的根本,并且认为"利"与"义"是派生关系,认为"利"是由"义"派生出来的,是"义"的产物。在二者的逻辑关系中强调了"利"与"义"的对立统一性,而这种关系以相互依存为基点,故

---

① 尚学锋、夏德靠译注:《国语》,中华书局 2010 年版,《国语·晋语二》。

"利"不能离开"义"而存在的，二者的联系非常紧密，"利"不能单独存在，它的存在依赖"义"。如单襄公称许晋公子周"言义必及利"，或云"废义则利不立"等皆为此佐证。由义与利的这种联系中，可以看出义与利的关系还不单纯是对立统一的矛盾关系，而是更接近于因果的关系。处事断制合义是因，利则是义的必然结果。所以，春秋时期的义利关系还比较简单，尚无后来的义利之辩，内涵的丰富性上也尚不充盈。义作为道德观念，利作为功利的概念，二者的因果联系表明，春秋时期的义观念是道德与功利相统一的。而作为儒家文化序列的传承人荀子，其对"利"也进行了较为集中的论述，《荀子·富国》篇有云：

> 不利而利之，不如利而后利之之利也。不爱而用之，不如爱而后用之之功也。利而后利之，不如利而不利者之利也。爱而后用之，不如爱而不用者之功也。利而不利也，爱而不用也者，取天下者也。利而后利之，爱而后用之者，保社稷者也。不利而利之，不爱而用之者，危国家者也。①

引文寥寥数语，却连续运用了十六个"利"字展开集中的论述，可见对"利"之重视，而在《荀子》整部著作的其他篇目中也能找到相似的思考痕迹，故《荀子·臣道》篇有云：

> 恭敬，礼也；调和，乐也；谨慎，利也；斗怒，害也。故君子安礼乐利，谨慎而无斗怒，是以百举而不过也。小人反是。②

《荀子·臣道》篇，指称"君子安"而"礼乐利"，即说明了儒家文化的价值理想，又将礼乐与利并举，追溯文化理想的源头，在具体的社会实践中，"利"的价值功能和价值力量凸显出来，故《荀子·王制》篇有云：

> 论百工，审时事，辨功苦，尚完利，便备用，使雕琢文采不敢专造于家，工师之事也。相阴阳，占祲兆，钻龟陈卦，主攘择五卜，知

---

① 王先谦：《荀子集解》，中华书局1988年版，第178页。
② 同上书，第256—257页。

其吉凶妖祥，伛巫跛击之事也。修采清，易道路，谨盗贼，平室律，以时顺修，使宾旅安而货财通，治市之事也。①

《荀子·修身》篇有云：

君子之求利也略，其远害也早，其避辱也惧，其行道理也勇。②

《荀子·荣辱》篇有云：

材性知能，君子小人一也；好荣恶辱，好利恶害，是君子小人之所同也；若其所以求之之道则异矣：小人也者，疾为诞而欲人之信己也，疾为诈而欲人之亲己也，禽兽之行而欲人之善己也；虑之难知也，行之难安也，持之难立也，成则必不得其所好，必遇其所恶焉。故君子者，信矣，而亦欲人之信己也；忠矣，而亦欲人之亲己也；修正治辨矣，而亦欲人之善己也；虑之易知也，行之易安也，持之易立也，成则必得其所好，必不遇其所恶焉。③

《荀子·非相》有云：

人之所以为人者何已也？曰：以其有辨也。饥而欲食，寒而欲暖，劳而欲息，好利而恶害，是人之所生而有也，是无待而然者也，是禹桀之所同也。④

《荀子·王霸》篇有云：

絜国以呼功利，不务张其义，齐其信，唯利之求，内则不惮诈其民，而求小利焉；外则不惮诈其与，而求大利焉，内不修正其所以

---

① 王先谦：《荀子集解》，中华书局1988年版，第149页。
② 同上书，第22页。
③ 同上书，第73页。
④ 同上书，第78—79页。

有，然常欲人之有。如是，则臣下百姓莫不以诈心待其上矣。①

　　其意正如荀子所述，所谓"凡人有所一同：饥而欲食，寒而欲暖，劳而欲息，好利而恶害，是人之所生而有也，是无待而然者也，是禹桀之所同也"②，做到此，那么自然就能够达到"目辨白黑美恶，耳辨声音清浊，口辨酸咸甘苦，鼻辨芬芳腥臊，骨体肤理辨寒暑疾养，是又人之所常生而有也，是无待而然者也，是禹桀之所同也"③ 的效果。而在此基础上，行"巨用之者，先义而后利，安不恤亲疏，不恤贵贱，唯诚能之求，夫是之谓巨用。小用之者，先利而后义，安不恤是非，不治曲直，唯便僻亲比己者之用，夫是之谓小用之。巨用之者若彼，小用之者若此，小巨分流者，亦一若彼，一若此也。故曰：粹而王，驳而霸，无一焉而亡"④。也就是这个道理。相关的思考论证，在墨子的著述中可以找到相互应和的部分。"义，利也"⑤ 作为墨家的道德命题，其实是从较为直接的角度认为义与利同，而其也认为求利即是谋义，取利即是尚义。而义利观作为中国古代的重要伦理观念，是常常与仁联系在一起的，而被称为仁。仁义连用总是仁在先，义在后，所以，在讨论了"仁"的观念以后，就可以深入探讨"义"的观念了。但是，在春秋时期人们言义，却很少与仁相联系，查阅《左传》《国语》等相关史料的论说，却没有明确的仁义连用的材料。因此，可以推测"义"观念在春秋时期特别是文化初期与"仁"观念并不连用的，二者是相对独立的不同观念。这里所指称的"义"主要就是指物应得其节度之宜。义必生利。其内涵是指中国古代农业的发达，使人们很早就认识到，物产与土地之间有一种相互适应的关系，物不合地宜，就不能正常的生存。将这种认识引申到人事，则是人的行事不合于义，就会有殃祸的发生。春秋时期人们对此有许多说法：所谓"多行不义，必自毙。……不义不昵，厚将崩""不义而强，其毙必速""违义，祸也"或曰"大事奸义，必有大咎。"不一而足，但皆为此理。将"义"指称到社会大德大道，其论域的核心问题是表明违义必有殃祸，这也是春秋时期世人的共同看

①　王先谦：《荀子集解》，中华书局1988年版，第205—206页。

②　同上书，第63页。

③　同上。

④　同上书，第209页。

⑤　孙诒让：《墨子间诂》，中华书局2001年版，第349页。

法。在相关的巫祝活动中，人们也常常将是否有违"义"作为标准，判断言行举动是否吉祥或殃祸发生的可能性。与此相应，形成了合义必有利之说。我们知道，义利之辩是中国古代哲学、伦理学中一直争论不休的重大问题，在不同的时代有不同的时代内容。春秋时期虽然已经有了义利关系的讨论，但当时人们所认为的义利关系还不是对立统一的关系，二者之间只是一种必然联系的关系，是义必有利的相互联系，与后来的义利之辩是有所区别的。

从这个意义上讲，"义"与"利"的关系是春秋时期一个很重要的问题。在这个问题研究之前，需要明确"利"的观念。对于"利"，春秋时期人们都认为是人所应当享有的正当东西。祭公谋父说："先王之于民也，使务利而避害"①，芮良夫也说："夫利，百物之所生，天地之所载也"②；在此基础上，有观点认为，一个国君的职责就在于使人人都能各得其利，"夫王人者，将导利而布之上下者也，使神人百物无不得其极也"③。晋人丕郑说："利以丰民。"④ 他们都肯定利的正当性，将其看成万物天地得以生成的根据，治理国家、富足人民的保障。可以说，"利"是一种国家之利、人民之利，而非君王个人的私利。因此，芮良夫反对荣公专利，内史过也否定虢公"匮百姓"以"求利"。富辰则以内利与外利来区分二者，其有云："尊贵、明贤、庸勋、长老、爱亲、礼新、亲旧，然则民莫不审固其心国以役上令，官不易方，而财不匮竭，求无不至，动无不济，百姓兆民，夫人奉利而归诸上，是利之内也；若七德离判，民乃携贰，各以利退，上求不暨，是外其利也。"⑤ 又云："由之利内则福，利外则祸。"⑥ 所谓利内是以道德为基础的有利于国家、人民的社会公利，是与福贵相联系的，而"私利"之"利"却与此不同，是与贫祸相联系的。因此，在春秋时期，人们所肯定之"利"往往是指国家、人们的公众之利，而非个人之私利。而在此基础上，是否是国家、人民之利，判定的标准是看所言之利是否与义有必然的联系。如果说与义没有联系，利就是所谓淫利，单襄公

---

① 王先谦：《荀子集解》，中华书局 1988 年版，第 209 页。
② 尚学锋、夏德靠译注：《国语》，中华书局 2010 年版，《国语·周语中》。
③ 同上。
④ 尚学锋、夏德靠译注：《国语》，中华书局 2010 年版，《国语·晋语八》。
⑤ 尚学锋、夏德靠译注：《国语》，中华书局 2010 年版，《国语·周语中》。
⑥ 同上。

说："且夫长翟之人，利而不义，其利淫矣。"① 淫利与私利一样，都不是真正的利。因此，春秋时期所肯定之利是与义相紧紧联系在一起的。

三　义利兼顾与文化价值的转向

荀子及其所传承的儒家文化思想在文化去弊与重建的过程中，形成了"义""利"兼顾的文化价值观。在一定意义上讲，儒家的"义利观"及其哲学思辨是"义利兼顾"的，而这一点也成为其文化价值转向的基础。

所谓"义利兼顾"从两个层面展开。其一，中国传统文化的评价视野中，对"义"观念形成了独特的评价机制。对"义"观念追慕是不排除功利，但是在"义""利"之间，将"义"作为第一层次的追求，并提出大义灭亲的观念。晋国的狼谭曾说："死而不义、非勇也。"② 也就是说是合于义的死，才可以称之为勇。故云："石蜡，纯臣也。恶州吁而厚与焉。大义灭亲，其是之谓乎。"③ 这里的州吁是卫国的国君，但他们靠弑杀卫桓公而立位的，石厚是石蜡之子，他是州吁的亲信。弑君是大逆不道的，石蜡没有因为父子关系，而偏向儿子，反而利用这一关系，设计杀掉了州吁与自己的亲生儿子。与大义灭亲接近的是死而利国之说。在晋楚之战前夕，楚国主帅子玉梦神，向他索要琼弁玉缨，子玉却不给，而与子西等发生争执。又荣季曰："死而利国，犹或为之，况琼玉乎？是粪土也。而可以济师，将何爱焉？"④ 弗听，出告二子曰："非神败令尹，令尹其不勤民，实自败也。"⑤ 荣季先说死而利国，后来又说令尹不勤民，可见，为国与为民是一致的。这是为了国家、人民之利，连自己的生命也可以奉献的崇高思想。从一定意义上说，这种大义灭亲的主张，以及为国家、人民之利可以牺牲生命的思想，与杀身成仁的主张一样，都是把道德的仁义置于比生命更加宝贵、重要的地位。春秋时期中国人就具有的这一观念，是中国古代思想文化中极其宝贵的观念，它对于培养中国人的人品、气节起到了巨大而深远的影响。这一点，在荀子的著述中也可以找到相关的论证，故

① 尚学锋、夏德靠译注：《国语》，中华书局 2010 年版，《国语·周语下》。
② 孔颖达：《春秋左传正义》，十三经注疏本，中华书局 1980 年版，第 1722 页。
③ 同上。
④ 同上书，第 1826 页。
⑤ 同上。

《荀子·臣道》篇有云：

> 恭敬而逊，听从而敏，不敢有以私决择也，不敢有以私取与也，以顺上为志，是事圣君之义也。忠信而不谀，谏争而不谄，拣然刚折端志而无倾侧之心，是案曰是，非案曰非，是事中君之义也。调而不流，柔而不屈，宽容而不乱，晓然以至道而无不调和也，而能化易，时关内之，是事暴君之义也。①

《荀子·修身》篇亦有云：

> 志意修则骄富贵，道义重则轻王公；内省而外物轻矣。传曰："君子役物，小人役于物。"此之谓矣。身劳而心安，为之；利少而义多，为之；事乱君而通，不如事穷君而顺焉。故良农不为水旱不耕，良贾不为折阅不市，士君子不为贫穷怠乎道。②

所谓"体恭敬而心忠信，术礼义而情爱人"③，然"横行天下，虽困四夷，人莫不贵"④，又"横行天下，虽困四夷，人莫不任"⑤，又"横行天下，虽达四方，人莫不弃故"⑥，又"横行天下，虽达四方，人莫不贱"⑦，故能够达到"劳苦之事则争先，饶乐之事则能让，端悫诚信，拘守而详……体倨固而心势诈，术顺墨而精杂污……劳苦之事则偷儒转脱，饶乐之事则佞兑而不曲，辟违而不悫，程役而不录"⑧的效果。可以说，在历史上，这种道德与功利相统一的义观念其实就是一种以"文化价值转向"为依归的"义利兼顾"观念，在此基础上所形成的春秋时期的义观念与此有密切的联系。春秋时期的"义"观念有受"礼"制约的成分，通常以是否合礼判断其与道德性是否相宜。同样，其合宜与否，则又取决于事

---

① 王先谦：《荀子集解》，中华书局 1988 年版，第 252 页。
② 同上书，第 27—28 页。
③ 同上书，第 28 页。
④ 同上。
⑤ 同上。
⑥ 同上书，第 29 页。
⑦ 同上。
⑧ 同上书，第 28—29 页。

物的节度，这样的义观念，实际上就是依据事物的节度来采取相应的合宜作法的观念。显然，这具有一般方法论的意义。另外，春秋时期的"德"观念，既是一个受礼的制约的道德观念，又是具有处事合宜的一般方法论意义的。而从一般方法论的意义说，处事合于节度之宜，必有功利，也是带有较大或然性的现象，因而，义与利的统一就是其必然的结论。这是春秋时期义观念的独特价值所在。故《荀子·富国》篇有云：

> 天下之公患，乱伤之也。胡不尝试相与求乱之者谁也？我以墨子之"非乐"也则使天下乱，墨子之"节用"也则使天下贫，非将堕之也，说不免焉。墨子大有天下，小有一国，将蹙然衣粗食恶，忧戚而非乐。若是则瘠，瘠则不足欲，不足欲则赏不行。墨子大有天下，小有一国，将少人徒，省官职，上功劳苦，与百姓均事业，齐功劳，若是则不威，不威则罚不行。赏不行，则贤者不可得而进也；罚不行，则不肖者不可得而退也。贤者不可得而进也，不肖者不可得而退也，则能不能不可得而官也。若是则万物失宜，事变失应，上失天时，下失地利，中失人和，天下敖然，若烧若焦。墨子虽为之衣褐带索，嚼菽饮水，恶能足之乎？既以伐其本，竭其原，而焦天下矣。①

荀子之观点显在意明，"墨子之言昭昭然为天下忧不足。夫不足非天下之公患也，特墨子之私忧过计也"盖此意也。而从"乐"的功能本身来看，好的音乐可以为统治者施行政绩以及良好的社会秩序提供帮助，也会对人性产生潜移默化的导引修正作用；人对于"乐"的欣赏只要做好选择、有所节制在正常范围内是不会影响其他社会生活的，那么按照上述逻辑推论就不会出现墨子所担忧的情况，而"乐"的教化功能与审美作用也能够得到充分发挥。引文在论述中将"天时"与"地利"并举，展示了"乐"的育化功能，为文化的价值转向提供了契机；而固有的文化志向一直是儒家文化所秉持的，对于由"义"到"利"的价值观照，其实也包含着一种价值的重建。故《荀子·议兵》篇有云：

> 故齐之技击，不可以遇魏氏之武卒；魏氏之武卒，不可以遇秦之

---

① 王先谦：《荀子集解》，中华书局 1988 年版，第 185—186 页。

锐士；秦之锐士，不可以当桓文之节制；桓文之节制，不可以敌汤武之仁义；有遇之者，若以焦熬投石焉。兼是数国者，皆干赏蹈利之兵也，佣徒鬻卖之道也，未有贵上安制綦节之理也。诸侯有能微妙之以节，则作而兼殆之耳。故招近募选，隆势诈，尚功利，是渐之也；礼义教化，是齐之也。故以诈遇诈，犹有巧拙焉；以诈遇齐，辟之犹以锥刀堕太山也，非天下之愚人莫敢试。故王者之兵不试。汤武之诛桀纣也，拱挹指麾，而强暴之国莫不趋使，诛桀纣若诛独夫。故泰誓曰："独夫纣。"此之谓也。故兵大齐则制天下，小齐则治邻敌。若夫招近募选，隆势诈，尚功利之兵，则胜不胜无常，代翕代张，代存代亡，相为雌雄耳矣。夫是之谓盗兵，君子不由也。①

引文的论述，揭示了"义利兼顾"的第二个层面的问题，而其中的"利"，其实在儒家的文化视域中占有重要地位，即"蹈利之兵"为"尚功利"之质。这一点在后来的儒学伦理中得到了较为明确的验证。当合宜的一般方法论意义被道德的意义冲洗得日益稀薄之时，"利"的价值域便得以显现。从春秋时期的义观念到后来在融合百家义利观的基础上，中国传统社会形成了主流的儒家义利观，再经过宋明大时代义利观内部的讨论，最终使义利观的社会性和个体性得到完整的体现，在现代社会中由传统慢慢转向并熔铸于现代文化价值体系，其实是经历了一个十分漫长的过程。在这个角度上看，墨子提出"兴天下之利，除天下之害"②，则方可"兼相爱交相利"，其"利"是一种广义的利，是天下人的利，也是为了全天下人之利，墨家可以放弃自己的个人之利，死不旋踵，轻自身之性命，其实，成就的是天下之公利，从这个角度看来，儒家的义最终也是为了天下，为了天下百姓之"利"，那么这里所指称的"利"与儒家原初所追寻的"义"是相互应和的，也可以在意义的阐释上相互做证；期间虽辩论激烈，但却是在同一个层面上的回旋。故《荀子·非十二子》有云：

兼服天下之心：高上尊贵，不以骄人；聪明圣知，不以穷人；齐给速通，不争先人；刚毅勇敢，不以伤人；不知则问，不能则学，虽

① 王先谦：《荀子集解》，中华书局1988年版，第274—276页。
② 孙诒让：《墨子间诂》，中华书局2001年版，第251页。

能必让，然后为德。遇君则修臣下之义，遇乡则修长幼之义，遇长则修子弟之义，遇友则修礼节辞让之义，遇贱而少者，则修告导宽容之义。无不爱也，无不敬也，无与人争也，恢然如天地之苞万物。如是，则贤者贵之，不肖者亲之；如是，而不服者，则可谓妖怪狡猾之人矣，虽则子弟之中，刑及之而宜。诗云："匪上帝不时，殷不用旧；虽无老成人，尚有典刑；曾是莫听，大命以倾。"此之谓也。①

在此基础上，荀子又以国家建设的宏观角度对这一问题进行了较为深入的探讨，故《荀子·强国》篇有云：

> 国者亦有砥厉，礼义节奏是也。故人之命在天，国之命在礼。人君者，隆礼尊贤而王，重法爱民而霸，好利多诈而危，权谋倾覆幽险而亡。②

又云：

> 威有三：有道德之威者，有暴察之威者，有狂妄之威者。此三威者，不可不孰察也。礼义则修，分义则明，举错则时，爱利则形。如是，百姓贵之如帝，高之如天，亲之如父母，畏之如神明。③

几段论述意旨鲜明，从不同角度阐发了同一个问题，即义利兼顾的文化价值观，从文化伦理向文化价值的转向是文化发展的理路，也是荀子文化实践的要义。

四　义利并重与"法后王"的重建

荀子主张"义""利"并重，并在此基础上进一步推行其"法后王"

①　王先谦：《韩非子集解》，中华书局 1988 年版，第 99—100 页。
②　同上书，第 291 页。
③　同上书，第 292—293 页。

的思想，在"义"与"利"的共建基础上，实现对"法后王"的重建，特别是关涉文化伦理层面的重建。《荀子·王霸》篇有云：

> 国者，天下之利用也；人主者，天下之利势也。得道以持之，则大安也，大荣也，积美之源也；不得道以持之，则大危也，大累也，有之不如无之；及其綦也，索为匹夫不可得也，齐愍、宋献是也。故人主天下之利势也，然而不能自安也，安之者必将道也。①

又云：

> 故用国者，义立而王，信立而霸，权谋立而亡。三者，明主之所谨择也，仁人之所务白也。絜国以呼礼义，而无以害之，行一不义，杀一无罪，而得天下，仁者不为也。攓然扶持心国，且若是其固也。之所与为之者，之人则举义士也；之所以为布陈于国家刑法者，则举义法也；主之所极然帅群臣而首乡之者，则举义志也。如是则下仰上以义矣，是綦定也；綦定而国定，国定而天下定。仲尼无置锥之地，诚义乎志意，加义乎身行，箸之言语，济之日，不隐乎天下，名垂乎后世。今亦以天下之显诸侯，诚义乎志意，加义乎法则度量，箸之以政事，案申重之以贵贱杀生，使袭然终始犹一也。如是，则夫名声之部发于天地之间也，岂不如日月雷霆然矣哉！故曰：以国齐义，一日而白，汤武是也。汤以亳，武王以鄗，皆百里之地也，天下为一，诸侯为臣，通达之属，莫不从服，无它故焉，以义济矣。是所谓义立而王也。②

荀子强调"义立而可为王"，是"义"的伦理建构功能，故"彼持国者，必不可以独也，然则强固荣辱在于取相矣。身能相能，如是者王，身不能，知恐惧而求能者，如是者强；身不能，不知恐惧而求能者，安唯便僻左右亲比己者之用，如是者危削；綦之而亡是谓此理。"③ 而什么是真正

---

① 王先谦：《荀子集解》，中华书局 1988 年版，第 202 页。
② 同上书，第 202—203 页。
③ 同上书，第 203 页。

的“国”呢？荀子也有较为清晰的定义，即“国者，巨用之则大，小用之则小；綦大而王，綦小而亡，小巨分流者存”[①]，而所谓“巨用之者，先义而后利，安不恤亲疏，不恤贵贱，唯诚能之求，夫是之谓巨用之。小用之者，安不恤是非，不治曲直，唯便僻亲比己者之用，夫是之谓小用之。巨用之者若彼，小用之者若此，小巨分流者，亦一若彼，一若此也”[②] 则是为“国”之构建注入内涵，无论是“先义而后利”，还是“先利而后义”，都表现了对“义”与“利”不同范畴的关注，将二者纳入“国”之构建的关注视野，为君主的治国提供了参见的向度，而这一点恰恰是“粹而王，驳而霸，无一焉而亡”的真正道理。[③] 在此基础上，荀子也从“用国者”和“伤国者”两个方面对应义利并重的思想分别进行了论述：

> 用国者，得百姓之力者富，得百姓之死者强，得百姓之誉者荣。三得者具而天下归之，三得者亡而天下去之；天下归之之谓王，天下去之之谓亡。汤武者，修其道，行其义，兴天下同利，除天下同害，天下归之。故厚德音以先之，明礼义以道之，致忠信以爱之，赏贤使能以次之，爵服赏庆以申重之，时其事，轻其任，以调齐之，潢然兼覆之，养长之，如保赤子。生民则致宽，使民则綦理，辩政令制度，所以接天下之人百姓，有非理者如豪末，则虽孤独鳏寡，必不加焉。是故百姓贵之如帝，亲之如父母，为之出死断亡而不愉者，无它故焉，道德诚明，利泽诚厚也。乱世则不然，污漫突盗以先之，权谋倾覆以示之，俳优、侏儒、妇女之请谒以悖之，使愚诏知，使不肖临贤，生民则致贫隘，使民则极劳苦。是故，百姓贱之如尪，恶之如鬼，日欲司间而相与投借之，去逐之。卒有寇难之事，又望百姓之为己死，不可得也，说无以取之焉。孔子曰：“审吾所以适人，适人之所以来我也。”此之谓也。[④]
>
> 伤国者，何也？曰：以小人尚民而威，以非所取于民而巧，是伤国之大灾也。大国之主也，而好见小利，是伤国。其于声色、台榭、园囿也，愈厌而好新，是伤国。不好修正其所以有，啖啖常欲人之

① 王先谦：《荀子集解》，中华书局1988年版，第203页。

② 同上。

③ 同上书，第204页。

④ 同上书，第224—226页。

有，是伤国。三邪者在匈中，而又好以权谋倾覆之人，断事其外，若是，则权轻名辱，社稷必危，是伤国者也。大国之主也，不隆本行，不敬旧法，而好诈故，若是，则夫朝廷群臣，亦从而成俗于不隆礼义而好倾覆也。朝廷群臣之俗若是，则夫众庶百姓亦从而成俗于不隆礼义而好贪利矣。君臣上下之俗，莫不若是，则地虽广，权必轻；人虽众，兵必弱；刑罚虽繁，令不下通。夫是之谓危国，是伤国者也。①

其间，若"汤武者，修其道，行其义，兴天下同利，除天下同害，天下归之"，又"道德诚明，利泽诚厚"，又"大国之主也，而好见小利"等皆成为"义利并重"的佐证，故"儒者为之不然，必将曲辨：朝廷必将隆礼义而审贵贱，若是，则士大夫莫不敬节死制者矣。百官则将齐其制度，重其官秩，若是，则百吏莫不畏法而遵绳矣。关市几而不征，质律禁止而不偏，如是，则商贾莫不敦悫而无诈矣。百工将时斩伐，佻其期日，而利其巧任，如是，则百工莫不忠信而不楛矣"②，是谓此理。在义利并重的基础上，荀子对法先王之举提出了自己的想法，并展开了细致的分析与论证，故《荀子·正论》篇有云：

> 汤武非取天下也，修其道，行其义，兴天下之同利，除天下之同害，而天下归之也。桀纣非去天下也，反禹汤之德，乱礼义之分，禽兽之行，积其凶，全其恶，而天下去之也。天下归之之谓王，天下去之之谓亡。故桀纣无天下，汤武不弑君，由此效之也。汤武者，民之父母也；桀纣者、民之怨贼也。今世俗之为说者，以桀纣为君，而以汤武为弑，然则是诛民之父母，而师民之怨贼也，不祥莫大焉。以天下之合为君，则天下未尝合于桀纣也。然则以汤武为弑，则天下未尝有说也，直堕之耳。③

所谓"故天子唯其人。天下者，至重也，非至强莫之能任；至大也，非至辨莫之能分；至众也，非至明莫之能和。此三至者，非圣人莫之能

---

① 王先谦：《荀子集解》，中华书局1988年版，第226—228页。
② 同上书，第229页。
③ 同上书，第323—324页。

尽。故非圣人莫之能王。圣人备道全美者也，是县天下之权称也"①。也是这个道理，先王"修其道，行其义，兴天下之同利"其实已经透露出"义利"兼重的端倪，其言"桀纣非去天下也，反禹汤之德，乱礼义之分，禽兽之行，积其凶，全其恶，而天下去之也"是谓此理，但荀子在其思想中也表达了不能完全走法先王的路径，也约略提出了实行"法后王"之建，故《荀子·非相》篇有云：

> 凡言不合先王，不顺礼义，谓之奸言；虽辩，君子不听。法先王，顺礼义，党学者，然而不好言，不乐言，则必非诚士也。故君子之于言也，志好之，行安之，乐言之，故君子必辩。凡人莫不好言其所善，而君子为甚。故赠人以言，重于金石珠玉；观人以言，美于黼黻文章；听人以言，乐于钟鼓琴瑟。故君子之于言无厌。鄙夫反是：好其实不恤其文，是以终身不免埠污佣俗。故易曰："括囊无咎无誉。"腐儒之谓也。②

可以说，《荀子·王制》篇以及《荀子·王霸》篇是荀子思想中经济文化解读的集中体现。荀子对法后王的伦理重建，是针对儒家之法先王之说而提出并建设的，荀子所说的"先王"指伏羲、尧、舜等上古有为帝王。"法先王"是针对当时反对法古的观点提出来的，它效法的是"先王之道、仁义之统"；"后王"是指夏、商、周三代圣王。"法后王"即效法夏、商、周三代的具体制度，但又偏重于周代的政治制度。荀子极力主张既"法先王"又"法后王"的大儒思想，肯定"法后王"的雅儒思想，批评"略法先王"的俗儒思想。同时荀子不但法古，而且也肯定霸道的历史作用，因此可以说，《荀子·解蔽》篇就在这一层面上具体阐释了"去蔽与还原"之间的关系。

---

① 王先谦：《荀子集解》，中华书局 1988 年版，第 325 页。
② 同上书，第 83—84 页。

第八章　解蔽与重构：荀学对话的文化镜像

本章以"解蔽"与"重构"为观照视域，集中阐发荀学对话的文化镜像及其相关问题；具体的分析阐释从对话的可能性、对话的具体发生、对话的逻辑实践、对话的分析营构、对话与荀学传统五个层面展开。所谓"置古事不道，求新声于异邦"，中国文化源远流长，儒家文化作为中国伦理价值域的正统，张扬着去恶向善的价值观；而今，国学之热再度复兴，由传统到现代的折射使文化得以去蔽，并形成理论的升华，其价值域与理论思维边界的确立也折射到荀子学术思想的价值体系之中，这就形成了时代风貌独具的荀学文化镜像。在具体的梳理与论证中，以"对话"这一现代文艺理论研究方式反观大文化视域下荀学思想及其文化价值体系，以历史时间的线性逻辑为行文理路，以中西文化的空间视域为思理维度，将叙事与情感、"诗"与"美"、价值与理性、文化原型与治世实践等作为关注焦点一并置于广阔的大文化视野之中，通过文化价值体系的碰撞与对话所呈现出的种种文化镜像，展现出关涉功利的文化政道与无关功利的浪漫纬度之间的关联；在"解蔽"为思考基点、"重构"为研究指向的命题下，完善中西方文化视界的镜像建构与诠释，以期达到学术思想的整体观照与文本阐释的平衡。

第一节　文化与价值系的生成及其对话的可能

文化作为一种独特的生产力，始终在社会生活的上层建筑层面引导着我们的生活，可以说文化同我们的生活息息相关。应该说，中国传统之一脉相承的文化谱系，西方历史之多元共融的文化谱系，由于地理、历史、时空、种族的不同，因而二者所形成的文化价值系也是不同的。两种不同的文化价值系，产生不同的文化差异，也由于在时代之新的当下，文化的差异又形成了文化体制对话的可能。正是由于这种文化的同源性和文化的不可或缺性，使不同路径的文化有了纵向共同的可能，而实际上这种文化的对话已经在很多层面上展开了；而恰恰是在文化碰撞中有了文化价值体系的差异，才能形成不同的文化理路与文化向度，也才有了文化对话的可能。

一 价值理性与伦理转向

综观中国源远流长的文论体系，价值理性是其中一个重要的关键词。所谓"置古事不道，求新声于异邦"，中国文化在源远流长的历史中，经历了时间的历练，儒家文化一直被视为中国文化的主流，是伦理价值域的正统，荀子的事功精神与政道文化的建设则是儒家文化思想中一个核心层面的展示，就此形成的整个荀学思想也以此为起点文脉相承。荀子在其设论之初就指称"恶"，以此为"解蔽"论预设的前置论据，荀子期待以去蔽之教化来返归人性之真，从而去恶向善并建设起一个崭新的人性价值观。

而今，国学之热再度复兴，文化之功能的建构再次以更为深刻的方式跃入公众的视野。文化由传统到现在的折射，产生了文化的镜像，这个就是当下对荀子进行研究的一个很重要的依据。从伦理文化的原初启示到现代文化的价值建构，以文化之源来反观文化之镜像是思维的总脉。中国文化源远流长，在几千年的积淀中形成了一系列较为完整的价值域和理论定势，文化的积蓄式发展与理论体系的一脉相承，文化镜像之说的现代考量，已非原初形式，其是作为文化去蔽之后自然而然的一种理论升华的形式，而且这一过程经历了一种长期反复的符号化过程，可以说，是一种被建构的文化镜像。

在大文化的整体塑造中，面对纷繁复杂又剧烈变化的社会现实能够产生强烈的责任感和社会使命感，先秦世人所拥有的崇高理想，即积极入世的精神，就是以修身齐家治国平天下为己任的伟大目标、以礼为规制的人伦序位格局。以积极的态度投入社会生活之中，并建功立业，可以进一步实现原初的社会理想和政治抱负；与此同时，他们身上呈现出一种普遍的忧患意识——世人的忧患意识，儒家文化是中国文化的伦理正统，也是中国文化的核心价值体系，世人所持有的入世精神与这种心系民族的忧患意识紧紧相连。在学术惯性的支撑下，学术传统能够带来自觉的惯性反思。这种价值域折射到荀子学术思想的价值体系之中，就形成了一种独特的文化镜像。儒家以成圣、修身为内在的价值目标，这一思维方式指向内在的心性，也就是在一定层面上回归到理性的文化基点。

《汉书·艺文志·诸子略》谓："儒家者流，盖出于司徒之官，助人君顺阴阳、明教化者也。游文于六经之中，留意于仁义之际，祖述尧舜，宪章文武，宗师仲尼，以重其言，于道最为高。"①自先秦而后，儒家伦理思想的发展在不同的历史时期表现为不同的理论形式，正如朱贻庭主编的《伦理学大辞典》指出："儒家伦理思想作为中国传统伦理文化的主干，对中华民族的文化发展和民族精神的陶冶，产生了深刻的影响，起过积极的作用。但作为封建社会的意识形态和统治思想，有其保守、消极的一面，并随着社会生产力的发展，日益成为禁锢人们思想、扼制个性发展、阻碍社会前进的桎梏，成为中国近代道德革命的主要对象。"②

在文化伦理到社会伦理的价值转向中，荀子思想以功利为核心视域，"礼"的差序格局是其思想的核心建构，其以伦理价值为主题脉络的价值体系尤其值得思考与关注。中国传统文化，形成了以"礼"为文化中心的格局，并影响了几千年。儒家文化，自孔子始，讲求行善，孔子虽未明确提出，但其思想皆依归于此。而荀子指称性恶，实则是形而上学的辩证思想的体现，是与儒家的整体文化精神一致的。中国儒家文化为文化谱系的主流，建构了理性的主流价值观照体系，自先秦始，很多文化学者与大儒就对这一问题阐发了自己的观点。孔子对这一问题阐发是具有代表性的一位。孔子指称"性相近"说，已经触及了人性的问题，虽然没有完全揭开内在心性的面纱，但已经开启了相关问题的思考。孟子在其基础上，也提出了相关的较为深刻的观点，其中较为有实践性思考的"四心"之说，对心性以及内在理性的问题做了较为深入的论述："恻隐之心，羞恶之心，恭敬之心，是非之心"，其四心之说指涉了人性与道德的主要层面，是人心之实，也是君子的内在修为的依据和基础，当然存在着较为深入的主观情感依托，在这一点上朱熹也有相似的观点作为佐证，即"所谓四端者，皆情也"。这里所说的四端与四心相近，主要强化主体的内在倾向，在

① 刘向：《汉书》，中华书局1988年版，第1705页。
② 朱贻庭：《伦理学大辞典》，上海辞书出版社2011年版，第549页。

《孟子·公孙丑上》篇有相关论述：

> 孟子曰："人皆有不忍人之心。先王有不忍人之心，斯有不忍人之政矣。以不忍人之心，行不忍人之政，治天下可运之掌上。所以谓人皆有不忍人之心者：今人乍见孺子将入于井，皆有怵惕恻隐之心；非所以内交于孺子之父母也，非所以要誉于乡党朋友也，非恶其声而然也。由是观之，无恻隐之心，非人也；无羞恶之心，非人也；无辞让之心，非人也；无是非之心，非人也。恻隐之心，仁之端也；羞恶之心，义之端也；辞让之心，礼之端也；是非之心，智之端也。人之有是四端也，犹其有四体也。有是四端而自谓不能者，自贼者也；谓其君不能者，贼其君者也。凡有四端于我者，知皆扩而充之矣。若火之始然，泉之始达。苟能充之，足以保四海；苟不充之，不足以事父母。"①

上述文字中，孟子指称人都有不忍伤害别人的心。先王有不忍伤害别人的心，才有不忍伤害别人的政治。用不忍伤害别人的心，施行不忍伤害别人的政治，那么治理天下就会像在手掌中转动它那么容易。这里，首先明确地抛出了观点，之所以说人都有不忍伤害别人的心，根据在于人都会有惊恐同情的心情。故事中对孩子的拯救不是想借此同孩子的父母攀交情，不是要在乡邻朋友中博取名声，也不是讨厌那孩子惊恐的哭叫声才这么做的。由此看来，没有同情心的，"非人也"；没有羞耻心的，"非人也"；没有谦让心的，"非人也"；没有是非心的，"非人也"，并可以得出结论，此皆人情人性之不足。同情心是仁的开端，羞耻心是义的开端，谦让心是礼的开端，是非心是智的开端。人有这四种开端，就像他有四肢一样。人具备这四种开端，也就是具备了丰富的人性要素，也就是能实现稳定价值。无论是自己还是君主，皆通此理。凡保有这四种开端的，就需懂得如何扩大充实它们，并进一步保障其发展趋势，源源不断、不可遏止。但从另一个侧面来看，如果能扩充它们，就足以安定天下；如果不扩充它们，那就连侍奉父母都做不到。应该说，"四心"之说是孟子在阐述自己的"性善"观时提出的，其以"恻隐之心""羞恶之心""恭敬之心"和"是非之心"举隅，完成审美意愿的文化表达。正是因为"人"的性情中

---

① 焦循：《孟子正义》，中华书局 1987 年版，第 232—234 页。

有这样的感同身受的普泛力量，才使"性善"文学观的审美意旨得以彰显。在此基础上，孟子阐发了在"恻隐之心""羞恶之心""恭敬之心"和"是非之心"的践行之下所形成的"仁""义""礼""智"的文化伦理与审美理想，全面展现了其"境由心生，性缘心属"的审美逻辑。

回溯到荀子，正是因为荀子在其思想中提出了"人性之恶"这一观点，而将道德伦理的规制引向深入，才有了儒家的伦理文化的普适性发生，儒家的文化思想向纵深的领域发生发展，形成了普遍的社会影响，"归之于礼"便成为社会伦理空前强化的要素，以功利为核心视域的"礼"的差序格局的建构则成为文化伦理基础向社会伦理转向的内在依据，而这种改变也是历史与文化演绎的一种必然，也是时代发展的需要。

探寻中国传统文化谱系中的人伦序位与人格理想，就很自然地要回溯到文化经典的问题。关于文化经典的问题，体现了中国文化谱系的传承，是主动接受的问题。汉代曾设立五经博士，主要来诠释先秦的经典，传播先秦文化。而这种接受是主动的，在文化谱系的传承与形成中发挥了重要的作用，也对世人社会生存秩序的排列和人格理想的塑造发挥着重要的作用。

可以说，人伦序位与教育教化的功能联系在一起的，有了教化这一策略，并通过各种有效方式的实施使人伦序位得以彰显，而主体人接受了教化之后就导引向善，自然而然。"序"亦称伦常，即人伦道德，人伦序位的大化规则也体现了人类社会的政治秩序。这种伦理秩序直接指向了"群"的伦理观念，这种族群性的伦理价值观念通过儒家"天人合一，知行合一"的礼仪制度得以彰显，又不断推衍成为社会伦理，并与法律结合演化成为民族道德的礼乐之效。故云："夫礼者，阴阳之际也，百事之会也，所以德品格，最终成为维系中国家庭、社会甚至国家的最尊天地摒鬼神，序上下正人道也"，① 所谓"长幼有序、贵贱有等"曰为此理，故"伦理关联焉，有亲疏焉，有长幼焉。朝廷之礼贵不让贱，所以，明尊卑也；乡党之礼长不让幼，所以明有年也；宗庙之礼亲不让疏，所以明有亲也"，② 这些成为伦理尊卑的价值界定，也是伦理规范的外在约束力。上古文化的考量中，《诗经》所展示的时代审美意识，更多落在人格理想对于审美范畴或命题的提挈作用之上，《周易》《尚书》等皆有此义，这也在

---

① 陈立：《白虎道疏证》，中华书局1994年版，第95页。
② 同上书，第125—126页。

一定意义上奠定了民族审美观念与文化传统谱系的理论基石。而人格理想同中国古代儒家提倡的"圣人"紧紧结合在一起，即内圣外王。"内圣"指人的内心通过自我修养所达到的一种高尚境界；"外王"指人的道德修养的外化和外在表现，即把人自身的心性修养推广到自身以外的社会领域。这一道理在先秦时代的审美观念体系中尤为突出。从总体上看，中国古代文化的基本特点较多地集中于人学领域，社会主体人的修养很重要的一点是理想人格的建构。

另外，需要指出的一点是，在人伦序位的构建中，儒家是一直抱着持守的观念的，而在人格理想的展示与塑造层面，各家学术思想的旨归趋于一致，儒道法墨都有自身价值体系的生成与人格理想的塑造，特别是先秦的道家，其与儒家一样是十分重视人格理想的，但在人格理想的审美向度上有所差异，而塑造方式也有所不同。

二　审美理想与主体转向

从神学崇拜到主体认同的心理转向中，巫祝文化成为关键词，在"文"的层面上集中表现出来。而人类早期的崇拜意识、神的意识，多数都是起源于巫祝文化。人类蒙昧时期的原始崇拜，是带有一定倾向性的，无论中外，皆源于此。可以说，人类最早的文化是从巫祝祭祀等神学崇拜开始的，而这也是其审美视野发生的文化基点。

早期的文化，将巫祝祭祀作为相关文化或文艺活动的核心，据《汉书·艺文志》中"郊祀志"的记载：

> 洪范八政，三曰祀。祀者，所以昭孝事祖，通神明也。旁及四夷，莫不修之；下至禽兽，豺獭有祭。是以圣王为之典礼。民之精爽不贰，齐肃聪明者，神或降之，在男曰觋，在女曰巫，使制神之处位，为之牲器。使先圣之后，能知山川，敬于礼仪，明神之事者，以为祝；能知四时牺牲，坛场上下，氏姓所出者，以为宗。故有神民之官，各司其序，不相乱也。民神异业，敬而不黩，故神降之嘉生，民以物序，灾祸不至，所求不匮。①

---

① 刘向：《汉书》，中华书局1988年版，第1189页。

从上述引文中可以看出，祭祀活动在中国古代先民的文化活动中是非常普遍的，也是能够实现"昭孝事祖，通达神明"的重要活动，良好而有效的祭祀活动的进行，是"圣王之典礼"，祭祀活动的影响力和覆盖面是非常广的，可以"旁及四夷，莫不修之"，"下至禽兽，豺獭有祭"都能有一定的影响力。而祭祀活动的主体，皆是"齐肃聪明者"，而从性别上看则是"在男曰觋，在女曰巫"①，祭祀的方式"使制神之处位，为之牲器"，祭祀时礼仪中最为重要的部分，然而就是这种特殊的文化活动，实现"敬于礼仪"，则方可"以为祝""以为宗"，最后达到"民神异业，敬而不黩，故神降之嘉生，民以物序，灾祸不至，所求不匮"②的理想效果。

另外，对于巫祝祭祀等活动的重视，也可以从后世文学传承中找到佐证。如刘勰的《文心雕龙·序志》篇，从中看出作者对孔子的顶礼膜拜，就不难理解《文心雕龙》的主要审美取向；至于魏晋时代风流名士的人格理想对于审美观念的影响，更为学界所普遍认同。当然，人格理想的塑造，必将有助于理解美学家的审美观念体系，并且有助于理解中国传统审美观念的历史流变。

在先秦的文化思想体系中，文化心理的塑造也是文化谱系建构中的重要一环。一方面彰显个体意识与人的价值，确立"君子"的含义权威；另一方面，也内蕴着深厚的人生境界意味。如果说，儒家的理想人格是建立在对圣人的设计和对君子的种种美德上，那么其人格魅力、处事原则、品格升华构成君子达到"内圣"的基本纲领，从而完成立言、立功、立德。故《荀子·解蔽》篇有云：

> 心者，形之君也，而神明之主也，出令而无所受令。自禁也，自使也，自夺也，自取也，自行也，自止也。故口可劫而使墨云，形可劫而使诎申，心不可劫而使易意，是之则受，非之则辞。故曰：心容其择也无禁，必自现，其物也杂博，其情之至也不贰。诗云："采采卷耳，不盈倾筐。嗟我怀人，寘彼周行。"倾筐易满也，卷耳易得也，然而不可以贰周行。故曰：心枝则无知，倾则不精，贰则疑惑。以赞

---

① 刘向：《汉书》，中华书局 1988 年版，第 1189 页。
② 同上。

稽之，万物可兼知也。身尽其故则美。类不可两也，故知者择一而壹焉。①

儒家建构自己的理想人格，是具有文化思想上的启迪意义的。可以说，儒家对中国文化心理结构的改塑，使得仁人君子理想成为知识分子自觉追求，而在这一大背景之下，君子们也形成了以救扶天下为己任，保持积极进取价值观的人生态度，凸显了儒家的入世人格和刚健精神，建构起丰富的人文知识、兼备"以天下为己任"的使命感，这些在当下仍有积极的导向作用与借鉴意义。

三　"和"之共融与文化价值的碰撞

"和"作为文化发展与传承的共同理想，其中不仅仅展示儒家文化的内蕴，也是中国文化温柔敦厚的意旨与体现，还是文化传承之密码与符号，总之与中国文化有着密不可分的关系，而在《周易》中，人格理想所表达的审美观念中和是居于核心地位的，据此问题可以展开想象并得出结论：美是"象"与"意"的统一。美的实践中，既存在"阳刚"与"阴柔"的对立势用，又能容纳二者的差异与"中和"，其形态总是处于"通"与"变"之中的。可以说，无论是共时性的审美意象发生，还是其历时性的文化价值嬗变，都蕴含着"神"与"妙"的要素，须通过"寂然不动，感而遂通"的方式加以把握。而作为理想人格的承载者——圣人或大人，正是这些矛盾方面的体现者和体认者。

孔子遵循中庸之道，追求中和之美，坚持执两而用中，其人格实现了各种对立维面的和谐，既有坚定性，又显丰富性和完整性。他能接受狂者和狷者，虽然最为欣赏的是"中行"的气质类型；但从事审美和艺术活动，他则崇尚"乐而不淫，哀而不伤"②之道，倡导"敏而求之"和"为之不厌"的精神。后世评价称前者为"明"，后者为"志"，二者也正好构筑起"和"之内蕴的最高境界。

---

① 王先谦：《荀子集解》，中华书局1988年版，第397—399页。
② 孔颖达：《论语注疏》，十三经注疏本，中华书局1980年版，第2465页。

第二节　美与功利的纠缠及其对话的发生

美与功利的关系讨论是一个较为传统的话题，但又被时代不断赋予新的含义。美是什么呢？而其表现的向度又是什么呢？这个问题比较好回答，但美与功利之间又是什么关系呢？这就将思考引入哲理的范畴了。如果说美始于天然，那么美就是天赋的，就是自然而然的产物，无需经过后天的塑造，在一定意义上说是无关功利的，也就是与功利不相关涉的，而如果美与功利有关联，则繁华缛彩之美则为此，是经过后天的如人工雕琢、打磨、塑造而显现出来的美感。"功利"与"非功利"作为审美的两极，包含着"审美"与"功利"的纠缠这个文艺美学的现代命题，而如何将"功利"与"非功利"两个悖立的性征统一于荀子思想的整体之中，是对荀子进行总体观照的层面上所要解决的核心问题，也是本书把握的一个要点。当然，恰恰是在这一层面的悖辩与思考中，实际上的文化对话也随之悄悄地发生。

从文艺表现的目的来看，荀子的文学表达与理论诉求，其直接目的就是明晰观点、正言立说，其设立和应用是表述论证的需要，也是诠释观点、明理正说的必要保障；故其出发点就是"文艺"，而非功利。在这一过程中，荀子完成了其思想体系的隐性传达与自觉和非自觉的文学实践，但文艺实践的目的并不指向功利而在于文艺表现本身。故荀子的理论诉求未能涵盖其学术实践的全部，其隐语的表征、意象的建构以及审美愉悦的表达虽然超出了他的功利文艺观的理论预设，但却作为一种独特的体验留存于他的著作当中，亦构成其思想体系的悖论。可以说，在"功利"与"非功利"之中，荀子形成了自己的审美诉求，也将二者共同纳入其思想体系的整体建构之中。

从文艺的本质来看，其本身特性就是求"美"，而其求"美"的理路就是发现美、追求美、实现美的一个过程，作为文艺实践的标的指向，其所产生的效果也是"美"的。在功利视域与非功利之视域的差异建构中，文艺的实践观呈现出两个不同的向度，二者是截然不同的，但其最终的目的指向却是相同的，那就是"美"。本书在相关问题研究中，集中阐发了荀子之"美"质，这种"美"作为"向善育美"文化表征是在儒家"美善合一"的伦理思想之下建构起来的，因而其也是"美"的功利性征的展现，这一点也建构了荀学之"美"的主流观照视野。

从"功利"与"非功利"的地位对比来看，"非主流"部分是与"主流"表现相对而言的，即处于"主流之外"的"非功利"部分。"非主流"部分是一种纯粹的无关功利的文学表达，它没有功利视域建构中那种直指实效的功利目的，也没有与政道教化相关的功利本质，但其作为一种文学的表征建构了荀子的思想，也开启了对文艺观的独创性实践。荀子在论证辩说中所应用的具有非功利文艺表现方式以及其表征文学意义的实践都具有文学史史学价值，也对后世文学产生了深远的影响。例如荀子《赋》篇所运用的"五赋"之论就为两汉赋学的整体发展提供可资借鉴的范本，也在一定程度上为两汉赋学的辉煌奠定了基础。因此，荀子"赋体""谜语""隐语"等纯文学的表现与应用所彰显的"美"学价值是无关功利的，其本身只对审美鉴赏和文艺接受产生效果，而不是功利的价值效果。应该说，"文学"或"文艺"本身所产生的"美感"，能够给"人"带来一种审美的愉悦，其"美"的表现不管是错彩镂金的繁复之约，还是简约自然的素朴之态，都是对"美"的诠释，也都是文艺美学研究中"美"的规律表现，因此"美"的存在意义是值得肯定的。

一　"美"的文化缘起与差异化征象

从荀子文艺实践所产生的功能来看，谓一"美"字足尽其意。"功利"之"美"是整体的"和谐"演绎的社会之美，而"非功利"之"美"是散在的"意象"表现的愉悦之美；前者是具象的，发生在认知建构层面；后者是抽象的，发生在理解欣赏层面，虽然二者无论从产生、表现，还是功能、效果，或是影响、价值，都存在着明显的差异，但他们都是"美"，也都是对"美"的展现，都体现荀子对"美"的实践和追求，这一点是毋庸置疑的。在"功利"与"非功利"的差异之端，形成了各自不同的审美欲求，却在时代、历史、文化的共同作用下构筑了"美"的共同志向，这正是荀子思想之文艺价值与美学价值的核心所在。

对于美的问题，可谓是一个既传统又现代的话题，而对于东西方文化的镜像塑造，美的本质是不可逾越的一环。应该说，美是同源的，但对于不同地域、不同时间、不同空间所形成的不同文化，其文化是有差异的，其美的缘起也因文化的差异而有所不同，就此分析路径而言，可以呈现为功利之美、非功利之美和超功利之美三个理论向度。首先，来谈谈功利之美。所谓功利之美，既是美学范畴问题，又是一个哲学问题。荀子的美学彰显以"礼"来陶化人之性情，规约行为之恶。这些似乎与西方美学思想趋于一致，但又显示出荀子自己的不同。荀子注重实效，因而他援法入儒，以"礼法"为旨归建构起功利的价值体系。应该说，荀子功利观的建构是以人性之恶为发端，以政道之行为旨归的；而在具体的建构中，荀子也保留了儒家之传统文化的核心思想，即以礼乐文化为核心的文艺思想亦形成了价值观念体系，荀子之功利价值观既不同于传统儒家如孔子之"中庸适为"，也不同于道家之"清静无为"，更不同于墨法两家之"隆功重为"，而是杂糅所长、兼去其蔽、集一大成构筑了独特的价值体系。从一定意义上说，荀子实现了对先秦诸子文艺观的超越，也展现出其功利文艺观的价值独异性。在具体的建构中，荀子首先以性恶论为发端，指出人性的缺憾和现实存在的问题，并试图找到解决问题的方式和手段。荀子期望以教化之方来解人性之恶，实现由"性恶"向"性善"的转变，他以诗教、乐教、礼教、言教等不同的教化方式来达成共同的教化目的，也实现文艺本身的社会功能与传播效果。荀子期待在教化这一主题之下，通过积极努力地建构使整个社会趋于"善"，并进入一个美好的社会生活序列。应该说，无论哪一种教化方式都是以政教为旨归的，也正是这一点的频繁应用使荀子文艺观的功利性与目的性更为强烈。实际上，荀子所实施的教化策略是与其"政道"相关的，荀子建构以"礼"为核心的社会秩序意在求善育美，但更为直接的目的是他个人的施政纲领的实践，即荀子之"礼法观"是以儒家的入世哲学和为君主所用的治世策略的政治目的为前提的，虽然在这一过程中荀子将其学术思想和文化理想指向社会整体的向善育美，但这些却是建构在荀子政道观的治世、建功、立业之上的，史料记载"荀卿三为祭酒"的生存实际可以成为这一观点的佐证。当时的学术界普遍认为，"政道之行"才是其学术思想得到广泛认同的有效的途径，因此荀子在自己的论述中反复表达"王制""富国""王霸"的政道理念，又以对"君道""臣道""子道"等不同身份的人物所提出的不同要求建构其政道策略，其崇"致士"而隆"议兵"，从而达到"强国"与"法行"的社会建构效果。在其中所表现出的人心之善、人性之美、群体之美、社会之美、复礼之"文"、诗乐之象，无不是荀子对文学艺术的理解和诠释。应该说，荀子以"功利目的"来诠释"审美"，完成文化实践的学术理想，从而建构起以儒家"礼""乐"文化为积淀的学术观照体系；在此基础上，荀子又以诗论完善其功利文艺观照体系，其引诗、论诗、诗论体系的形成，以及荀子之《赋》篇等非功利文学性征的表现，都在相当大的层面上完善了荀子文艺观的"功利内涵"；而这些也恰恰表达了荀子对功利文艺观的完满诠释。其次，就是非功利之美。在文艺理论的不自觉的实践层面之上，荀子的整部著作也呈现出一些特有的文学表征。荀子著述中的一些非功利性征的表现，是以文艺为目的的具体的文学表征，其散在于荀子文本之中的纯粹的文艺表现形式是荀子理论建构与论证的需要，也是其论说的必要方式和有效依据，更是构筑荀子思想观念的有机组成部分。它们以具体、客观的方式存在着，包括"对文结构""类比论证""自问自答""隐晦言说""铺排渲染""稽实定名"等技巧，而荀子以此建构意义、诠释主体、阐发文学思想。荀子的整部著作也呈现出积极的文化建构意识与昂扬向上的美学精神。荀子之思想博大精深，其著述亦形成了较为完整的理论实践体系，荀子以"功利"来表征其思想体系，也彰显出他积极的文化建构意识，突出的表现就是荀子对以"人性"为基础的"教化"理论和"礼""乐"文化思想的积极建构；而荀子对"尚文"的推崇，对"礼""乐""诗""赋"的积极实践，也表现了他对艺术的追求与对"美"的向往。可以说，品读荀子的作品就能够感受到荀子的文化态度、人生态度以及他可贵的文学精神。另外，还有超功利之美。在探寻美的发生问题，前面提到了两个路径，即"功利之美"与"非功利之美"；而这两个互为悖谬的路径之上，还有一个很重要的逻辑文化层面，那就是超越了功利、超越了一切所产生的美感："美"与"功利"的无关涉——超功利之美。而美的意象所依赖的主体就是一种直接的意识，这种主体的认识的存在是大自然与人互相依存的基点，而动态美是熔铸博大深厚的复杂感情的。所谓"至法无法"，真正的臻于极境的大法是超越了一切法度的，就是超越"一"的无，而所谓"至美无功"亦同此理。真正的超功利之美，是超越功利以及一切对美与审美有影响的因素，是真正的大美，也是真正的极美之境，这一点是真正应和了"至美无功"的极致境界。

二　审美诉求与功利价值

在功利的视域中，荀子追求那种"礼"化世界的和谐之美；在非功利的视域中，荀子又营造了一种骈俪梦幻的雕琢之美；在向美的共同目标中荀子建构了功利之用的审美价值。在审美的表象序列中，绚丽多彩的别样之美一直不是中国美学欣赏的主流，但其构筑了"美"的别样风景；在"美"的传播与接受中受众更偏爱于"清水出芙蓉，天然去雕饰"的自然之美，"出淤泥而不染，濯清涟而不妖"的素朴之态，而少了对人工雕饰的兴趣和期待，但我们说这种美又是客观存在的，也有其存在的意义和自身的价值，而这一点也是功利之用本身的价值所在。虽然非功利的审美表达超出了荀子功利文艺观的理论预设，但非功利之美亦作为一种独特的审美体验形成了美学价值，其与功利之美的文化价值共同构筑起荀子学术思想体系的价值悖论。在功利文艺观与非功利文艺观的共同建构中达到一种文本阐释的平衡，从而中和了功利之用本身的价值悖谬。

在追寻美、获得美的途径过程中，社会主体——人的追寻与持守是十分关键的，其中，对美的发现也是一个获得审美愉悦的过程，也是"审美"过程中最为精妙的环节。审美诉求是"美"发生的契机，是后天产生的，也是功利化了的，而"审美"所形成的功利指向也必将产生功利的价值。

文艺来源于生活，同时也离不开我们生活的社会、时代、环境以及由此构筑的整个世界。社会生活中"功利性"成为一种不可或缺的元素。文学的功利是人们的一种创造性的动力，也就是文艺存在的价值与审美欲求，功利之于判断与情感显现表现为一种合目的的目的性。童庆炳指出"文学不带有直接功利目的，但它由于在其话语结构中显示了现实社会关系的丰富与深刻变化，因而间接地也体现出掌握现实社会生活这一功利意图"。从形式美的法则来看，荀子引"诗"是熔铸了审美诉求的。形式美是指生活、自然中各种形式因素，如色彩、线条、形体、声音等各种基础要素或符号有规律的组合。① 中国诗词歌赋中的形式美是构成其无尽美感的不可或缺的必备因素，而荀子引"诗"所蕴含的形式美也展示了美的构

---

① ［意］克罗齐：《美学原理》，朱光潜译，上海人民出版社 2007 年版，第 136 页。

成要素的特性，诠释了美的法则。作为最简单的形式美，荀子的引诗是最好的实践，往往用"诗曰""此之谓也"，亦可成为表达美的范例。

第三节　"诗"与文化的去蔽及其对话的实践

在文化发生、去蔽、重塑的过程中，比较诗学以其强大的思想背景与历史传承构筑了两种视域的交错的对话性局面，这是较为实际的对象性研究。"诗"是具有普泛性的文化哲学范畴，将对"诗"的研究放置于文化学的价值谱系之中，可谓意义深远。在文化去蔽的实践中，有效地实现了"诗"的教化向善与文化对话的功能，也进一步完善了对话实践的逻辑指涉。

一　"诗教"观与礼、乐、诗的互动关系

儒学思想的诗教观的核心是"以诗为教"，强化"诗"之正统，夯实"诗"的文化教化力量，构筑以"诗"为教为基点，形成以"礼"为教和以"乐"为教相互配合的文化传承格局，其间，礼、乐、诗之间不同的文化样态及其互动关系也随之形成。回溯到儒家文化的源头，可以发现，儒家思想的伦理传统是以"礼"为核心的，因而，"礼"也被强化为儒家文化思想的最高范式。从本选题的研究中，可以约略形成一种文化想象，就是儒家文化中的"礼"与西方文化谱系中的"崇高"的范畴价值域比较相似，而这一点恰恰又与儒家文化中的诗、乐、舞存在着一定的共融关系。其中，荀子文化思想的精髓是伦理秩序，也就是"礼"，在这一层面上"以诗为教"成为中华传统文化与传统美学的重要特征，通过"乐"的陶化与辅助最终完成文化去蔽，而其在这一层面上成为复归于"礼"的有效方式。

儒家伦理思想也形成了自身的教化传统。孔子曾指出："入其国，其教也可知，其为人也温柔敦厚，诗之教也。"[①] 孟子也说："颂其诗，读其

---

① 孔颖达：《礼记正义》，十三经注疏本，中华书局1980年版，第1609页。

书，不知其人，可乎？是以论其世也"①，其论指出"诗"作为"知人论世"的有效方法能够进一步说明其在整个社会秩序建构中的作用。而荀子则在孔子和孟子的基础上建构自己的"诗教"观，他以诗意的观照来笔伐现实，建构"适中合度"的中和之美，从而完成自我精神的诉求与功利的实践。

在文化去蔽的过程中，"诗"发挥着重要作用。儒家伦理思想的教化体系以"诗教"为传统，其对"诗"表现出独特的关注，明确提出"言修身必先学诗"，将"学诗"作为立学修身的重要方式，以此实现整个社会形的"上风下化"，所谓"小雅不以汙上，自引面居下，疾今之政，以思往者，其言有文焉，其声有哀焉"② 就是这个道理。故《荀子·尧问》篇有云：

> 礼义不行，教化不成，仁者绌约，天下冥冥，行全刺之，诸侯大倾。当是时也，知者不得虑，能者不得治，贤者不得使，故君上蔽而无睹，贤人距而不受。③

引文的意思显在意明，社会的弊端表现为世事混乱、暴虐横行，这里缺乏礼义的"和"则规约，也没有英明贤德的君主来领导，就形成了比较混乱的局面。基于这种社会的时蔽，提出"教化"的必要性，只有使"礼义行，教化成"，才能使知者、能者、贤者各得其"适"，从而达到"君上不蔽""贤人不距"的效果，这是"解蔽"的目的所在，也赋予了"诗"之"教化"以广泛的社会意义，从而达到化礼于教。而"诗教"观是蕴于其诗论体系之中的，"诗教"之目的意在以诗意之美而兴"教化"之实，行使"教"的人文精神指标；而诗教的精神内核就在于为人的生存立心立命，并追索生命的真正意义。因此，"以诗化民，虽用敦厚，能以礼乐节之，使民中道和顺而不至于愚执愚用，则是深达于诗教"④，故"诗以言志"，则"志之所至"；"志之所至"，则"礼""乐"亦至焉；荀子以此阐释"诗教"对于礼乐的明确指涉，将"诗言志"提升到审美的层面

---

① 焦循：《孟子正义》，中华书局 1987 年版，第 726 页。
② 王先谦：《荀子集解》，中华书局 1988 年版，第 511 页。
③ 同上书，第 553 页。
④ 孔颖达：《礼记正义》，十三经注疏本，中华书局 1980 年版，第 1609—1610 页。

来观照，故《荀子·儒效》篇有云：

> 天下之道管是矣，百王之道一是矣，故诗、书、礼、乐之归是矣。诗言是，其志也；书言是，其事也；礼言是，其行也；乐言是，其和也；春秋言是，其微也。①

可以说，以"诗言志"作为审美的初衷，其与"礼"、与"乐"是紧密相连的，礼、乐、诗融会互通，达于大成，也就是成就了所谓的"圣人"，实现"至道"。当然，在中国儒家传统的文化格局中，"礼"与"乐"是常常结合在一起的，而在文化实践中，这些又都与"诗"发生着密不可分的关系，无论是以"教化"为基点的文化传承，还是以相互关联为基点的文化互动，在从不同侧面证明了礼、乐、诗之间相互关涉的逻辑关系。

二　"崇高"的范式与诗、乐、舞的互融关系

儒家思想的伦理传统是以"礼"为核心的，因而"礼"也是儒家文化思想的最高范式。将儒家文化中的"礼"与西方文化谱系中的"崇高"进行比较，可以发现二者的范畴价值域比较相似，而这一点恰恰又与儒家文化中的诗、乐、舞存在一定的共融关系。回溯荀子思想，可以发现，荀子文化思想的精髓就是一种伦理秩序，也就是"礼"。从儒家的文化范畴来看，舞蹈、诗歌、雅乐皆是祭祀环节，是文化活动特别是崇高意义的文化活动中不可或缺的部分，也是主干部分的中心环节，此为其一；其二，诗、乐、舞三者是皆有功利性的，其充满了事功精神，在先秦文化思想的谱系中发挥着十分重要的作用，因此，三者的功能互融是文化平台的交融，也是文化历史发展的必然。

第一，"诗"是中国文化艺术的源头，其既有社会功利性，又有文化艺术的指向性，因而从文艺学的角度说"诗"是中国文化的"崇高"范式。从我国的第一部诗歌总集《诗经》到先秦时期广为流传的颂诗文本，从《毛诗大序》到钟嵘之《诗品》等一系列关于诗的论著，都成为这一观

---

① 王先谦：《荀子集解》，中华书局1988年版，第133—134页。

点的直接证据。荀子观《诗》及其论述"诗",为后世研究荀子的诗论留下了更为广阔的空间。而从荀子用"诗"之喻义的例证来看,"诗"的"崇高"的范式也更多地表现为荀子对诗的崇尚和固有的美感体验,其引诗体现的是中国文学史上的美学价值,也展现了诗之自有美感,故《荀子·大略》云:"君人者不可以不慎取臣,匹夫不可以不慎取友,友者所以相有也,道不同何以相有也?均薪施火,火就燥,平地注水,水流湿,夫类之相从也,如此其著也,以友观人何所疑。取友善人不可不慎,是德之基也。《诗》曰:无将大车,维尘莫莫,言无与小人处也。"① 而对于诗经之句的反复援引,其气韵与审美感受,已不言自明。

　　第二,诗、乐、舞三位一体之观念在先秦的学术思想中占有重要的位置。据史料载,"清华简"周公之琴舞,这是目前所见先秦时期最原始最完整的诗、乐、舞三位一体的颂诗,也是目前所见先秦时期诗、乐、舞三位一体最完整的颂诗结构的例证。《礼记·乐记》中有:"诗,言其志也;歌,咏其声也;舞,动其容也。三者本于心。"② 从《礼记》的引文中可以看出,"诗"是文字符号,"乐"是声音符号,"舞"是动作符号;若三者皆本于心,则三者主观性的融合就是一个必然的趋势。从表达特点上来说,三者都具有很强的自由度和抽象性。从作用上来说,三者又是具有一定的互补性的。诗、乐、舞各代表了一种情感表达方式。应该说,文字刺激人的视觉器官,声音刺激人的感觉器官,动作刺激人各个肢体,三者各司其职,共同运作,从内到外全方位地将人的所有感觉调动起来,从而达到一种高境界的艺术享受,正如《毛诗大序》中言:"诗者,志之所之也,在心为志,发言为诗,情动于中而形于言,言之不足故嗟叹之,嗟叹之不足故永歌之,永歌之不足,不知手之舞之,足之蹈之。"③ 情感发言为诗,而诗有其自身的表现程度,融汇表达使审美臻于至境。

　　第三,诗、乐、舞三位一体在先秦典籍中可以找到多处佐证。从西周末年开始,由于王权旁落,礼崩乐坏等传统的遗留,体现民间文化的十五国风才逐步被收集起来,并与大传统《颂》《雅》之诗合编在一起。而学

① 王先谦:《荀子集解》,中华书局1988年版,第485页。
② 孔颖达:《礼记正义》,十三经注疏本,中华书局1980年版,第1534页。
③ 孔颖达:《毛诗正义》,十三经注疏本,中华书局1980年版,第261页。

者们的相关研究表明，今传本之《诗经》是流传辑录之范本，而《风》《雅》《颂》皆是王官之学，是为文化之大传统，属于精英文化序列。先秦时期颂诗曾经繁盛一时，而"颂"诗作为宗庙祭祀乐舞歌辞的代表，集中体现了诗乐舞三位一体的观念。据资料统计，西周时期单独流行的《周颂》《商颂》都是乐舞之诗，而今传本的《诗经》中所记录的《周颂》《商颂》已经过了孔子等人删定改编的篇目，事实上已经成了读本之诗了。还有《吕氏春秋》《清华简》等颂歌都体现了诗乐舞相互结合的应用传统。

第四，诗、乐、舞三位一体的互融关系演绎为差异化的情感体验和审美体验。情感体验作为音乐教化中一种独特的知识传递模式，其方法多种多样，而诗乐舞的结合，便是其中之一。在情感的表达上，诗乐舞的结合是中国历史文化的源头，这种最早时期的关系形式决定了在之后的历史文化长河中，它们的相互沟通是必然的，也是一种相互依存、相互促进的关系。

第五，"乐"是诗、乐、舞三位一体观念的重要实践。音乐作品本身就是与诗歌、舞蹈相连的。在音乐作品欣赏过程中，固定的音符与节奏流动起来，情感体验进入想象世界。音乐的审美同样是欣赏者通过自己的创造力不断重新解读音乐、体验情感的过程，而这都是主体阐发的情感体验。

第六，《荀子》文本的视角中也体现了诗、乐、舞三位一体的观念。荀子的文本著述中，可以发现，其引"诗"及其展现的社会功利性就是这一点的实践。而今之史料的证明也可以发现稷下学宫，咸集英才硕儒，谈天雕龙，不一而足，荀子久处其中若无强烈功利目的则反属不常，荀卿曾"三为祭酒焉"[1] 也是一个比较有说服性的例子，而这一点也恰恰关涉荀子显身扬名的自然功利。其《荀子·乐论》中有云：

> 其雅颂之声，而志意得广焉，执其干戚，习其俯仰屈伸，而容貌得庄焉，行其缀兆，要其节奏，而行列得正焉，进退得齐焉，故乐者，出所以征诛也，入所以揖让也，夫声乐之入人也深，其化人也

---

[1]　司马迁：《史记》，中华书局 1959 年版，第 2343 页。

速，故先王谨为之文。①

又《荀子·劝学》篇有云：

> 尸鸠在桑，其子七兮，淑人君子，其仪一兮，其仪一兮，心如结兮。②

又云：

> 锲而不舍，金石可镂，积土成山，积水成渊。③

荀子用《诗》之喻义，其美感的产生首先来自"诗"本身比兴的魅力，更重要的是来自荀子的精巧利用。《荀子·儒效》篇有云："自西自东，自南自北，无思不服"④，或云："义信乎人、通于四海之君。"⑤ 又《荀子·富国》篇有云："雕琢其章，金玉其相，亹亹我王，纲纪四方。"⑥《荀子·解蔽》篇云："诗曰：墨以为明，狐狸而苍，此言上幽而下险也。"⑦ 可以说，荀子引诗所生成的文化解码是透射着时代要素的，荀子引诗重在其用，先秦之际诗、乐、舞三位一体，也充分体现了乐不离诗、诗合于乐的文化观念。从荀子论乐的思想中，似可窥见荀子对于诗的审美属性的认识。

三 去蔽·还原·归真

荀子之解蔽之说实则是完成了一个对人性的去蔽的过程，人性之恶，是建构真正的人性过程中必须去掉的弊端，即去掉之后能够显现出真正的

---

① 王先谦：《荀子集解》，中华书局 1988 年版，第 380 页。
② 同上书，第 10 页。
③ 同上书，第 8 页。
④ 同上书，第 121 页。
⑤ 同上书，第 120 页。
⑥ 同上书，第 180 页。
⑦ 同上书，第 410 页。

人性，而文化之去蔽则是一种还原，本书认为，以显在之说与隐逸之维两个向度能够较为有力地阐发荀子及其所代表的文化去蔽之说。其实，文化的去蔽是寻求本质之真的有效方式，而在这一层面上，去蔽之功利的价值意义也得以显现。

回顾哲学的源头，海德格尔曾经就文化的去蔽形成了自己的诗化哲学概念。而马克思的意识形态理论可以说是相关理论的综合与集大成者。去除遮蔽，还归本真，即回归物象之本真，人性之真善。这一事理的发展逻辑也是文化发生的真正意旨，是文化链条发生影响的逻辑曲线。将这一条逻辑曲线细致展开，可以发现其是由相互勾连的四个层面构成：其一曰"观物有疑，物有其蔽"，其二曰"蔽塞之祸致相蔽以乱其伦"，其三曰"知道以心，虚壹而静"，其四曰"复归人性、回归本真"。

首先，来探讨一下逻辑构链的第一个层面，"观物有疑，物有其蔽"，恰恰是因为物有其蔽的客观存在，才遮蔽了物自体的本质，曰"冥冥蔽其明也"，这样解蔽或曰去蔽才成为势在必行的达道方略，故《荀子·解蔽》篇有云：

> 凡观物有疑，中心不定，则外物不清。吾虑不清，未可定然否也。冥冥而行者，见寝石以为伏虎也，见植林以为后人也：冥冥蔽其明也。醉者越百步之沟，以为蹞步之浍也；俯而出城门，以为小之闺也：酒乱其神也。厌目而视者，视一为两；掩耳而听者，听漠漠而以为哅哅：势乱其官也。故从山上望牛者若羊，而求羊者不下牵也：远蔽其大也。从山下望木者，十仞之木若箸，而求箸者不上折也：高蔽其长也。水动而景摇，人不以定美恶：水势玄也。瞽者仰视而不见星，人不以定有无：用精惑也。有人焉以此时定物，则世之愚者也。彼愚者之定物，以疑决疑，决必不当。夫苟不当，安能无过乎？①

论述中，选段首先抛出了其论证观点，即"观物有疑，物有其蔽"，在此基础上，其展开了充分的论证，即以"从山上望牛者"与"从山下望木者"为例，曰"若羊，而求羊者不下牵"或曰"十仞之木若箸，而求箸者不上折也"，将此作为具体的阐释，最后得出"远蔽其大也""高蔽其

---

① 王先谦：《荀子集解》，中华书局1988年版，第388页。

长也"的结论。因此,可以看出,"蔽"给事物展现个体功能、发挥自身优势带来更多的不利影响或阻滞,这样去蔽之功就势在必行。在此基础上,又阐发了逻辑构链的第二个层面,即"蔽塞之祸致相蔽以乱其伦"①,故其篇又云:

> 圣人知心术之患,见蔽塞之祸,故无欲、无恶、无始、无终、无近、无远、无博、无浅、无古、无今,兼陈万物而中县衡焉。是故众异不得相蔽以乱其伦也。②

在引文中,荀子以"无欲""无恶""无始""无终""无近""无远""无博""无浅""无古""无今"为例,展示了"兼陈万物"的不同样态,又体现了"中县衡"之结论,因此说"众异不得相蔽以乱其伦",是谓此理。据此,《孟子·尽心》篇也提出了相应的观点,其有云:

> 学者诚知所先后,则如木有根,如水有源,增加驯积,月异而岁不同,谁得而御之?若迷其端绪,易物之本末,谬事之终始,杂施而不逊,是谓异端,是谓邪说,非以致明,只以累明,非以去蔽,只以为蔽。③

解蔽逻辑构链的第三个层面,直接指涉其核心要素——心,即形成"知道以心,虚壹而静"的高妙境界,故《荀子·解蔽》篇有云:

> 人何以知道?曰:心。心何以知?曰:虚壹而静。心未尝不臧也,然而有所谓虚;心未尝不两也,然而有所谓壹;心未尝不动也,然而有所谓静。人生而有知,知而有志;志也者,臧也;然而有所谓虚;不以所已臧害所将受谓之虚。心生而有知,知而有异;异也者,同时兼知之;同时兼知之,两也;然而有所谓一;不以夫一害此一谓之壹。……明参日月,大满八极,夫是之谓大人。夫恶有蔽

---

① 王先谦:《荀子集解》,中华书局 1988 年版,第 390 页。
② 同上书,第 395 页。
③ 同上书,第 388—390 页。

矣哉！①

引文对于解蔽的核心要素——心的阐述非常详细，并进一步提出了"虚壹而静"的观点，以"知道察，知道行，体道者"②的方式实现所谓"大清明"，最后实现"明参日月，大满八极，夫是之谓大人"③，在此基础上，提出逻辑构链的第四个层次，就是找到实现还原而复归本真的有效方式，其曰"复归人性、回归本真"，概略此意。故《荀子·解蔽》篇有云：

> 凡以知，人之性也；可以知，物之理也。以可以知人之性，求可以知物之理，而无所疑止之，则没世穷年不能无也。

因此，可以说，真正的还原就是要实现"复归人性"，做到"知人之性"方可"知物之理"，就可实现无所为蔽，而对于还原的方式，具体的"教"与"学"在这一过程中发挥着十分有效的作用；反之，则"若夫非分是非，非治曲直，非辨治乱，非治人道，虽能之无益于人，不能无损于人；案直将治怪说，玩奇辞，以相挠滑也；案强钳而利口，厚颜而忍诟，无正而恣孳，妄辨而几利；不好辞让，不敬礼节，而好相推挤：此乱世奸人之说也，则天下之治说者，方多然矣"。最后的结果也就是"析辞而为察，言物而为辨，君子贱之。博闻强志，不合王制，君子贱之"④。综上所述，通过上述分析与挖掘，可以得出结论，即"故学者以圣王为师，案以圣王之制为法，法其法以求其统类，以务象效其人"⑤，也就是说，解蔽、还原的过程，其实就是通过有效的方式复归人性之本真过程，而这一过程的最终结果就是要达到成为"圣王"，从而建构起"隆盛天下"的结局。

---

① 王先谦：《荀子集解》，中华书局1988年版，第388页。
② 同上。
③ 同上书，第390页。
④ 同上书，第392页。
⑤ 同上。

第四节　政道与原型的回溯及其对话的营构

应该说，儒家的文化政道观是儒家文化的精髓，其在很大层面上都是关涉功利的，关涉功利的物象之选与无关功利的浪漫纬度构成儒家政道文化的两极。而从中国古代文化思想的传统来看，文化政道在很大意义上是与"政治"相互关涉的，这样"政道"这个关键词就可以在两个维度上加以理解：一个是"政"，一个是"治"。所谓"政也者正也"，"政"的维度归根结底意味着管理和统摄的视野；而"治"则是"为政"所承担的事业，它意味着以各正性命为中心的治理活动或治理术；二者的融会形成了政权在民、治权在君，政道与治道结合的思想格局，在此基础上，构筑起对"政治"的境域性而非"空间"性的理解及其衍生的文化循环的圈环结构。而其间多生发的文化责任则是通过礼乐世界与社会生活的融汇营建形成对话并实现对天下这一境况的总体规制。

一　实用思想与文化原型

荀子的实用思想是在功利文化视域下生成的，是实现对象的有用问题；而所谓"有用""实用"等思想，追溯其本质就是我们所说的具有普适性的"道"，荀子之"道"不同于老庄、不同于孔孟、不同于韩非、不同于墨子，不是心斋坐忘，亦非礼乐传统，也不是兼爱非攻，更不是法纪约束，而是一种导化向善、修身治学的严谨的生命理想，是充满了实用气质的事功精神，而这一点也是荀子其人的学术思想之所在。在这一层面上，可以追溯到儒家文化的历史文化原型——"礼"。

荀子的实用思想一方面归于"礼"的教化；另一方面又追寻并实现自己的"道"，即实现对"礼"的突围，并在实践层面上为礼注入更为深厚的内蕴，在审美的视野中寻求到"礼"化之美的崭新内涵。

在《荀子·君道》一篇中荀子对君子的生存之"道"做了进一步阐述：

道者，何也？曰：君之所道也。君者，何也？曰：能群也。能群也者，何也？曰：善生养人者也，善班治人者也，善显设人者也，善藩饰人者也。①

可以说，生存之道的核心是"君之所道"，就是"王者之制"，也就是"王制"。而具体的表现则是"养人""治人""设人""饰人"，其伦理指向就是"人"之"能群"的特性。可以说，秉持踏实进取的精神，使自己能为社会所用，是儒学世人的精神追求。儒家文化要求君子博学慎思，凡事三思而后行。在学术态度上，孔子强调："君子博学于文，约之以礼，亦可以弗畔矣夫"②，"百工居肆以成其事，君子学以致其道"③，"虽小道，必有可观者焉；致远恐泥，是以君子不为也"④。孔子把"学以致其道"作为内在要求，对"道"形成了独特的体认和积极的向往，这些都成为孔子激励中国历代志士仁人的思想。对思维的多层辩证，孔子总结说："君子有九思：视思明，听思聪，色思温，貌思恭，言思忠，事思敬，疑思问，忿思难，见得思义。"⑤ 君子应当积极入世，有"学而优则仕，仕而优则学"⑥ 之说。故《荀子·王制》篇有云：

王者之制：道不过三代，法不二后王；道过三代谓之荡，法二后王谓之不雅。衣服有制，宫室有度，人徒有数，丧祭械用皆有等宜。声、则非雅声者举废，色、则凡非旧文者举息，械用，则凡非旧器者举毁，夫是之谓复古，是王者之制也。⑦

而《荀子·富国》篇则进一步论述道：

国无礼则不正。礼之所以正国也，譬之：犹衡之于轻重也，犹绳

①　王先谦：《荀子集解》，中华书局1988年版，第237页。
②　程树德：《论语集释》，中华书局1990年版，第417页。
③　同上书，第1312页。
④　同上书，第1307页。
⑤　孔颖达：《论语注疏》，十三经注疏本，中华书局1980年版，第2520—2523页。
⑥　同上。
⑦　王先谦：《荀子集解》，中华书局1988年版，第148页。

墨之于曲直也，犹规矩之于方圆也，既错之而人莫之能诬也。①

上莫不致爱其下，而制之以礼。上之于下，如保赤子，政令制度，所以接下之人百姓，有不理者如豪末，则虽孤独鳏寡必不加焉。故下之亲上，欢如父母，可杀而不可使不顺。君臣上下，贵贱长幼，至于庶人，莫不以是为隆正；然后皆内自省，以谨于分。是百王之所同也，而礼法之枢要也。②

引文意旨清晰，有理有据地说明了实用思想在社会建构中所发挥的积极作用，对于文化原型——"礼"的塑造也起到了积极的促进作用。

二　政道逻辑与治世实践

所谓的政道逻辑体现的是实用思想的实践向度的问题，具体关涉"用在哪里"，或云"往哪里用"的问题。在文化政道逻辑及其空间的构建中，政治生活承担着主干的作用，而真正的责任又必在那种前提性的"礼""乐"生活境域中开启自身，因而，自然而然地，"为政以德"便在功能上指向了礼乐生活境域的构建。而礼乐生活自身的溯源则复归于政道思想世界。可以说，政道思想一直都是儒家治世逻辑的核心，儒家在自己的文化谱系中彰显了这一核心意识。《礼记·大学》篇有云："自天子以至于庶人，壹是皆以修身为本，其本乱而末治者否矣。"《朱熹·章句》亦云："为政以德，则无为而天下归之。"在这个意义上，为政以德，恰恰是无为。而从另一个层面看，构建"文化空间"是十分必要的，其是对荀子及其所代表的儒家文化理想进行研究时所应用的研究方法。文化空间彰显了人之社会活动的广延性，规定着人生存和发展的阈限；就群体或社会的文化环境而言，一个社会文化空间的大小，文化空间内人们权利分配与制衡是否合理，直接决定了在这个社会中人的思维方式、行为方式、价值取向的总体发展方向，进而决定了整个文化观照域中人的

---

① 王先谦：《荀子集解》，中华书局1988年版，第178页。
② 同上。

自由程度。

儒家的文化政道思想形成了自己的治世实践，同时也形成了文化指向的重构，解决了文化政道思想的现实功用问题，实际上也是解决了"怎么用"的问题。由此，自然可以迁想到社会现实的功利之用，亦可以很自然地联想到儒家的入世哲学，在荀子的论述中对这一问题也有较为集中的表现，其《荀子·王制》篇有云：

> 君者，善群也。群道当，则万物皆得其宜，六畜皆得其长，群生皆得其命。故养长时，则六畜育；杀生时，则草木殖；政令时，则百姓一，贤良服。①

其《荀子·王霸》篇有云：

> 治国者分已定，则主相臣下百吏，各谨其所闻，不务听其所不闻；谨其所见，不务视其所不见。所闻所见诚以齐矣。则虽幽闲隐辟，百姓莫敢不敬分安制，以化其上，是治国之征也。②

又云：

> 主道治近不治远，治明不治幽，治一不治二。主能治近则远者理，主能治明则幽者化，主能当一则百事正。……当则可，不当则废。故君人劳于索之，而休于使之。③

在此基础上，论述进一步探讨了"圣王之制"的问题，曰："圣王之制也：草木荣华滋硕之时，则斧斤不入山林，不夭其生，不绝其长也。鼋鼍鱼鳖鳅鱣孕别之时，罔罟毒药不入泽，不夭其生，不绝其长也。春耕、夏耘、秋收、冬藏，四者不失时，故五谷不绝，而百姓有余食也。污池渊沼川泽，谨其时禁，故鱼鳖优多，而百姓有余用也。斩伐

---

① 王先谦：《荀子集解》，中华书局1988年版，第148页。
② 同上书，第202页。
③ 同上书，第204—207页。

养长不失其时，故山林不童，而百姓有余材也。"① 论述中，不仅仅明晰了圣王之制所产生的积极效果，更提出可以达到"百姓有余材"的社会建构意义，这一点是崭新的，与以往不同的，而就此问题进行延伸式的镜像思考，也追加了关于"圣王之用"的建构意义，曰"圣王之用也：上察于天，下错于地，塞备天地之间，加施万物之上，微而明，短而长，狭而广，神明博大以至约。故曰：一与一是为人者，谓之圣人。"②正如引文所言，行"圣王之用"③，可"上察于天，下错于地"④，又可"神明博大以至约"⑤，从而达到"谓之圣人"的效果。可以说，荀子作为儒家思想的传承者，他的思想不仅汲取了儒家思想的精华，也在一定层面为上为儒家文化的传承注入了新的活力，这些都为完备儒家的文化传承序列积蓄了力量。在治世实践中，以知识和涵养、修为完善教化的思想体系，完善君子的人格修养，形成治世实践的文化指涉，这一点不仅在先秦世人的人格改塑中发挥积极作用，也在人性的涵养及其社会性质的积极导化中发挥作用，因此，可以说，其作为文化向度的实践实现了文化指向的重构。

第五节　视界对话与荀学传统

从荀学传统的形成到传统荀学的历史发生，经历了一个较为思辨的过程，二者的博弈和相互作用，形成了文化对话的可能，也建构起属于荀子的文化对话空间。从文化价值到审美理想，从审美诉求到功利价值，从"诗教"观到"崇高"的范式，从"诗"的情感逻辑到"诗"的叙事逻辑，从实用思想到政道逻辑再到治世实践……体现了荀学传统的文化自觉。在多维度的文化视界之下，文化的对话不断发生："和"之共融与互相作用的两极、"美"与"功利"、"崇高"与"现实"、"文化政道"与

---

① 王先谦：《荀子集解》，中华书局1988年版，第208页。
② 同上书，第208页。
③ 同上书，第209页。
④ 同上书，第210页。
⑤ 同上书，第211页。

"学理原型"、"礼"和"诗"、"诗"和"乐"、"去蔽"与"还原"、"复归"与真相的逻辑演绎等，对话两极及其之间的关涉不仅反映了文化对话的发生，也体现了文化对话具象实施的可能。应该说，在多维视界下对荀子学术思想的考量夯实起荀学的文化与历史的传统，而文化比较的生成与文化对话的实绩也成为荀学文化实践的重要模式。

结语　文化透视与历史认同

　　回顾历史，在《史记·孟子荀卿列传》中司马迁对荀子的事迹做了简略的记载，但字里行间却对荀子充满了敬意。然而，在儒学"道统"观念确立之后，荀子长期被排除在"孔孟之道"的儒学"主流"体系之外，甚至还承受了许多有违荀子本意的曲解、误解和批评。因此，研究荀学思想并确立荀子在儒学思想体系中的地位，是一个具有学术意义与史学意义的话题。在中国的历史上，荀学曾一度成为当世显学，也曾一度低靡而致无人问津，甚至在相当长的时间里荀子的学术思想也都被排斥在历史与文化的"主流"之外，就其现象的发生而言，是有其自身的历史原因、无法逾越的社会原因以及社会接受心理层面的文化原因的，可以说这是文学发展史中一个值得关注的文化现象。笔者以"文化透视"的方式回溯历史，意图探寻荀子之学无法得到"历史认同"的文化动因。

　　历史上的荀学，经历了一个相当长时间的历史演变。先秦时期，战国之学派林立、相互争极、各持一说的局面使荀学未能形成自己的核心地位；到两汉时期，荀学才为学术界所认同并产生积极的影响，甚至在西汉时期曾有先荀后孟、扬荀而抑孟的提法，可见当时荀子学术思想地位之高。在细述荀学发展历史的过程中，我们可以总结出一个规律，即荀学发展虽然有起伏，但却在历史的发展脉络中逐渐呈现出衰落的态势。在现代文化学的观照视域中，受众对荀学是陌生的，而且在很大层面上也没有如孔、孟之学那么高的评价；而造成这一文化现象的动因是深层而复杂的，包含着历史文化、社会环境、民族接受心理等，而学术界往往将学术思想能否得到时代和历史的认同作为评价的原则和依据，并以其作为研究对象之文艺实践成功与否的关键。应该说，荀学的历史发展并没有形成先秦两汉时期的辉煌，而逐渐走入衰弱的态势。荀学的发展呈现这样一个理路，笔者以为除了有历史、环境等不可逾越的客观因素以外，还有荀子思想体系中所提出的人之"性恶论"带来的质疑的，基于此，荀子的思想没有得到历史的广泛认同，是因为世人对"美善"的偏爱自然就导致了对"丑恶"的摒弃。这也是荀子之"性恶论"较之孟子之"性善论"较难得到广泛认同的原因所在。而这，也正是现代对荀子及其学术思想进行综合研究的出发点与旨归。

在具体问题的实践层面上，还是要保持一个冷静客观的态度来看待荀学问题，力图找到荀学的现代价值。应该说，对荀子思想的研究是当下学界比较热的文化现象，而荀学能否得到受众的青睐与历史的认同也成为今天值得我们思考的问题。透视当下纷繁复杂的社会环境，荀学的研究理路也可以复归于此，以辩证的思维和发现的眼睛挖掘并建构历史荀学的现代启示，能够彰显荀学思想的理论意义与现实意义；也可以在现代社会的整体建构中完成对荀学崭新的现代诠释，实现对荀学的现代超越。

参考文献

典籍著述

[1] 孔颖达：《毛诗正义》，十三经注疏本，中华书局 1980 年版。

[2] 孔颖达：《尚书正义》，十三经注疏本，中华书局 1980 年版。

[3] 孔颖达：《周易正义》，十三经注疏本，中华书局 1980 年版。

[4] 邢昺：《论语注疏》，十三经注疏本，中华书局 1980 年版。

[5] 贾公彦：《周礼注疏》，十三经注疏本，中华书局 1980 年版。

[6] （清）孙星衍：《尚书今古文注疏》，中华书局 1004 年版。

[7] （唐）陆德明：《经典释文》，中华书局 1983 年版。

[8] （清）苏舆：《春秋繁露义证》，中华书局 1992 年版。

[9] （清）陈立：《白虎通疏证》，中华书局 1994 年版。

[10] （清）王聘珍：《大戴礼记解诂》，中华书局 1983 年版。

[11] （清）胡培翚：《仪礼正义》，中华书局 1998 年版。

[12] （清）皮锡瑞：《经学通论》，中华书局 1954 年版。

[13] （清）皮锡瑞：《经学历史》，中华书局 2004 年版。

[14] （清）朱彝尊：《经义考》，中华书局 1998 年版。

[15] （清）王引之：《经义述闻》，中华书局 1998 年版。

[16] （清）马瑞辰：《毛诗传笺通释》，中华书局 1989 年版。

[17] （汉）韩婴撰、许维遹校释：《韩诗外传集释》，中华书局 1980 年版。

[18] （宋）朱熹：《诗集传》，上海古籍出版社 1980 年版。

[19] （宋）朱熹：《诗序辨说》，上海古籍出版社 1976 年版。

[20] （清）王先谦：《诗三家义集疏》，中华书局 1987 年版。

[21] （清）陈奂：《诗毛氏传疏》，中国书店 1984 年版。

［22］（清）沈德潜：《古诗源》，中华书局 1980 年版。

［23］（清）方玉润：《诗经原始》，中华书局 1986 年版。

［24］（清）永瑢等：《四库全书总目提要》，中华书局 1965 年版。

［25］（元）马端临：《文献通考》，中华书局 1986 年版。

［26］（清）王先谦：《汉书补注》，中华书局 1983 年版。

［27］（清）王先谦：《后汉书集解》，中华书局 1984 年版。

［28］（晋）陈寿撰、（宋）裴松之注：《三国志》，中华书局 1982 年版。

［29］（唐）李延寿：《北史》，中华书局 1974 年版。

［30］（唐）魏征等：《隋书》，中华书局 1973 年版。

［31］（后晋）刘昫等：《旧唐书》，中华书局 1975 年版。

［32］（清）洪亮吉：《春秋左传诂》，中华书局 1987 年版。

［33］（唐）刘知己撰、（清）浦起龙释：《史通通释》，上海古籍出版社 1978 年版。

［34］（梁）萧统编、（唐）李善注：《文选》，中华书局 1977 年版。

［35］（清）陈澧：《东塾读书记》，生活·读书·新知三联书店 1998 年版。

［36］（汉）司马迁：《史记》，中华书局 1959 年版。

［37］（汉）班固：《汉书》，中华书局 1962 年版。

［38］左丘明：《国语》，上海古籍出版社 1988 年版。

［39］黄焯：《毛诗郑笺平议》，上海古籍出版社 1985 年版。

［40］钱曾：《读书敏求记校证》，上海古籍出版社 2007 年版。

［41］（清）焦循：《孟子正义》，中华书局 1987 年版。

［42］（清）王先谦：《荀子集解》，中华书局 1988 年版。

［43］（清）王先谦：《韩非子集解》，中华书局 1988 年版。

［44］（清）孙诒让：《周礼正义》，中华书局 1987 年版。

［45］（清）程树德：《论语集释》，中华书局 1987 年版。

［46］（清）孙诒让：《墨子间诂》，中华书局 2001 年版。

［47］（清）刘宝楠：《论语正义》，中华书局 1990 年版。

［48］（清）王先谦：《庄子集解》，中华书局 1988 年版。

［49］（清）郭庆藩：《庄子集释》，中华书局 2004 年版。

［50］（清）王先谦：《刘武庄子集解、庄子集解内篇补正》，中华书局 1987 年版。

[51] 谭戒甫：《墨子发微》，中华书局 1987 年版。

[52] 吴毓江：《墨子校注》，中华书局 1987 年版。

[53] 陈鼓应：《老子注译及评价》，中华书局 1984 年版。

[54] 陈鼓应：《老庄新论》，商务印书馆 2008 年版。

[55] 陈鼓应：《庄子今注今译》，中华书局 1983 年版。

[56] 钟泰：《庄子发微》，上海古籍出版社 2002 年版。

[57] 王叔岷：《庄学管闚》，中华书局 1007 年版。

[58] 王元化：《文心雕龙注疏》，上海古籍出版社 1992 年版。

[59] 陈奇猷：《吕氏春秋新校释》，上海古籍出版社 2002 年版。

[60] 余嘉锡：《世说新语笺疏》，中华书局 1983 年版。

[61] 余嘉锡：《四库提要辨证》，中华书局 2007 年版。

[62] 徐元诰：《国语集解》，中华书局 2002 年版。

[63] 顾颉刚：《中国上古史研究讲义》，中华书局 2002 年版。

[64] 顾颉刚：《古史辨》，上海古籍出版社 1982 年版。

[65] 傅斯年：《中国古代思想与学说十论》，广西师范大学 2006 年版。

[66] 傅斯年：《中国现代学术经典》，河北教育出版社 1996 年版。

[67] 刘熙载：《艺概》，上海古籍出版社 1978 年版。

[68] 许志刚：《诗经艺术论》，辽海出版社 2006 年版。

[69] 洪湛侯：《诗经学史》，中华书局 2002 年版。

[70] 冯浩菲：《历代诗经论说述评》，中华书局 2003 年版。

[71] 朱光潜：《诗论》，上海世纪出版集团 2005 年版。

[72] 张岱年：《中国伦理思想研究》，上海人民出版社 1989 年版。

[73] 翁其斌：《中国诗学史》（先秦两汉卷），鹭江出版社 2002 年版。

[74] 陈良运：《中国诗学批评史》，江西人民出版社 2007 年版。

[75] 马宗霍：《中国经学史》，上海书店 1984 年版。

[76] 刘怀荣：《赋比兴与中国诗学研究》，人民出版社 2007 年版。

[77] 刘立志：《汉代〈诗经〉学史论》，中华书局 2007 年版。

[78] 李春青：《诗与意识形态》，北京大学出版社 2005 年版。

[79] 蔡先金等：《孔子诗学研究》，齐鲁书社 2006 年版。

[80] 邹其昌：《朱熹诗经诠释学美学研究》，商务印书馆 2004 年版。

[81] 王洲明：《诗赋论稿》，山东大学出版社 2006 年版。

[82] 马银琴：《两周诗史》，社会科学文献出版社 2006 年版。

[83] 汪祚民：《诗经文学阐释史》，人民出版社 2005 年版。

[84] 刘冬颖：《〈诗经〉变风变雅考论》，中国社会科学出版社 2005 年版。

[85] 胡平生、韩志强编著：《阜阳汉简诗经研究》，上海古籍出版社 1988 年版。

[86] 陈桐生：《〈孔子诗论〉研究》，中华书局 2004 年版。

[87] 王秀臣：《三礼用诗考论》，中国社会科学出版社 2007 年版。

[88] 钟肇鹏：《谶纬论略》，辽宁教育出版社 1991 年版。

[89] 周品生：《从诗论到文论》，巴蜀书社 2006 年版。

[90] 蔡仲德：《中国音乐美学史》，人民音乐出版社 2004 年版。

[91] 杨荫浏：《中国古代音乐史稿》，人民音乐出版社 1981 年版。

[92] 蒋孔阳：《先秦音乐美学思想论稿》，人民文学出版社 1986 年版。

[93] 祁海文：《儒家乐教论》，河南人民出版社 2004 年版。

[94] 赵敏俐：《周汉诗歌综论》，学苑出版社 2002 年版。

[95] 王启发：《礼学思想体系探源》，中州古籍出版社 2005 年版。

[96] 冯友兰：《中国哲学史》，华东师范大学出版社 2000 年版。

[97] 李泽厚、刘纲纪：《中国美学史》，安徽文艺出版社 1999 年版。

[98] 李泽厚：《中国古代思想史论》，人民出版社 1985 年版。

[99] 李泽厚：《中国现代思想史论》，社会科学出版社 2004 年版。

[100] 李泽厚：《华夏美学》，社会科学出版社 2001 年版。

[101] 李泽厚：《美的历程》，社会科学出版社 2001 年版。

[102] 徐复观：《两汉思想史》，华东师范大学出版社 2001 年版。

[103] 蒋凡、顾易生：《先秦两汉文学批评史》，上海古籍出版社 1990 年版。

[104] 王运熙、顾易生：《中国文学批评通史》，上海古籍出版社 1997 年版。

[105] 葛兆光：《中国思想史》，复旦大学出版社 1998 年版。

[106] 胡明：《古典文学纵论》，辽海出版社 2003 年版。

[107] 张少康：《中国文学理论批评史》，北京大学出版社 2005 年版。

[108] 钱穆：《两汉经学今古文平议》，商务印书馆 2001 年版。

[109] 钱穆：《国学概论》，商务印书馆 1997 年版。

[110] 钱穆：《先秦诸子系年》，中华书局 1985 年版。

［111］钱穆：《国史大纲》，商务印书馆 1996 年版。

［112］钱穆：《国史新论》，中华书局 2005 年版。

［113］陈寅恪：《金明馆丛稿二编》，生活·读书·新知三联书店 2001 年版。

［114］余英时：《士与中国文化》，上海人民出版社 1987 年版。

［115］余英时：《中国思想传统的现代诠释》，江苏人民出版社 1989 年版。

［116］余英时：《现代儒学论》，上海人民出版社 1998 年版。

［117］余英时：《现代儒学的回顾与展望》，生活·读书·新知三联书店 2004 年版。

［118］詹福瑞：《中古文学理论范畴》，中华书局 1005 年版。

［119］夏静：《礼乐文化与中国文论早期形态研究》，中华书局 2007 年版。

［120］吕思勉：《先秦学术概论》，云南人民出版社 2005 年版。

［121］赵毅衡：《新批评》，中国社会科学出版社 1986 年版。

［122］叶嘉莹：《王国维及其文学批评》，河北教育出版社 1997 年版。

［123］涂光社：《中国古代美学范畴发生论》，人民教育出版社 1999 年版。

［124］涂光社：《庄子范畴心解》，中国社会科学出版社 2003 年版。

［125］唐文明：《原始儒家伦理精神与现代性问题》，河北大学出版社 2002 年版。

［126］王岳川：《现象学与解释学文论》，山东教育出版社 1999 年版。

［127］叶廷芳、黄卓越：《从颠覆到经典》，商务印书馆 2007 年版。

［128］李零：《上博楚简三篇校读记》，上海人民大学出版社 2007 年版。

［129］杨春时：《现代性与中国文学思潮》，上海三联书店 2009 年版。

［130］周宪：《文化现代性与美学问题》，中国人民大学出版社 2005 年版。

［131］杨国荣：《理性与价值》，上海三联书店 1998 年版。

［132］童庆炳、王一川：《文化与诗学》，北京大学出版社 2008 年版。

［133］童庆炳：《文学理论要略》，人民文学出版社 1995 年版。

［134］李国华：《文学批评学》，河北教育出版社 1995 年版。

［135］李涤生：《荀子集释》，台北：台湾学生书局 1979 年版。

[136] 梁启雄：《荀子柬释》，上海书店据正中书局 1948 年版。

[137] 梁启雄：《荀子简释》，中华书局 1983 年版。

[138] 王天海：《荀子校释》，上海古籍出版社 2005 年版。

[139] 刘师培：《荀子斠补》，宁武南氏刘申叔先生遗书本，1936 年。

[140] 刘师培：《荀子补释》，宁武南氏刘申叔先生遗书本，1936 年。

[141] 刘师培：《荀子词例举要》，宁武南氏刘申叔先生遗书本，1936 年。

[142] 刘耘华：《诠释学与先秦儒家之意义生成——〈论语〉、〈孟子〉、〈荀子〉对古代传统的解释》，上海译文出版社 2002 年版。

[143] 陶师承：《荀子研究》，上海大东书局 1926 年版。

[144] 杨筠如：《荀子研究》（国学小丛书），商务印书馆 1933 年版。

[145] 刘子静：《荀子哲学纲要》，商务印书馆 1938 年版。

[146] 杨大膺：《荀子学说研究》，中华书局 1936 年版。

[147] 嵇哲：《荀子通论》，香港：香港友联出版社 1959 年版。

[148] 程兆熊：《荀子讲义》，香港：香港鹅湖出版社 1963 年版。

[149] 韦政通：《荀子与古代哲学》，台北：台湾商务印书馆 1966 年版。

[150] 韩德民：《荀子与儒家的社会理想》，齐鲁书社 2001 年版。

[151] 龚乐群：《孟荀异同》，台湾黄埔出版社 1968 年版。

[152] 高正：《〈荀子〉版本源流考》，中国社会科学出版社 1992 年版。

[153] 黄珊：《〈荀子〉虚词研究》，河南大学出版社 2005 年版。

[154] 周绍贤：《荀子要义》，台湾中华书局 1977 年版。

[155] 陈飞龙：《荀子礼学之研究》，台湾文史哲出版社 1979 年版。

[156] 鲍国顺：《荀子学说折论（修订版）》，台湾华正书局 1984 年版。

[157] 魏元珪：《荀子学说浅论》，台湾东海大学出版社 1983 年版。

[158] 蔡仁厚：《孔孟荀哲学》，台北：台湾学生书局 1984 年版。

[159] 陈大齐：《孔孟荀学说》，台北：台湾商务印书馆 1998 年版。

[160] 周振群：《荀子思想研究》，台北：文津出版社 1987 年版。

[161] 何淑静：《孟荀道德实践理论之研究》，台北：文津出版社 1988 年版。

[162] 翁惠美：《荀子论人研究》，台北：台湾正中书局 1988 年版。

[163] 姜尚贤：《荀子思想体系》（增订版），复文图书出版社 1990 年版。

[164] 熊公哲：《荀卿学案》，商务印书馆 1931 年版。

[165] 熊公哲：《荀子今注今译》，台北：商务印书馆 1977 年版。

[166] 徐平章：《荀子与两汉儒学》，台北：文津出版社 1986 年版。

[167] 周炽成：《荀子韩非子的社会历史学》，中山大学出版社 2002 年版。

[168] 蔡锦昌：《从中国古代思考方式论较：荀子思想之本色》，台北：唐山出版社 1989 年版。

[169] 张西堂：《荀子真伪考》，台北：明文书局 1994 年版。

[170] 廖名春：《荀子新探》，台北：文津出版社 1994 年版。

[171] 谭宇权：《荀子学说评论》，台北：文津出版社 1994 年版。

[172] 李哲贤：《荀子之核心思想："礼义之统"及其现代意义》，台北：文津出版社 1994 年版。

[173] 马国瑶：《荀子政治理论与实践》，台北：文史哲出版社 1996 年版。

[174] 石元康：《从中国文化到现代性：典范转移》，台北：东大图书公司 1998 年版。

[175] 陈登元：《荀子哲学》，上海书店 1992 年版。

[176] 章诗同：《荀子简注》，上海人民出版社 1974 年版。

[177] 熊良智：《庄剑：〈荀子〉与现代社会》，四川人民出版社 1995 年版。

[178] 马积高：《荀子源流》，上海古籍出版社 2000 年版。

[179] 张曙光：《外王之学——〈荀子〉与中国文化》，河南大学出版社 1995 年版。

[180] 夏甄陶：《论荀子的哲学思想》，上海人民出版社 1979 年版。

[181] 胡玉衡、李育安：《荀况思想研究》，中州书画社 1983 年版。

[182] 李德永：《荀子》，上海人民出版社 1959 年版。

[183] 杨柳桥：《荀子诂译》，齐鲁书社 1985 年版。

[184] 北大《荀子》注释组：《荀子新注》，中华书局 1979 年版。

[185] 惠吉星：《荀子与中国文化》，贵州人民出版社 1996 年版。

[186] 郭志坤：《荀学论稿》，上海三联书店 1991 年版。

[187] 邓汉卿：《荀子绎评》，岳麓书社 1994 年版。

[188] 方尔加：《荀子新论》，中国和平出版社 1993 年版。

[189] 朱砚夫：《荀子》，中华书局 1982 年版。

[190] 孔繁：《荀子评传》，南京大学出版社 1997 年版。

［191］李中生：《荀子校诂丛稿》，广东高等教育出版社 2001 年版。

［192］高春花：《荀子礼学思想及其现代价值》，人民出版社 2004 年版。

［193］陆建华：《荀子礼学研究》，安徽大学出版社 2004 年版。

［194］邵汉卿：《荀子绎译》，岳麓书社 1994 年版。

［195］骆瑞鹤：《荀子补正》，武汉大学出版社 1997 年版。

［196］董治安、郑杰文：《荀子汇校汇注》，齐鲁书社 1997 年版。

［197］向仍旦：《荀子通论》，福建教育出版社 1987 年版。

［198］江心力：《20 世纪前期的荀学研究》，中国社会科学出版社 2005 年版。

［199］张觉：《荀子译注》，上海古籍出版社 1995 年版。

［200］张觉：《荀子校注》，岳麓书社 2006 年版。

［201］李景林：《教化的哲学》，黑龙江人民出版社 2006 年版。

［202］张奇伟：《荀子礼学思想研究》，北京师范大学出版社 2000 年版。

［203］孙聚友：《荀子与〈荀子〉》，山东文艺出版社 2004 年版。

［204］［日］井上哲次郎：《日本古学派之哲学》，东京富山房 1903 年版。

［205］［日］今中宽：《司祖徕学之基础研究》，东京吉川弘文馆 1969 年版。

［206］［日］栗原圭介：《中国古代乐论之研究》，大东文化大学东洋研究所 1979 年版。

［207］［日］青木正儿：《中国古代文艺思潮论》，王俊瑜译，人文书店 1934 年版。

［208］［古希腊］亚里士多德：《诗学》，商务印书馆 1996 年版。

［209］［古希腊］亚里士多德：《形而上学》，李真译，上海人民出版社 2005 年版。

［210］［美］本尼迪克特·安德森：《想象的共同体》，吴叡人译，上海人民出版社 2003 年版。

［211］［美］叶维廉：《中国诗学》，人民文学出版社 2006 年版。

［212］［德］海德格尔：《存在与时间》，陈嘉映、王庆节译，生活·读书·新知三联书店 1987 年版。

［213］［英］罗素：《西方哲学史》，马元德译，商务印书馆 2006 年版。

［214］［德］黑格尔：《美学》，朱光潜译，商务印书馆 2006 年版。

相关论文

[1] 赵伯雄：《〈荀子〉引〈诗〉考论》，《南开大学学报》2002 年第 2 期。

[2] 郝明朝：《〈荀子〉引〈诗〉说》，《聊城大学学报》2002 年第 4 期。

[3] 王铭：《荀子文艺思想简论》，《邢台学院学报》2008 年第 4 期。

[4] 汪军：《论荀子的文艺思想》，《内蒙古民族大学学报》2007 年第 4 期。

[5] 王安庭：《论荀子文艺思想》，《西北大学学报》2006 年第 3 期。

[6] 郭志坤：《荀子的文艺思想》，《湖南师范大学学报》1987 年第 3 期。

[7] 甫之：《论荀子的文艺思想》，《辽宁大学学报》1987 年第 2 期。

[8] 张琳：《荀学三论》，博士学位论文，复旦大学，2003 年。

[9] 丁小丽：《孔孟荀"名分"思想研究》，博士学位论文，北京师范大学，2002 年。

[10] 曲爱香：《孔孟荀的天人观及其生态伦理》，博士学位论文，浙江大学，2006 年。

[11] 乔安水：《荀子礼论研究》，博士学位论文，华东师范大学，2004 年。

[12] 付晓青：《荀子"乐论"美学思想研究》，博士学位论文，山东大学，2008 年。

索　引

后　　记

　　此书脱胎于我的博士后研究报告，是博士后期间重要的科研成果，研究报告30万字，获得博士后流动站科研考评优秀的成绩。多年前，深受荀子"学不可以已"思想的感召，我辞去工作重返学习殿堂，师从许志刚先生攻读文艺学博士学位。一千多个日日夜夜的辛勤耕耘，极尽艰辛，克服重重困难，我完成了二十余万字的博士论文写作，并以总分第一的成绩被推荐为优秀论文。工作中，我一方面致力于中国社会科学院博士后工作站的项目研究，一方面收集资料、不断充实完善我的研究项目和结题报告。研究即将定稿之时，感慨良多：曾经放弃舒适优越的工作，重新回复学习生活，面临人生道路上的转折与挑战；曾经幸运地得到了师兄、学长、朋友、家人的鼎力支持与帮助；曾经遇到的一位位出色优秀的老师，得到他们传道授业解惑的谆谆教诲……往事一幕幕之浮现使我顿感时光飞逝，仅以此书献给奋斗于文艺学专业中的青春岁月。

　　在研究报告即将成书之际我很感谢我的两位导师党圣元教授和许志刚教授。从论题的拟定到论文的修改、定稿，许老师倾注了大量的心血。而我的博士后工作站合作导师党圣元教授的悉心指导，开阔了我的思路，也让我的研究有了更大的提高。导师积学深厚、治学严谨、为人通达；膝下受学，无论在为学、为人方面导师都为我树立了终生学习的榜样；导师的每一次指导都让我受益匪浅，一次次耳提面命让我及时避免了研究中可能出现的问题与偏差，这些都将成为我受用一生的记忆。还要感谢中国社会科学院这个学术圣地，这里给了我一个汲取知识和养分的园地，我深感自己在站期间学术以及今后的成长都与这块学术沃土息息相关。当然，也感谢我的家人和朋友，你们的鼓励与支持使我增强了面对困难的信心和勇气。由衷感谢我的丈夫姜勇，多年求学经历无论在经济上还是生活上都给他增加了不少压力，但他从无怨言，无微不至地关心我、照顾我，家中大小事情都打理得井井有条，正是得力于他的鼎力相助，我才能心无旁骛地一心治学、专注写作，借此机会向他致以最诚挚的谢意。

最后感谢所有关心、帮助、支持我的人，祝你们生活快乐、永远幸福！

杨艾璐

二〇一五年十二月